マルサス 北欧旅行日記

The Travel Diaries of Thomas Robert Malthus

トマス・ロバート・マルサス

パトリシャ・ジェームズ［編］

小林時三郎・西沢 保［訳］

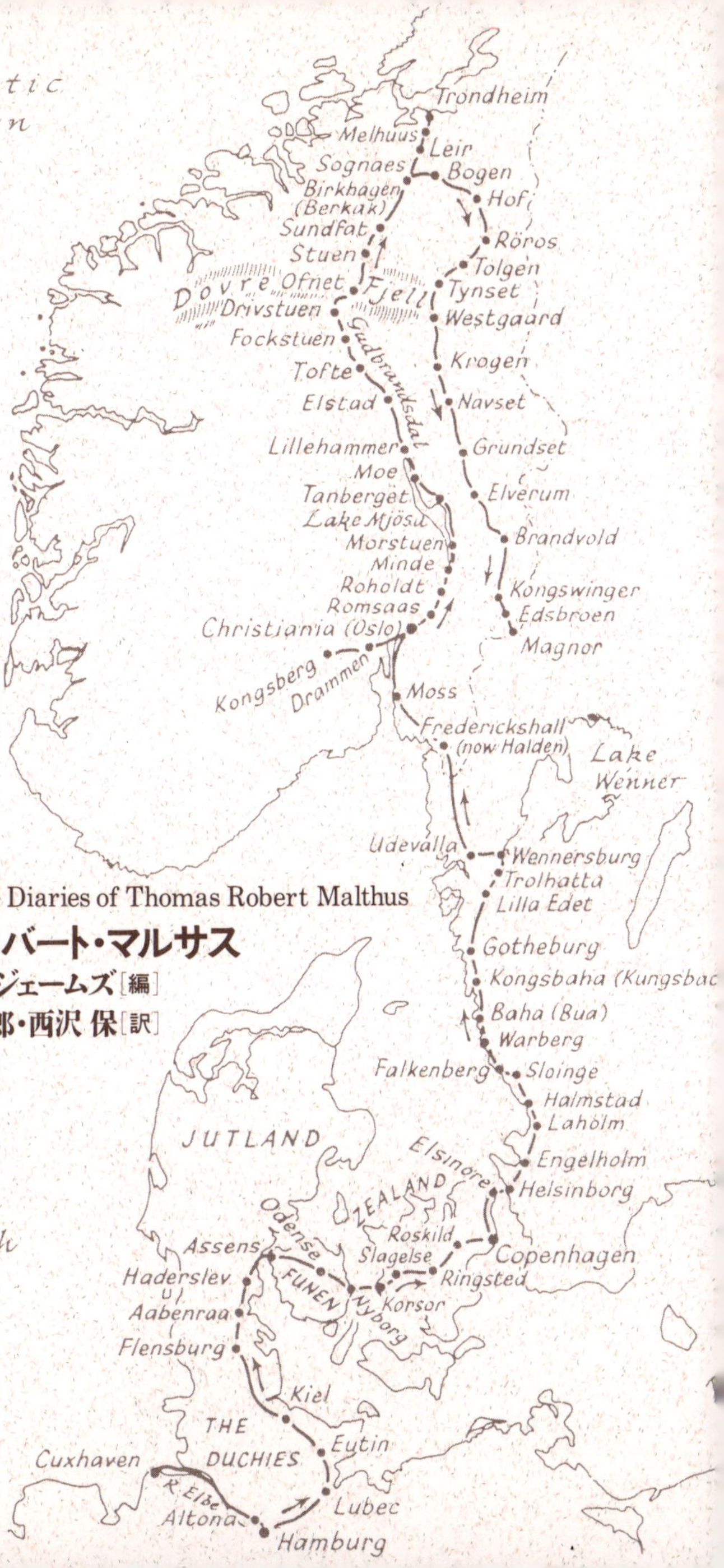

未來社

The Travel Diaries of Thomas Robert Malthus.
Edited by Patricia James
Cambridge at the University Press,
for the Royal Economic Society, 1966.

尊師トマス・ロバート・マルサス教授
（ジョン・リンネルの肖像画，1833年）

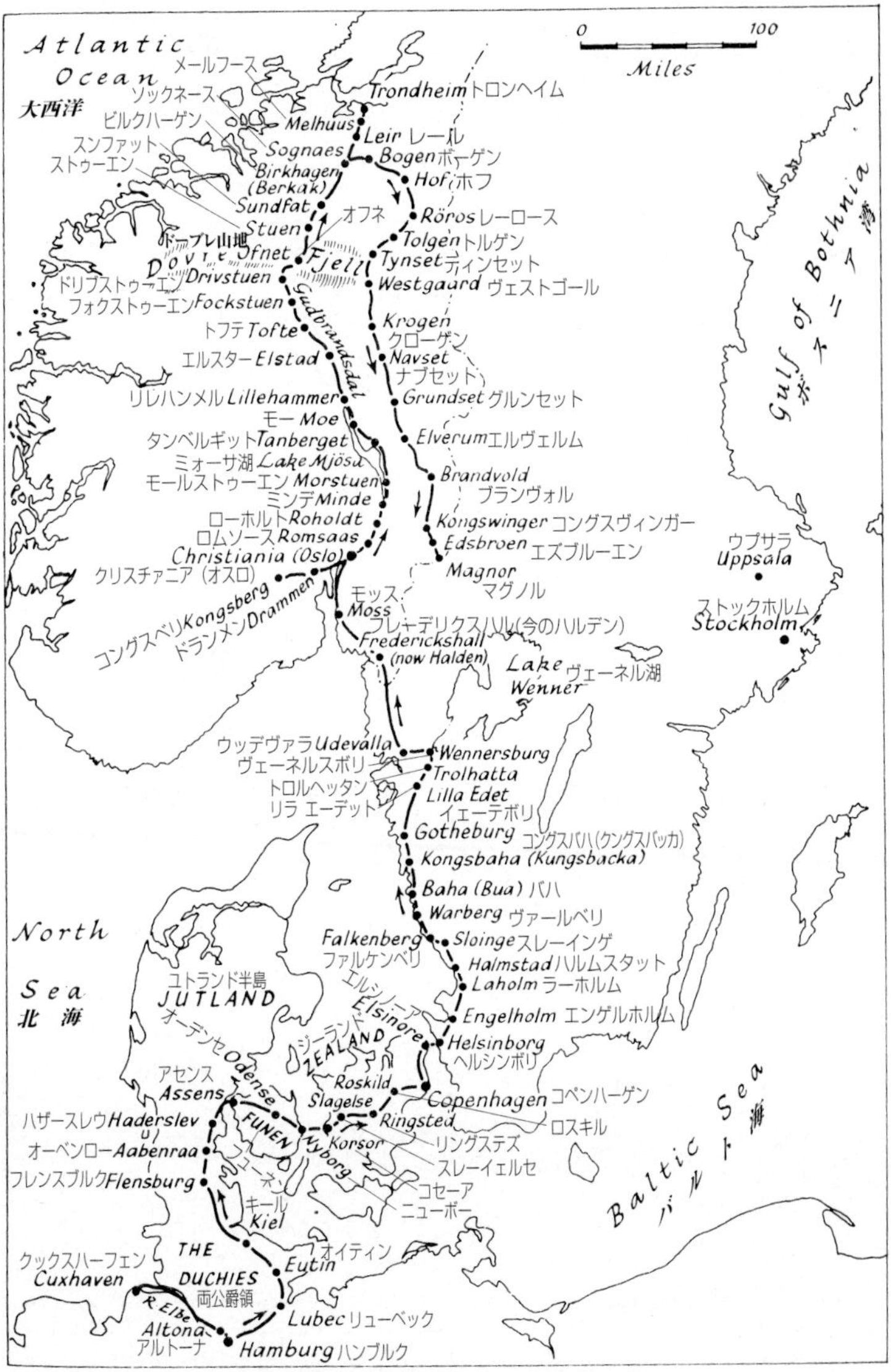

口絵1　北欧旅行（1799年）の略図

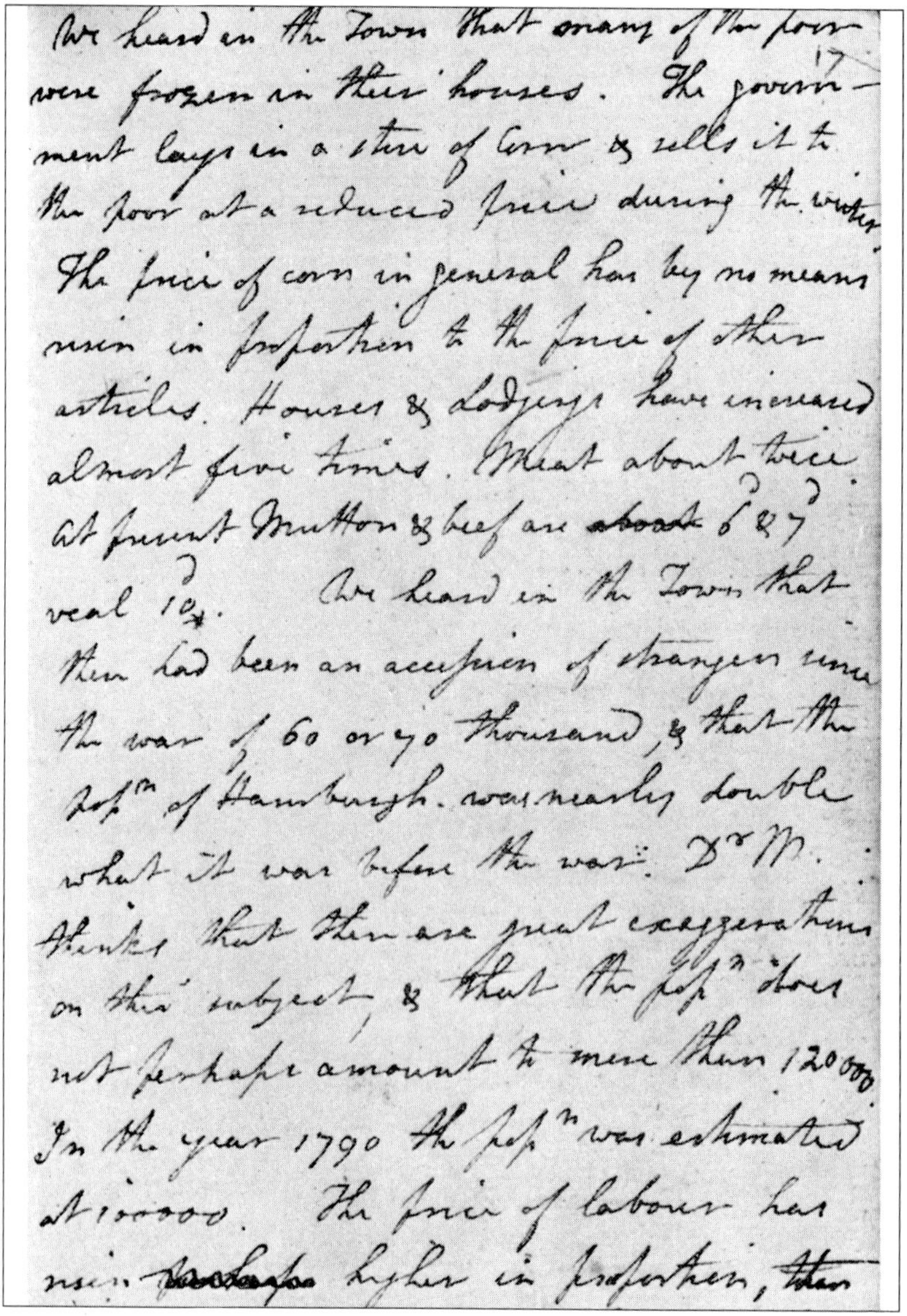

17
We heard in the Town that many of the poor
were frozen in their houses. The govern-
ment lays in a store of corn & sells it to
the poor at a reduced price during the winter
The price of corn in general has by no means
risen in proportion to the price of other
articles. Houses & Lodgings have increased
almost five times. Meat about twice.
At present Mutton & beef are ~~about~~ 6 & 7d
veal 10d. We heard in the Town that
there had been an accession of strangers since
the war of 60 or 70 thousand, & that the
popn of Hamburgh was nearly double
what it was before the war. Dr M.
thinks that there are great exaggerations
on this subject, & that the popn does
not perhaps amount to more than 120,000
In the year 1790 the popn was estimated
at 100000. The price of labour has
risen ~~[illegible]~~ higher in proportion, ~~than~~

口絵 2　北欧旅行記の手稿

1799年5月29日の日記の一部（本文10ページ参照）

口絵 3　ベルント・アンケル
（イェンス・ユールの肖像，1795年頃）

口絵 4　ジョン・コレット
（カール・フレデリク・フォン・ブレダの
肖像，1790年）

口絵 5　グドブランスダールの農民の衣装

（ノルウェー人の服装に関するJ. F. エッカースベリの本から，1852年）

口絵 6　クリングレンの山道近くの瀑布と橋
（E. D. クラークのスケッチ，彼の『旅行記』から）

口絵 7　リスホルム夫人
（P. H. クリーベルの肖像画）

口絵 8　フォン・クローグ将軍
（画家は不明）

はしがき

本訳書は、*The Travel Diaries of Thomas Robert Malthus*, edited by Patricia James, Cambridge at the University Press for the Royal Economic Society, 1966 の中から、“The Scandinavian Journal, 1799” の部分を「北欧旅行日記」として翻訳したものである。

著者のトマス・ロバート・マルサス（Thomas Robert Malthus, 一七六六～一八三四年）は、一七九八年に『人口論』の初版（『人口原理に関する一論――ゴドウィン氏、コンドルセ氏、その他諸家の研究に触れて、社会の将来の改善に対する影響を論ず』）を出版した。そして翌一七九九年の五月から十一月にかけて、彼が三三歳でまだ独身の時、ケンブリッジ大学ジーザス・カレッジの同僚であるオッター（William Otter）、クラーク（Edward Daniel Clarke）、（およびクラークの生徒クリップス John Marten Cripps）と北欧をかなり広範に旅行した。四冊の手帳からなる「北欧旅行日記」の手稿が、ワイト島に住んでいたマルサスの子孫のもとで一九六一～六二年に発見された。それがパトリシャ・ジェームズ女史によって翻刻、編集され、他の短い旅行記とともに、ライオネル・ロビンズ教授の支援で王立経済学会から『トマス・ロバート・マルサスの旅行日記』として、マルサス生誕二百年の一九六六年に出版された。ジェームズ女史が翻刻、編集した原文には詳細な脚注と本文中の所々にかなり長い説明文が付されており、それらもマルサス自身の文章とともに原文のまま翻訳した。

翻訳に際して、「北欧旅行日記」を便宜上第一部から第四部に分けた。第一部 クックスハーフェン（Cuxhaven）からコペンハーゲンへ（五月二五日～六月十三日）、第二部 コペンハーゲンからクリスチアニア（Christiania）（オスロ）へ（六月十四日〜七月五日）、第三部 クリスチァニアからトロンヘイム（Trondheim）へ（七月六日〜七月二一日）、そして第四部 トロンヘイムからマグノル（Magnor）へ（七月二二日〜八月三日）である。その大半はノルウェーであるが、マルサスとオッターの旅行は、その後スウェーデンのストックホルム、ヴィーボリ（Viborg）を経て、ロシアのペテルスブルグへと続き、旅行日記もつけられたようであるが、八月四日以降の旅行日記は、クラークへの貸与によって残念ながら紛失した。また、クラークとクリップスは六月二一日にスウェーデンのヴェーネルスボリ（Wennersburg）でマルサス、オッターと別れ、ストックホルム、ウプサラ方面に向かって北上した後、ノルウェーを南下し十月十四日にクリスチァニアに到着した。その後彼らの旅行は、ロシア、タタール、トルコ、聖地、エジプトからギリシャにまで三年半の長きにおよんだ。（クラークはやがて、E.D. Clarke, *Travels in Various Countries of Europe, Asia, and Africa*, London, T. Cadell and W. Davies, 1810-14, 3vols. を出版した。）

『人口論』第二版（一八〇三年）で、マルサスは北欧旅行による観察の成果を大いに取り入れた。ジェームズ女史は『トマス・ロバート・マルサスの旅行日記』巻末の補遺に、「北欧旅行日記」からの情報と『人口論』第六版（すなわち第二版の第五版）の第二編第一章「ノルウェーにおける人口に対する障害」とを対照して掲載し、「北欧旅行日記」が『人口論』第二版にいかに吸収されたかを明らかにしている。(1) 第二版の第二編第二章「スウェーデンにおける人口に対する障害」および第三章「ロシアにおける人口に対する障害」も、八月四日から十一月にかけての旅行の成果であることが推測される。

演繹的で論争的な議論を展開した初版と経験的で実証的な第二版との対照はよく指摘されてきた。

『人口の原理に関する一論、あるいはそれが人類の幸福に対してもつ過去および現在の影響についての一見解、ならびに、それがもたらす害悪を排除または緩和するについての対案の研究』と題された第二版は、橋本比登志教授によれば初版を約四・一七倍に拡充した文字通り「大増補の新版」であった。(2)そこでマルサスは、人口の原理が過去および現在の社会状態に及ぼす影響を大量の事実によって歴史的、経験的に検証しようとした。そして、この問題を「より一般的に例証し、経験的に裏付けられそうな事物の状態に応用して、この原理の結論を引き出すようにすれば、より多く実際的で永続的な興味をこの原理にもたせることができるだろう」と考えた。実際、『人口論』第二版準備期のマルサスは次のように述べている。「『人口論』が絶版になってもう一年以上になるが、私はその再版を延ばしている。それは、あの原理を社会の現状に直接かつ排他的に妥当させることによって、また他の国々の状況に関して入手しうる最も確実な情報にもとづいてその原理が強力かつ普遍的に作用していることを明らかにすることによって、『人口論』を人々の注目に一層値するものにしうると考えているからである。(3)」

「北欧旅行日記」が興味深いのは、もちろん人口問題への言及、観察のためだけではない。そこには、社会経済事象に対するマルサスの関心のもち方、焦点の当て方ついての一般的傾向がよく表現されている。彼の「忍耐強い経験主義、制度や慣習的行為の日常的な詳細事に対する関心、様々な環境における生活の費用とアメニティへの一貫した関心」である。行く先々の風土的特色、地理的環境、住居、食物、服装などなどについての観察、見聞が克明に記されている。ジェームズ女史によれば、マルサスの手稿日記第一冊の扉に、「[アダム・]スミスの諸設問 Sm's. Qns.／貨幣の利子／穀物法／内国商人および港湾商人／労働者の報酬／異時点における食糧と製造品との相対価格／手形と銀行業者／宗教制度と宗派」と記されており、北欧旅行における彼の関心の所在が推測される。(4) そこには、さらに政治、行政、司法、軍事、教育制度、農地改革、農奴解放、人口増加に対する予防的制約要因としての徴兵制度、土地の相続、売却、買い戻しに関するオーデルス権などなど、諸々の制度、慣習への興味深い観察が見られる。

そして、「北欧旅行日記」に顕著に出ているのは若きマルサスの人となりである。ロビンズ教授によれば、彼を知る同時代の人は皆、マルサスの「気性の晴朗さと柔和さ」を証言できたという。マルサスが、「推論好きの気質、非常に人間的な好奇心、生活の些細な善事に対する健全な喜び」をもった「愉快な旅の道連れ、知覚の鋭い観察者、そして礼儀正しく探求好きな訪問者」であることはこの日記によく表現されている。またジェームズ女史が言うように、マルサスは、「自分勝手でなく愛想のいい完璧な旅行相手であり、いつでもその国の風習に順応する用意があり、あらゆる種類の経験と情報に熱中する」ことがよく読みとれる。(5) 自然と都会の景観、植物、生物、その土地の生活、風習、風俗などに対する繊細で詳細な描写が特徴的であり、マルサスはノルウェーの自然の美観に強く惹かれた。

マルサスとクラークの北欧旅行の記述から、彼らが旅行に先立って二冊の本を読んでいたことが明らかである。ベルゲンの主教ポントピダン（Eric Pontopidan, 一六九八〜一七六四年）の『ノルウェー自然史』（*Natural History of Norway*）、および大執事コックス（William Coxe, 一七四七〜一八二八年）の五巻本の『旅行記』（*Travels into Poland, Russia, Sweden and Denmark*, 4th ed., London, 1792）の関連部分である。ポントピダンの『ノルウェー自然史』は、一七五一年にデンマーク語で出版され、一七五五年に英訳されていた。これら二つの書物はジェームズ女史によっても、脚注と説明文でしばしば引用されている。

ジェームズ女史は、「北欧旅行日記」の本文に先立って、スカンジナヴィア諸国の歴史と当時の政治状況について便宜な説明をしている。(6) それによれば、デンマーク、ノルウェー、スウェーデンは一三九七年にカルマル連合（Union of Kalmar）によって統合された。これは多分にデンマークのヴァルデマール四世（Waldemar IV）の娘マルグレーテの力によるものであり、彼女は兄妹の孫息子であるポメラニア公国のエリックを連合国の王位に就けた。スウェーデンは英雄王グスタヴ・ヴァーサ（Gustav Vasa）のもとで、一五二三年に連合を離れたが、ノルウェーは一八一四年のキール条約まで四百年以上にわたってデンマークと連合したままであった。ノルウェーとデンマークとの連合は完璧で、二つの国は一つであるかのようにコペンハーゲンで統治された。行政、軍事、司法の役人も、ノルウェー勤務後はデンマークに戻る傾向があった。キール条約以降、ノルウェーはデンマークから離れてスウェーデンと連合し、その状態が一九〇五年まで続いた。スウェーデンとの連合はそれほど密接でなく、ノルウェーは、一八一四年にエズヴォル（Eidsvoll）（オスロの北）で起草された憲法に沿って、内政問題について独自の議会（Storting）をもった。マルサスが旅行をしたのは、ノルウェーがデンマークと連合していた時代であった。

一七九九年にデンマークの国王は精神異常者のクリスチャン七世で、政務は、彼の息子で一七八四年に十六歳で摂政となったフレデリック皇太子によって行われた。デンマークの君主制はヨーロッパでもっとも絶対的であり、多くのことが君主の性格に依存したのであるが、マルサスはこの不幸な皇太子について多くのことを書いている。彼は、精神異常の父クリスチャン七世と母マティルダ（イギリス国王ジョージ三世の妹）の間にできた子であったが、母親は姦通罪のため、彼がわずか四歳の時にエルシノーア（Elsinore）のクロンボー城に幽閉された。彼はやがてナポレオンの賞賛者となったために困難な時を迎え、一八一四年にノルウェーをスウェーデンに割譲することになった。

一七九九年のスウェーデン国王は当時二〇歳のグスタヴ四世であったが、精神的にバランスを欠き、ナポレオン戦争の苦難やスウェーデンの半飢餓状態の責任を負わされて、一八〇九年に退位に追いやられた。一七九九年に、イギリスの革命フランスに対する戦争は総裁政府に対抗するもので、一七九八年八月にナイル海戦でネルソン提督が、一七九九年五月にはシドニー・スミス卿がアクレの攻防でナポレオン軍を破っていた。ナポレオンのエジプト遠征中に、ピットの第二次対仏大同盟が結成され、それを知ったナポレオンは一七九九年の夏に急いでフランスに戻り、ブリュメール十八日のクーデターにより執政政府を樹立し自ら第一執政になった。マルサスと一行の北欧旅行はちょうどこの時期であり、それはおそらく勇気ある旅立ちであった。しかし、そのおよそ八ヶ月前の一七九八年九月十五日に、コールリッジと『叙情民謡集』（*Lyrical Ballads*）を出版した直後のワーズワース夫妻が、ヤーマス（Yarmouth）からクックスハーフェンに向けて旅立っていた。

マルサスと一行は、一七九九年五月二〇日にケンブリッジを出発、ベリー・セント・エドモンズ（Bury St. Edmunds）を経てヤーマスに到着し、二三日にそこから船に乗り二五日に北ドイツのクックスハーフェンに着いた。「北欧旅行日記」は、この五月二五日にクックスハーフェンに到着したところから始まる。そこで一行は船を乗り換え、同じ日の夜ハンブルクに着きそこで六日間滞在した後、六月一日にハンブルクを出て、リューベック、オイティン、キールを経てデンマークに入り、フレンスブルク、アセンス、オーデンセ、コセーアを経て、六月七日の深夜にコペンハーゲンに着いた。コペンハーゲンでは市内、近郊のクリスチャンスボー宮殿を見学し、統計学者アビルゴール教授を訪問した。

六月十四日にコペンハーゲンを出発し、翌日エルシノーアでクロンボー城を見た後、船で対岸のヘルシンボリに渡り、スウェーデンに入った。そしてエンゲルホルム、ラーホルム、ファルケンベリ、コングスバハを通って、十八日にイェーテボリに着いた。その後トロルヘッタンを通り二〇日にヴェーネル湖の畔ヴェーネルスボリに着くが、その後一行は別行動をとることになり、マルサスとオッターはノルウェーに向かい、クラークとクリップスはストックホルム、ウプサラ方面に向かうことになった。マルサスとオッターは、ウッデヴァラを経てノルウェーに入り、二三日に国境の町で要塞堅固なフレーデリクスハルに着いた。その後モッスから船に乗り、フィヨルドを通って二六日にクリスチァニア（オスロ）に到着した。クリスチァニアでは、数日間にわたってベルント・アンケル氏、コレット氏、ビーレフェルト大佐らを訪問し歓待を受け、またクリスチァニア滞在中にコングスベリに旅行した。

七月六日に名残惜しくもクリスチァニアを後にし、モー、ミォーサ湖、リレハンメル、エルスター、トフテ、ドリブストゥーエン、フォス、ウーストなどを経て、七月十三日にトロンヘイムに到着した。トロンヘイムでは行政長官モルトケ伯、クローグ将軍らを訪問し、土地制度、相続制度、オーデルス権、行政、裁判制度などなど詳細な情報を見聞し、モルク伯と救貧施設を見学した。そして、七月二二日にトロンヘイムを去って、レーロースに向かい、二五日にレーロース銅鉱山を見学した。その後、二七日にラップ人の小屋を観察し非常に詳細な記述をしている。そして、トルゲン、ヴェストゴール、コングスヴィンガーを経て、八月一日にスウェーデンとの国境の町マグノルに到着した。日記は八月三日にスウェーデンのマグノル・トルに入ったところで終わっている。

なお、本訳書には多数の地名、人名などの固有名詞が出てくる。それらの発音、表記は、原則としてマルサスの表記に即して、その国の発音になるべく近づけるようにした。

註

（1） *The Travel Diaries of Thomas Robert Malthus*, edited by P. James, Cambridge, 1966, Appendix 1, pp.274–95.

（2） 橋本比登志「『人口論』第二版準備期のマルサス」『久保芳和博士退職記念論集 上ヶ原三十七年』創元社、一九八八年、pp.77–78.

（3） 『人口論』第二版序文。*An Investigation of the Cause of the Present High Price of Provisions*, by the Author of the Essay on the Principle of Population, London, 1800, in *The Works of Thomas Robert Malthus*, edited by E.A.Wrigley and D. Souden, London, 1986, vol. 7, p. 18. 高野岩三郎、大内兵衛訳『初版人口の原理』岩波文庫、pp.235–37, 238–43. 橋本、前掲論文、pp.74–75も参照。

（4） James ed., op.cit., p.viii, p.24.

（5） Ibid., p.ix, p.xvi.

（6） Ibid., pp.26–27.

マルサス北欧旅行日記　目次

マルサス北欧旅行日記

第一部

クックスハーフェンからコペンハーゲンへ

一七九九年五月二五日

四七時間のきわめて順調な航海の後、クックスハーフェン（Cruxhaven）に着いた。順風順潮であり、同じ日の夕方城門が閉まる前にハンブルクに着くために、ブランカネス船（Blankaness boat）にすぐ乗るよう勧められた。船に乗った客はおよそ十六人で、フランス人、ドイツ人、スイス人およびイタリア人であった。彼らは皆フランス語を上手に話し、ほとんどは旅行の経験があって、事情に通じた愉快な人々であった。その中のイタリア人が、はじめてイギリスに来た時、それはまったくの新世界でイタリアよりも優れているように思われたと話した。しかし、旅行をしてより良い国に心を移してはならず、二、三カ月後には心から帰国を望むようでなくてはいけないと彼は言った。

近頃パリにいたというスイス人が、フランス人によるエジプト征服の理由を話してくれた。私はそれを今まで聞いたことがなかった。彼の話では、それは、共和制が万一失敗した場合に、自分たちの避難場所を確保しておくという総裁政府の計画であった。そういう場所がなければ、どの国民も皆フランス人に非常に執念深い反感を持っていた(1)ので、反革命が起った際に逃れる希望がまったくないのであった。その考えはやや巧妙に思われた。

エルベ河の河口は、両岸があまりに平坦で河幅が非常に広いので、夜中に船が進路を決めるための目印がまるでない。もし夜の十時にエルベの河口に着いたら、そこに入れないので朝まで待たなければならない、と船長は言った。もやのかかった時には、幾日も停泊していなければならないことがしばしばある。クックスハーフェンの対岸まで河はおよそ十リーグあり、デンマーク側の岸は非常に平坦なので、それを識別できなかった。ほとんど全員がほぼ十一時半過ぎには、ブランカネス船に乗りこんだ。風が強い上に冷たく雨の多い渡航が続いた（温度計は約四八度）。船で河をかなり上った時、空が晴れて風も止み、船旅はまことに快適になった。

夕方八時半頃ハンブルクに着いた。クックスハーフェンからの距離は約七〇（イギリス）マイルだが、潮の流れが幸いし、九時間でそれを終えた。普通クックスハーフェンに到着した乗客は定期船が運ぶと聞いた。その料金は幾分安いが、ハンブルクに向うブランカネス船はそれよりも二、三時間先を走り、この河で一番速い船だとみられている。それには一本の丈夫なマストがあり、これに長い辺がマストと同じ向きになる平行四辺形の型をした大きな帆が張りつけてある。風が弱くなった夕方近く、主帆の脇にある三つの端の帆を出した。舳先が極端に高く、両端は尖っていて、小さな船室が前方にあった[2]。

船が河を充分に進んでいって、両岸がはっきり見えるようになった時、デンマーク側の土手が水際まで緑色に見え、非常に平坦でいかにも木が少ないようであった。ハノーヴァー岸の土手は平坦だが、もっとたくさんの樹木があった。両岸は特にデンマーク側で、村や離れ離れの農家がとてもきちんと並んでいる様子であった。それらは、たくさんの木の横梁のある煉瓦造りのように見えた。（私の考えでは、これはイギリスで詰め煉瓦（Brick nogin）と呼ばれるものだが、イギリスのそのような家屋で通常見られるよりも多くの木を使っている）[3]。屋根がとても大きく、家屋の切妻屋根の端が緑色に塗られているものもある。ハンブルクから約十四、十五イギリス・マイルで、左岸の岸が高くなりはじめた。最初それは主にヒースで覆われ、後にはもっとたくさんの木が混ってきた。

すでに述べた船の名前がそこからとられたブランカネスという村に着いて、私たちはその村の絵のような格別な美しさに打たれた。それは、ハンブルクから約十（イギリス）マイルの、エルベ河のデンマーク側に位置している。この辺の岸はかなり高く、見事に植樹され、また村のきれいな家々が樹木や庭で相互に区切られ、まるで崖にかけられているようで、とても快適な景観を作っていた。私たちは河岸の近くで、たくさんの集団の人々がさまざまな仕事をしているのを見た。ある楽しげな一団が木の下で何か飲んでいるようだった。婦人の服装は、新奇さのため絵のように見え、(4)スカートは青か赤で体の色と違い非常に短かった。船長はブランカネスの人だったが、岸から妻に呼びかけ、集団の二、三の人を呼び寄せて私たちの前を通らせた。彼らを近くに見ようとして時々用いた望遠鏡を通して彼らの幸福を判断するのはむずかしいが、おそらく夕暮れのすばらしさと景色の美しさに影響されて、私たちは、農家全般に行き渡っているきれいさと陽気な様子から、村人たちが幸福であると思い描かざるをえなかった。

船長はとても性格のいい好人物であった。私たちは英語で彼に話しかけて楽しみ、彼に理解してもらえる言葉がたくさんあることを知った。彼はいかにも外国人らしい顔つきをしていたが、不愉快ではなく、大きなオランダ風半ズボンとぴったりしたチョッキで身をつつみ、布のターバンのようなものをかぶり上ぐつをはいていた。乗客の誰かが、彼には少し中国人ぽさがあると言った。彼の仲間の船員も同様に外国人らしく見え、はるかに醜男であった。しかし十か十二歳ぐらいの彼の息子は、非常に立派なイギリス少年として通用するかもしれない。

ブランカネスの対岸であるエルベ河のハノーヴァー側は、岸から少し離れた所で、木で覆われたほどよい高さの丘になっている。ブランカネスからアルトーナ（Altona）までずっと河の左岸は、ハンブルクの商人の別荘がすき間なく点在し、戦争中に儲けた財産で建てられたものもあるように思われた。河岸はある高さで続き、別荘の多くは非常にいい位置にあるように見えた。ヤーマスへの途中で通り過ぎたケンブリッジシャーやノーフォークシャーより、どうみても木々の葉の成熟が早いようであった。しかし、これらの州の木々の葉は、サリーやロンドン近郊よりもまる一週間遅れていた。ちょうど木々の葉が開き始める時に北方に旅行しているので、通り過ぎるいろいろな国の春の進み具合の違いを観察するいい機会であるように思われ、私はこのことに少し注意するつもりである。

ちょうどアルトーナとハンブルクの蝟集した船が見える所に来た時、太陽は非常に美しく沈みかけ、河を往来する船の光景は実に魅力的であった。河から見たアルトーナは、非常に整然とよく建設された町で、住宅は高層で窓がたくさんあった。アルトーナとハンブルクの商業は戦争以来非常に増大したので、行き交う双方の船舶がほとんどテムズ河のそれのように見える。しかし河ははるかに広く美しい。

混み合った船の間を通り過ぎると、行く手をさえぎる防材のところに着いた。そこには三人のみすぼらしい恰好をした兵隊が立っており、私たちに名前と素性を言うよう強く求めた。私たちはこれに応じたが、旅亭に着くと同じようなことを要求され、各人に記入用紙が渡された。船客の一人が名前はモーゼですと言うと、兵隊の一人が宗教は何かと聞いた。その男は質問に少しとまどったように見えたが、キリスト教徒と書いてほしいようだった。

旅亭に着くと、私たちは三室一続きの部屋に案内されたが、各室の奥まった所にベッドがあった。所要の人数に合わせるため、そのなかの一室にもう一つベッドを入れてもらった。そして、一室を食堂兼居間にあてることにした。三室の料金は一泊一ギニーであった。ハンブルクでは何もかも非常に高いと聞いていたが、まったくそのように思われた。二つの手押し車で船から荷物を運んでくれたポーターたちは、その仕事に半ギニー要求した。しかしこれはあまりに法外な要求だったので、それには応じなかった。寝台が非常に短く、ベッドは頭の所で急に高くなっているので、そこで背伸びできないことが分った。衣服も脱がずに二晩を過した後、やっと待望していた贅沢がこれであった。

この最初の外国旅行でのマルサスの社交性は、コールリッジやワーズワース夫妻の行動と顕著な対照をなしている。エルベ河を進む途中、ドロシーは次のように書いた。「私たちは、甲板に上って月の光で紅茶を飲んだ。私は孤独と静けさ、そして多くの楽しい思い出に耽った。それでも船室ではべちゃくちゃと、さまざまな言語の訳の分らない話が聞えてきた。(5)」

五月二六日 ［日曜日］

イギリス風に用意された朝食を済ませた後、私たちは町を散歩した。家屋は非常に高くたくさんの窓があって、切妻壁はだいたい通りの方を向き、窓が先端にまで届いていた。底から屋根まで七層ある家もしばしばあった。下層階級の婦人の帽子は、頭に垂直に置かれた扇のような広く固いひだべりで、脳天のまん中を通り、頭と髪の前の大部分を被っていないので、全体としてたいへん奇妙な感じがした。(6) 彼女たちの背丈はさまざまだが、一般にイギリスの婦人よりも幾分背が低かった――非常にきれいでやや肩幅が広く、たいてい疱瘡《ほうそう》の跡があった。町は、家屋が高く通りは狭く、汚れた並木のため陰気な感じがし、家々は旧式の壮大な風を保っていた。町の北の方には、アルスター川がつくるきれいな貯水池があって、その小さな川はやがてエルベ河に注ぎ込んでいる。この池の傍に町で一番きれいな散歩道があり、それは公共の遊歩道のようである。男性の服装は、それ自体特に変ったところはないが、次から次へたくさんのとても奇妙な人を見かけ、非常に大きな帽子をかぶった人もいる。一般に人々は、イギリスよりも青白く不健康に見える――これは特に兵隊について感じたことで、彼らは概して背が高く猪首でいくらか前かがみである。

私たちは旅亭の共同食卓で食事をした。食卓は長かったが人数は少なく、料理は次から次と手渡しされ、食卓に置かれなかった。食事は一時間半近く続いた。

午後、オッターと私は町で道に迷い、旅亭へ帰る道を見つけるのに苦労した。英語かフランス語を話せる人には一人も出会わなかった。ハンブルクではフランス語は思っていたほど使われていなかった。

私たちは、城壁の所で市民の衛兵に会った。それは、私が今までに見た一番みすぼらしい跛《あしなえ》と老人の一団であった。町を囲む掘割はたいへん広いが、堡塁はひどく荒れていた。

午前中晴れ、午後雨。町の北側の窓で三時の温度五七度、二〇日にケンブリッジでは蕾を開いていなかったセイヨウハルニレが、ここではどこでも小さな葉になっている。町の周辺のライムの木は、ほぼ半開きの葉をつけていた――ナイチンゲールの鳴き声が聞こえた。

五月二七日［月曜日］

ムムッセン博士（Dr Mumssen）を訪問したが留守だった。しかしアルトーナから帰る途中で彼に出会った。ムムッセン博士は非常に忙しくほとんど暇がないようだ。ハンブルクのたいていの物価は、戦争以来二百パーセント上昇したと聞いた。共同食卓で食事をし、夕方フランス喜劇を見に行った。そこで私たちは、二つのかわいいサヴォア方言で、ジョーダン夫人の流儀そっくりにヨセフの役を演じたセヴィーネ嬢という人がたいへん気に入った。ムスチェの「調停者または愛すべき男」という喜劇は、立派な上演だと思われた。フランス喜劇の韻はひどく不快なものだと思っていたが、ほとんどそれを感じなかった。音楽がよく、楽団の指揮者は自分では楽器を少しも演奏しないで、とても意味深長なしぐさで拍子をとっていた。照明のすぐ前にあるせりふ付け役用の小さなボックスは、大して観劇の邪魔にならないし、役者には確かにたいへん便利である。

終日、時に激しく冷たいにわか雨。二時の温度五四度。

フランス演劇に対するドロシー・ワーズワースの説明は、非常に違っている。「劇は、退屈な朗読と意味のないばか騒ぎの混合物だった。バレーは、物語が歌で進められるので、私たちには理解できなかった。劇場全体の照明は薄暗く、劇を上演するのに非常にいい効果を出しているのだが、演技はあまりおもしろくないので、私はむしろ観衆の方によりよい光景を見て喜んだくらいである。私たちはバレーの第二場で帰宅した。(7)」

五月二八日［火曜日］

町を歩き回った。狭い通りや路地が一杯で、道に迷わないようにするのがとてもたいへんだった——聖ミハエル教会の頂上に上って、そこから町や近隣地方の美観を眺めた。エルベ河を挟んだハンブルクの対岸地方（ルーネンブルクの一部）は、極度に平坦で湿地が多いので、始終洪水に見舞われるに違いない。私たちに教会を教えてくれた少女はとてもかわいい顔をしていて、特に彼女がドイツ語で、私はあなたの言うことが分りませんと言った時には、何ともかわいらしい表情だった。夕方フランス喜劇に行き、ピザロの芝居がたいへん気に入った。セヴィーネ嬢とピザロを演じた俳優がすばらしかった。

終日曇りで少し雨が降る。二時の温度五一度。南西の風強し。

五月二九日［水曜日］

アルトーナまで歩いてムムッセン博士を訪問した——彼が患者の往診に出かける前に、一時間たいへん楽しい会話をした。彼の話によれば、医者という職業は、ハンブルクとその周辺ではけっして高い評価を受けていないので、報酬も非常に低く、他の財産がなければ、紳士の社交を断念する用意がない限り、一人の男がそれで家族を養うことはできないのであった。そのため心の広い人でこの職業につく人はとても少ないということだった。

ムムッセン博士の見るところ、戦争はあらゆる物の価格をあまりに法外に引き上げ、固定収入を持つ人々を大いに圧迫した。そこでハンブルク市民の気前のよさは、けっして彼らの富に比例して増大はしなかった。大量の穀物がダンチヒやバルト海沿岸の他の地方から輸入され、その多くは再輸出される。ハンブルク市民は豊かなので、絶えず必要なものを保持できる。

今年の厳しかった冬の間（思い出すことができるどの冬よりも厳しかった）、燃料不足でひどく困ったが、食料不足で困ることはなかった。私たちは町で、多くの貧民が自分の家の中で凍死したと聞いた。政府は穀物の貯えを買い込み、冬の間それを低価格で貧民に売った。穀物価格は総じて、他の商品の価格に比例して上昇してはいない。住宅や家賃はほとんど五倍になった。肉は約二倍。目下、羊肉と牛肉は六ペンスと七ペンスで、子牛肉は十ペンス。上質の砂糖は、現在一ポンドにつき二シリングおよび二シリング一ペンス。五年前、それはわずか七ペンスか八ペンスだった。コーヒーも同じ割合で上昇している。それは現在一ポンド当たり二マルクである。バターは以前七ペンスと八ペンスであったが、現在は一マルク――（一シリング四ペンス）である。

私たちは町で、戦争以来六万ないし七万人の外国人が増加し、ハンブルクの人口は戦前のほぼ二倍になったと聞いた。ムムッセン博士の考えでは、この問題には大きな誇張があり、人口はおそらく十二万人以上にはなっていなかった。一七九〇年に、人口は十万人と推定された。労働の価格は、食料の価格よりも相対的に高くなった。下層階級の人々は良好な状態にあるようで、一般に清潔で小ぎれいな身なりをし、特に女性はそうだった。普通の女使用人の多くは、いつも日曜日の晴着を着ているかのようだった。アルトーナへの行き帰りに、とても感じのいいたくさんの人々に出会った。いなかの少女たちは少しフランダース風の体つきで、この地方の馬のようにつやがありむっくりしていた。

ちなみに私たちは、運搬車の中にたくさんの非常に見事な馬を見た。

ムムッセン博士は、ハンブルクの市政はほとんど模範的で、市民は望みうる最大の自由をもっていると述べた。その優秀さの一つの証拠は、過去一世紀に市民と議会との間に争いがなかったことであった。人々が市政に抱く満足こそは、当初から彼らが総じてフランス革命を嫌った理由であると彼は言った。彼らは自分たちが抑圧されていないから、フランス人が抑圧されているとは考えないで、革命はまったく変革という愚かな欲望から進行したと結論した。彼によれば、ロシア皇帝がハンブルクはデモクラートの休憩場所だと想定するのは、確かにまったく誤った情報に基づいていた。しかしこういう問題は、今や落着の時点に来ているという。

雨の多い春であったため、近隣一帯は大きな困窮に見舞われ、とりわけユトランド半島がそうであった。そこでは家畜を浸水から救うため、全部ヒースの地に追いやらなければならなかった。ハンブルク自体の低地帯も、しばしば洪水で大きな被害を受けた。

ムムッセン博士と一緒に、ヴォート氏宅での木曜日の夕食の招待を受け入れた。

アルトーナから帰った後、アルスター川がつくる大きな貯水池あるいは湖のほとりを散歩した。それは非常にきれいな小湖水で、まるで川が原野にあふれたような色彩を呈している。湖畔の庭園はオランダ風に作られている。私たちはそのいくつかを散歩し、無数のナイチンゲールの声を聞いたが、イギリスのものより遠慮がないようであった。ナイチンゲールの声の重層低音のように、私たちは、いくつかの蛙が奇妙にガーガー鳴くのを聞いた。その調子があまりにきわだち、まるで何かを表現しているようなので、それが蛙であることを納得するのに長い時間がかかった。それは、あひるが鳴くのにとてもよく似ていた。

フランス・レストランで夕食をした。フランス喜劇に行き、主役の女性ダンサー、ローズ・コリネのために非常によく上演された新しいバレエを見た。中国風カフェで夜食をとると、そこからは湖がきれいに見え、その上を走るたくさんのボートで賑わっていた。湖水の反対〔側〕で、フリーメースンの祝祭が、花火をあげ、私たちの楽しみを盛り上げてくれた。しかし夜食に、飲物は別で一人三マルクというかなり高い代金を払った。主人は四マルクのコースを勧めたが、私たちは夜食を食べにきたのではないと彼に言った。湖水がボートで一杯になる夏には、この光景が非常に美しいに違いない。

終日晴れ。二時半の温度六三度。

五月三〇日〔木曜日〕

二時にムムッセン博士を訪ね、ヴォート氏の所へ行って、彼が会食を延期したことを知った。その代りにソーントン氏（Mr Thornton）の所で夕食をした。彼は私たちを迎え入れ、まったく予期しなかったにもかかわらず、手厚くもてなしてくれた(8)。彼の妻は、よくふざけるという風な、とても陽気で小柄な女性で、ピアノに合わせてドイツ、イタリアおよびフランスの曲を歌った。

ソーントン氏から、近頃貨幣の利子率が十一ないし十二パーセントになったと聞いた。ハンブルクの商人は、イギリスから託送される商品に支払うため、どんな利率でも貨幣を借りなければならなかった。利子率のこの法外な上昇は、最近五、六カ月の間に起ったことにすぎず、単に一時的なものであってほしいと思われている。その原因は、イギリス政府が、皇帝に送るためハンブルク銀行貨幣を大量に買い入れたためだと考えられている。(9) このバンコ・マネー(Banco money)はイギリス商品の委託販売によって獲得されるので、これらの商品が販売され、地金が再び銀行に貯えられるまで、ハンブルクで貨幣は非常に稀少で、利子は非常に高い状態が続くだろう。ハンブルクの銀行は、預金および振替銀行にすぎず、紙幣はまったく発行していない。商人は一定量の純銀を銀行に預け、一定数のマルク・バンコ(mark banco)のための信用を得る。この資金の移転が、商品購入の大流通手段を形成する。過剰引出しには高い罰金が付され、実際銀行にある地金で表わされない商人の手形は流通していない。したがってこの地金が銀行から引き出され、遠くへ送られると(最近起こっていることだと言われているが)、資金は稀少になり貨幣の利子は上昇するに違いない。

一マルク・バンコは純銀一マルクの重量であり、したがってバンコ・マネーはいつも通貨価値以上である。スペイン・ドルまたは棒銀が、銀行にある地金のもっとも通常の形態である。通貨は、受け入れられる前に溶解し試金しなければならないので、きわめて稀にしか送られない。銀行はいかなる種類の利潤も得ていない。行員等の経費は、貨幣が引き出される時のわずかの歩合から支払われる。現在三マルク・バンコは、三マルク十二スーの通貨の価値がある。バンコは通貨よりも二五パーセント高価である。最近の異常な上昇の以前に、貨幣の利子はわずか三、四パーセントで、戦争によってもあまり上下しなかった。

ハンブルクの市政はかなり複雑である。行政権および立法権の多くは議会に属し、それは四人の市長(Burgomaster)、二四人の議員および四人の地区行政官(syndict)から成っている。市長は順番に議会の長となり、町の行政長官として活動する。地区行政官は事務官のようなもので外務部をもつ。

市長は議会によって選出され、議員は特別の手続によって終身で互選される。議員が死ぬと、四人の選挙人が指名され、各人が一名の名前を挙げる。

午前中は晴れて、暖かい。十時の温度六五度。三時に雷雨、午後雨。二時に温度計は高かったに違いないが、私はそれを見なかった。夕食からの帰途、アルトーナの半マイルほど先のエルベ河のほとりで、趣向を凝らして作られた非常に美しい場所を見た。小さな葉をつけたミズナラとトネリコに気付いたが、ハンブルク付近でこんなに季節が進んだのは見たことがなかった。この国のセイヨウハルニレは、他の木々と比べてイギリスより進んでいるようだ。湖水のそばの庭園にあるロンバルド・ポプラは、私がそこを出た時のオールベリ（Albury）のものよりほんの少し進んでいるだけだった。ブナもほとんど同じ状態である。町の堡塁の上にあるニレは、今日ちょうど蕾を開きかけていた。イギリスによくあるニレは少しも見られなかった。

ムムッセン博士によれば、昨年冬のクリスマスの温度は列氏十八度で、冬中で最低だった。一七九三年の夏は、列氏二五度だった。(10)

アルトーナの向こうの河岸に沿って家を持っている紳士連は、デンマーク国王の支配下にある。(11) しかし税金はきわめて穏当で、町役人とのわずかの取り決めが事を非常に容易に解決している。デンマーク国王は、法制上はヨーロッパでもっとも専制的な君主であるが、その専制を行使する力は最小ということが認められているようだ。

ムムッセン博士はアルトーナ近隣地区の公医であるが、それに対して彼は、政府から年にわずか二五ポンドの給料を受け取るだけである。彼は、どんな流行病の場合にも、また誰かが突然死んだ時にも（どこかわが国の検死のように）、付いていなければならない。彼はまたあらゆる薬局を訪ねて、その薬が良好かどうか調べている。[12] 医者の決められた報酬は、一回の往診につきたった一シリングである。

五月三一日〔金曜日〕

曇りで雨がぱらつく。二時の温度六二度。

治安は非常に良好。殺人はほとんど聞かない——盗難もめったにない。防火対策も非常に効果的。[13]

ドロシー・ワーズワースも、ハンブルクの治安の良さを賞讃している。日記で彼女は、十八世紀末のイギリスの町の状態を無意識に批評している。「ハンブルク滞在中、私はただの一度しか、通りで喧嘩らしいものを見たことがない。しかもそれは非常に些細なもので、イギリスならほとんど気付かなかっただろう。酔っ払いを見たことがないし、下層階級の女性でも、その容姿やしぐさにまったく品がなく慎みがない人を見たことがない。」その後、彼女は酔っ払いや乞食を見、次の日には、一人の男が「公道で」女をたたいているのを見た。[14]

六月一日〔土曜日〕

八時に四頭立ての郵便馬車でハンブルクを出た。馭者は後馬の近くに乗り、他の二頭を細い手綱と長いむちで御している――後馬と前馬との間に非常に長い綱がある。ハンブルクからおよそ二一(イギリス)マイルで最初に着いた村は非常に整然としていて、家並は低く屋根が大きい。入口や窓に座っている村人は、とても清潔で不自由がないように見えた。平坦な穀物地帯で、幾分ケンブリッジシャーのようだ。ライ麦が穂を出していた。

やがて一帯はやや荒地となり、多くのヒースが点在するようになった。土壌も砂地となる。道路は深い轍《わだち》のある砂土で、まん中にまったく忌わしい舗道があった。ミズナラはかなり広範に小さな葉になっていたが、ニレはほとんど開いていなかった。九時の温度計は、車に乗った私の手の中で六四度。風向きは南東。家畜は、非常に小さく痩せているように見えた。羊はウェールズ種よりも小さく、子羊は非常に成長が遅れている。三色スミレ、カニナ・スミレ、水生キンポウゲは、イギリスで普通に見られるものよりも大きくきれいだった。オッターは満開になっているある植物に気付いたが、それは、彼がケンブリッジシャーを出る少し前に散っていた。しかし、木々が葉を開くのは遅れているようではなかった。

休憩し食事をした場所シェーンベルク(Schoenberg)に着く前に、一帯は変化し幾分サリーの地方に似てきた。丘陵、砂地、ヒース、ブナの木[15]、そしてあちこちに大きな池や小さな湖水が点在している。家屋は、大きな茅葺き屋根、折戸、そして端に家族のために仕切られた場所のある大きな納屋である。馬、牛、豚および鶏などが納屋に住み、夏は人間もそこにいる。人々の間の貧困の程度は、イギリスの村落の一般的な状態とほとんど同じように思われた。子供たちのある者は靴下をはき、ある者ははいていない。労働の通常の価格は、一日当り一シリング、そして一マルク、あるいは一シリング四ペンスである。普通に用いられるパンはまったくライ麦から作られ、多少黒い。馬車の馭者は、ほとんど一（ドイツ）マイルごとに馬を休ませ、このパンの厚切りをやっていた[16]。
たいていの家には井戸があって、大きな挺子で動かされる。その挺子は幾分絵のようで、浅い井戸には十分便利だが、深い井戸にはそうでないようだ[17]。

食事をするために止まったシェーンベルクで、一台のイギリス風駅馬車の他は、全員が四輪馬車に乗った旅行者の一大集団に出会った。私たちは四つのベッドがある部屋で、一人当り一マルクの食事をしたが、そこは窓がたくさんあって、かなり風通しがよかった。相当いい古いホック［ライン産白ぶどう酒］が二マルク。そこの主人はフランス語と英語を話した。女性はスリッパで小刻みに歩いていたが、それは爪先を被っているだけで、踵の後まで届いていない。

たいていの農家には菜園と果樹園があり、村の家々は点々とし固まっていない。二、三羽のコウノトリが飛んでいるのを見たが、やがて一羽がある家のてっぺんにある巣に降りた。それは大きな幸運の印だとされている。多くの村には教会がない。六頭の馬が引く何台かの馬車に出会ったが、三頭が馬首を並べ、馭者は後馬の近くに乗っていた。非常に荷が重い場合には、時々もう二頭を前につなぐ。絵に描いたような母親が短いスカートをはき、脚と首すじを顕わにして、十人の子供たちを自分の回りに連れて歩いているのを見た。リューベックの近くの地方は再び平坦になり、きれいな牧草地がある——家畜は大きい。

リューベックの城塁は、ハンブルクのそれよりも保存がいいようだ。町に入ると、私たちは立派な大通りに出た。家並はハンブルクのそれと幾分似たようにできているが、もっと見事で、そのてっぺんはほとんどゴシック風尖塔のように見える。私たちの馬車はまったくひどく揺れた——ほとんど全行程、ロンドンの最悪の舗道を走る郵便馬車に乗っているよりひどかった。しかし翌朝はそれほど疲れを感じなかった。

すばらしい晴天。南東の風。一時の気温は、日陰で六七度。

六月二日［日曜日］

リューベックを少し歩いて、大聖堂に行った。それは見事なゴシック風建物で、建築は簡素だが、ギルドの記念物、まったく壮麗なオルガン、その多くの素地が金箔の旧い絵画で大いに飾られていた。また一四〇四年という年号のついたまったくいかめしい時計があり、その下部には奇妙な万年暦、上部には救世主の像があった。時計が十二時を打つと、十二使徒が折戸から出てきて、救世主の像の回りを動いて、通り過ぎる時にお辞儀をし、反対側の折戸の中に入っていく。

リューベックの執政官たちの旧い豪華な記念物がたくさんある。他のものと一緒に、一六八三年という日付のついた地方総督ゴートスカルトの名前がある。

ペイズリー氏という人物からこの上もない歓待を受けた。彼に対して私たちは、サー・ロバート・ヘリーズの走り書き以外に何の紹介状もなかった。彼は私たち四人全員に、堡塁のない彼の庭園で一緒に食事をするよう強く勧めた。その席で私たちは二一人の一行と会った。リューベックの市政府はほとんどハンブルクに倣っていて、人々は望みうる限りの自由をもてるという。住民の最大部分は、政治的にフランス人をひどく嫌っている。しかし別の考え方をする若者もいる。リューベック港は、戦争の船が入るのを防ぐためにわざと閉鎖されていた。プロイセン国王はいつでも好きな時にリューベックを占領できる、と普通に考えられている。リューベックからの若干の財貨が、エルベ河に入るシュタイクニッツ川（Steiknitz）を通ってハンブルクに送られている。しかしこの通路は遠回りで、シュタイクニッツ川は非常に小さな船しか航行できない。財貨の最大部分は、時には三頭ずつ馬首を並べた九頭立ての馬車で、陸路で送られている。

リューベックの女性の帽子は、前ではなく後に隆起のある一種の綿モスの縁なし帽で、その後頭部がほとんど広い金モールで被われている。[18]私たちは農家から出てくる女性を見た。彼女は、他はとても貧しそうだが、帽子にはこの飾りをつけていた。

四時少し過ぎに、リューベックを出てオイティン（Eutin）に向った。リューベックから約一（イギリス）マイルの所にあった最初の村は、きわめて整然としていた。住宅の多くは新しく、さらに多くが建築中であった。それらは木造部分に煉瓦が混ぜ合わされ、目塗りがさまざまの方向の線と角を作り、家々に奇妙なオランダ風の外観を与えている。この村を出るとすぐに、道路は極端に悪くなった——泥質の砂のとても深い穴道で、馬車が長くなかったら、きっとひっくり返っていただろう。長い尾のある四頭のたいへん立派な黒馬は、道がよくなるといつも快調に走ってくれた。一帯はまもなく起伏が多くなった。サリーの地方に少し似ているが、草地が多くヒースは少ない。垣根の斜面に、無数の野生スグリがあった。農場の家は非常に大きく、その多くは新しかった。納屋と農夫の家を一緒にしたようなものを、私たちはハンブルクからリューベックまでの全行程で見た。またこの道路でもわずかの違いを見せて続いているが、その建築はイギリスの農夫の家よりもはるかに高価に違いない。私たちは煉瓦がはめ込まれる前の何軒かの骨組を見たが、多数の木材と多少の技巧を要するように見えた。この道路沿いの家々は隣接しているものもあった。リューベックから約一（ドイツ）マイルの所にきた時、馬車と四頭の馬ごと大きな穴の一つに突込んで難渋した。日曜日なのにトランプをしている一行を見た。皆ナイトキャップを被り、パイプをくわえていた。彼らはゲームに非常に熱中している様子で、私たちが村の中である種の凝視を引き起し、時には彼らの椅子の後に立ったにもかかわらず、私たちをほとんど一瞥だにしなかった。村には健康で頭のよさそうな多数の子供たちがいた。馬車が進んでいくにつれ、一帯は良くなり、湖水、ブナ林、丘が点在するようになった。しかし丘は高くなく、湖水はおそらく沼地としか呼べないようなものもある。オイティンに近づくにつれ、違った種類の湖水がある。しかしリューベックを出るのがやや遅すぎて、その格別の美しさを観賞するのに十分な明りはほとんどなかった。にもかかわらず、おそらく想像が補うものによって、失ったよりも多くのものが得られた。私たちは多くのナイチンゲールの声を聞き、湖水や小さな池から聞こえる絶え間ない蛙のコーラスを聞いた。この大合唱は、無数のあひるの群が鳴くのに似ていた。オイティンの町の最初の眺めは非常にきれいで、湖水は見事な一片の水たまりであった。湖水の畔の小ぎれいな旅亭に泊った——フランス語か英語を話す人は一人もいなかったが、私たちの言うことを分ってもらおうとした。

四時半を過ぎた頃のちょっとした雷雨の他は、すばらしい晴天。

六月三日 ［月曜日］

五時半に起きたが、デンマーク紙幣についてのいざこざのため、八時前には出発できなかった。馬車の馭者が、その紙幣を受け取ろうとしなかったのである。二、三マイルの間美しい地方が続いた。オイティンと［次の言葉は判読し難いが、おそらくプレーン（Plön）］の湖水のきれいな光景——木が多く湖岸は変化に富んでいた。二つの大きな湖を後にすると、一帯は少しケントの地方の様子を帯びてきた――よく耕された畑地が散在する低木の茂った丘――たくさんのライ麦がちょうど穂を出しかけていた。

十一時頃、オイティンとキールの中間にある町プレース（Prae's）に着いた。[19] それは、驚くほど整然としてきれいである。家々の切妻壁はみな通りに面し、煉瓦の目塗りはあらゆる方向に線と角を作っていた。家屋の多くは新しく、同じ規模のわが国の大がいの町の家より貧弱に見えるものは少なかった。女性の顔立ちも変化し、これまで普通に見てきた特徴的な顔立ち――大きな顔、やや小さく上向きの鼻、青い目に薄いまゆ毛――がそれほど顕著でなかった。プレースでは、労働の価格が一シリング十六ペンスであることを知った。農場は非常に大きく、農作業は進んでいたが、小作人はまだ完全に解放されてはいなかった。靴下をはいていない女性もいたが、みじめな貧困の徴候は少しもなかった。プレースを出た後、私たちは、とても見事なミズナラが散在するきれいなブナ林を通った。オイティンからキールまでの全行程で、この地方の風景に特徴的なものは何もなかった。耕作様式、生垣や掘割そして生垣の木の種類も、イギリスの多くの地方にまったくよく似ていた。

バルト海の内湾にあるキールで食事をし眠った。この湾は、湖のように見えるほど陸地に囲まれている。湾岸は変化し、所々にきれいな木々があり、キールの周囲をたいへん美しいものにしている。ホルシュタイン公爵の旧い宮殿に歩いていった。その一部は現在防衛司令官の住居となり、一部は講堂および解剖学の教室となって大学に所属している。ドアの一つに碑文があり、この建物はロシアの女帝キャサリン二世によって一七六六年に復興されたと伝えられている。[20] 湾のそばのいい場所に庭園があるけれども、形式張っている。それは町の公共遊歩道になっているようだ。

夕方、有名な運河を見るために散歩した。わずか三〇分の歩程だと聞いたが、一時間半近くかかった。多少疲れたので、うまくキールまで水路を運んでくれる船が見つかることを願った。とても気持のいい夕べで、湾は歩いている私たちに非常に美しい景観を呈していた。言葉を分ってもらうのに多少苦労したが、ついに英語を話し、ちょうど二人の紳士をキールまで水路で運ぼうとしている船乗りに紹介された。大喜びで船の席を確保したが、運河の入口から約1/4ないし半マイルの所にある水門を見ないで、キールに戻る手はないと言われた。二人の紳士は私たちを待っていると約束した。

この水門は、きれいで綿密によく築かれていたが、特に変ったところはない。それは一つの堰《せき》(lock)だけでできているので、水の落下は十二ないし十四フィート以上ではない。余分の水を流す側門 (side sluice) があり、それを開くと水門は五分で一杯になる。運河は深さ十フィートで、三百トン積みの船が航行でき、非常に特別な場合を除いて、積荷の上げ下ろしの必要がない。北海やバルト海を航海する同じ船が、この運河を通れるのである。運河の両岸がしばしば損傷し航行が妨げられたと聞いたが、運河を通る船の数は毎年増加しているようだ。通行料はほんのわずかで、船舶ごとに八シリング四ペンスに過ぎない。それは、キールかレンツベルク (Rentsbergh) で払われる。このお金は、管理人およびその他の運河関係諸費用の支払に当てられる。デンマーク国王が得るのは関税だけで、それはかなり高い。

九時近くまでキールへの帰途につかなかった。これは水路で帰る一行には幾分遅かった。しかし、湾はあまりに静かで波もたたず、夕べはあまりに魅力的で、しかも黄昏時の明るい光線が光景を非常に柔らかくしていた。キールに着いたのは十一時だったけれども、この遠出を決して悔まなかった。

朝五時にひどいにわか雨があった他は、すばらしい晴天、九時の気温六一度、十二時半の気温六三度。

六月四日［火曜日］

六時にキールを出て、平坦な地方を通った。土壌は主に砂土で、ライ麦のまかれた多くの新しい囲い込み地があった。低い家の先端で、コウノトリが雛にえさをやっているのを見た。それは私たちが近づいても驚かず、さらに二、三羽が翼を広げてかなり近くを飛んでいった。家並は比較的小さく、リューベックからキールの間で見たものほどきれいではなかった。先に述べたような大きな納屋のある家はほとんどなかった。キールの付近とこの道路で、靴下をはいていないが幾分きれいな何人かの女性に出会った。エッケンブルク（Eckenburgh）に着く約一マイル手前で、ミズナラが点在するきれいなブナ林を通り過ぎた。ミズナラのあるものは大きく、ブナの木はこれまでに見たなかで一番立派で、もっとも高く真直な幹であった。

(21)赤い煉瓦を敷きつめたエッケンベルク（Ekenberg）の町自体はそれほどきれいではなかったけれども、湾が開けたところは非常に美しかった。エッケンベルクで早い夕食をとり、馬車を求めて7½ドイツ・マイル先のフレンスブルク（Flensburgh）に向かった。これまでは、四頭立ての馬車一台で旅をしてきたが、故障の恐れがあるため二頭立ての馬車二台を用意するよう勧められた。一台に荷物を全部積み、別の一台に自分たちが乗り込んでとても快適な旅を続けた。人々の顔立ちが多少変わりつつあることに気付いていたが、特にエッケンベルクで多くの人々の顔があまりに完全にイギリス人的なのに感心し、自分たちがイギリスの町にいるのではないということがほとんど信じられなかった。

エッケンベルクを出た後、ヒースと小高い草地があちこちにある起伏の多い土地を越えた――砂土質でやや不毛の地であった。家並は比較的小さくて見すぼらしく、中位のイギリスの農夫の家にとても似ている。なんともぎこちない作りの木靴をはいた多数の農民がいた。木靴は爪先に比べて踵がかなり低くなっていた。エッケンベルクから約［空白］マイルして、海のきれいな入江を通り過ぎた。シュレースヴィヒはその端にある。この行程は約四〇ヤードを越えなかったが、それを横断した後の一帯はきれいであった。木のたくさんあるゆるやかな丘が続いた。耕作や囲い込みの方法はちょうどイギリスの多くの地方のようであり、道路は砂土でわが国の一般的な私道と同じ位良好である。木靴をはいた人がますます多くなり、女性はしばしば足の先だけが入る木のスリッパをはいて小刻みに歩いていた。しかし非常に貧しいという様子はない。(22) 私たちは激しい雨の中をフレンスブルクに着いて、ずぶぬれになった。手頃な宿を見つけたが、非常に清潔というわけではなかった。(23)

朝は晴れで、六時の温度五七度、十二時半の温度六〇度。午後激しい雨で、冷たい南西の風。

六月五日［水曜日］

オーベンロー（Abenrae）に向かって早く旅立った。フレンスブルクの町はバルト海にある数多くの入り江の一つにきれいに位置し、若干の商業を営んでいる。それは、建築中の新しい家の数からして、現在増進しているようである。煉瓦は小さく、ほとんど白色であまり良質ではなく、家並はイギリス風に建築されていた。フレンスブルクを出て間もなく、あちこちに貧相な囲い込み地があるだけの非常に広大な荒涼としたヒースの地を通り過ぎた。囲い込み地は新しいようである。道路脇に一定の間隔を置いて約二〇フィートの高さの柱が立ち、その上に大きなランプがついている。私たちはそれを、雪の中で郵便馬車を導くためのものだと思った。

かくも不毛なヒースの地を抜けた後、美しいオーベンロー湾が突如現れて強い印象を受けた。それは、主にブナから成る見事な木々のある高い海岸で囲まれていた。通り過ぎる入江がほとんど陸地で囲まれ、非常に多くの美しい湖水のように見えた。アダースレーベン（Adersleben）[24]へ行くための二台の馬車を求めた。馬車がだんだん小さくなり、いつも二台が必要になった。オーベンローから丘をおよそ半分上った所で後ろを見ると、景色はきわめて美しく、丘と森に円く囲まれた美しい湖水を最もすばらしい形で眺める思いであった。多くあるのはブナの木で、その葉はほとんど開ききっていた。しかしミズナラとニレはほとんど緑色の気配さえもなかった。

ハダースレーベン（Hadersleben）までの残りの道筋は多少ともきれいだったが、どの点でも特にということはなかった。ハダースレーベンで、小さな海峡の最短路を渡るのに風が追風だったので、その日の夕方アセンス（Assens）に向かうことに決めた。六時半頃ハダースレーベンから二ドイツ・マイル船に乗って、アセンスまで非常に楽しい航海をし、八時頃そこに着いた[25]。船の中で英語とフランス語を話す一人の紳士に会ったが、彼はホルシュタインとシュレースヴィヒの状態をよく知っているようだった。私たちは、ホルシュタインの農民の小ぎれいで清潔な様子と家屋の良さにとくに感心した。この紳士の話によると、農民は現在非常に良好な状態にあるので、彼らの家で、立派な宿と同じくらいきちんと一杯のコーヒーを飲めるのであった。戦争中この地方が中立状態であったために流れ込んだ富が農民の間に行き渡り、彼らの多くは金・銀の食器をもっているという[26]。農奴制のあらゆる痕跡が、少し前にホルシュタインとシュレースヴィヒで廃止され、ユトランドとデンマークの他の地方ではもっと後にそうなったと彼は話した。農奴解放は、当初はまったく貴族の意志によるものであったが、後にそれは政府の施策となった(27)。ホルシュタインとシュレースヴィヒは、現在非常に繁栄している地方のようである。昨年、ホルシュタイン、シュレースヴィヒおよびユトランドから二万頭の馬が輸出された。

五時の気温五〇度、十二時半の気温五三度、時々軽いにわか雨、夕方晴れ。南西の風。

六月六日［木曜日］

アセンスで私たちはかなりいい宿を見つけた。家は広々として大きかったが、部屋はやや汚なかった。アセンスを五時十五分前に出て、フューネン（Funen）の首都オーデンセ（Odensee）へ向って進んだ。この地方は、行程のはじめのうちは大きな共有地であった。後になると土手だけで作られた囲い込み地があり、土手の上は曲りくねったカーブを描き、土地の隆起の形にならっていた。全行程を通してこの地方には木が著しく少なかった。農夫の家は、泥土あるいは煉瓦漆喰で作られ、茅葺き屋根のイギリスの家とそっくりで、ホルシュタインおよびシュレースヴィヒのものよりはるかに小さくまた小ぎれいでなかった。デンマーク人の祖先は、ここの彼らの子孫が今なお非常にたくましい骨格を保持しているのだから、おそらく頑強な種族だったのだろう。男性はたいてい肩幅がとても広く見事な恰幅をしている。女性も幾分同じ風である。男性も女性も、そして子どもたちも木靴をはいているが、そのぎこちない作りは、彼らが耐えられるいかなる容易さで歩くことをも妨げている(28)。

オーデンセは、その名前の他は古事を伝える大きな特徴を持っていないようである。その名は、ここが［北欧神話に出てくる］オーディンの居住地だったことを表わしている。私たちは多少とも立派な教会へ歩いて行って、クリスチャン二世の墓石を探した。しかし牧師は私たちの言葉を理解せず、また私たちはデンマーク語の碑文を読めなかったので、あまり興味深いことを見い出すことができなかった。

オーデンセの教会は、十三世紀の煉瓦造りの大聖堂のようで、旅行案内にはデンマークで最大かつ最も美しいゴシック建築と書かれている。

クリスチャン二世は、一五一三年から一五二三年まで、デンマーク、ノルウェイおよびスウェーデンの国王であった。一五三一年に彼は、デンマークおよびノルウェーのフレデリック一世となった彼の叔父が率いる反対派に捕えられ、城内の土牢で二七年間生き延びた。彼は、自分の載冠式に集まった八二人のスウェーデンの貴族を、最も不実な仕方で処刑したことで有名である。この「ストックホルムの血浴」は、グスタヴ・ヴァーサ（Gustav Vasa）の下で、スウェーデンをデンマークの支配から引き離すことになった事件の一つであった。

大執事コックスによれば、「残酷で不幸な」クリスチャン二世は、「彼の父のそばの幾分盛り上がった簡素な墓石の下に埋葬されているが、それには何の碑文もない。」（Coxe, *Travels*, V, pp. 282-83.）

普通の人々は赤がたいへん好きなようで、彼らの大半は、赤い毛の胴衣と筒袖に青のスカート類、あるいは青の胴衣と赤いスカート類を着ている。それが幾分きれいな外観を与えている。彼らは頭に大きく広く白いリボンをつけ、それがとてもきれいで、その端は肩にかかっている。この服装は、シュレースヴィヒの一部とフューネンおよびジーランド一帯に広がっている。これはかなり一般的であるが、全部がそうだというわけではない。

二時頃オーデンセを出て、囲い込みのために多少変化はあるが、同じような地方を通り過ぎた。ニューボー(Nyburgh)まで四マイルで、あまり風のない美しい午後の六時頃そこに着いた。ストーアベルト(great Belt)を渡るのに好都合な天候であった。ニューボーでは、非常に多くの新しい家々が建築中であった――宿は新しくかなり良さそうであった。

私たちは七時頃乗船し、間もなく海はガラスのように穏やかになった。(29) 風が凪いで船が進まなくなるのではないかという懸念は、夕べと景観の美しさを楽しむ妨げにはならなかった。海岸の多くは、平坦で木が多かった。そして船がゆっくりと進む間、今まで見たこともないような美しい日没を見て過ごした。ベルリン[?]からきた若い婦人の示した歓喜の表現が、私たちを大いに喜ばせた。彼女は以前に船旅をしたことがなく、光景の美しさに魅了されている様子だった。太陽が沈むと風もかなり強くなり、非常に愉快な航海の後コセーア(Corsoer)に着いた。そこでオッターと私は一夜を過ごすことにした。しかしクラークとクリップスは泊まることを好まず、急いでコペンハーゲンに向うべく出発の馬を頼んだ。(30)

温度は四時半に四八度、九時に六二度、二時に六七度。晴れて、南の風。

六月七日[金曜日]

コセーアを早く出るつもりであったが、無くしたと思った旅券のことで、八時よりかなり前に出発することはできなかった。広々とした地方を通って二マイル先のスレーイェルセ（Slagelsee）へ進んだ。囲い込み地はほとんど一つもなく、土壌は湿地で所々にかなり豊かな砂地があり、たいていは穀物――高さ三インチに満たない大麦とオート麦――が植えられている。

馬車と二頭の馬に二ドル払い、馭者には一シリング四ペンスに等しい二デンマーク・マルクをやった。それは普通よりも多いことが分った。スレーイェルセから四マイル先のリングステズ（Ring-stead）に進んだ。途中、ほぼ半ばのところで二つの湖水を通った以外は、同じような一帯であった。二つの湖水に到達する約一イギリス・マイルの間、遠くから両側にかなり広大な森を見ていた。それら最初の湖水はほとんど全周囲をブナの森で囲まれ、次の湖水は片側だけブナの木で囲まれていた。二がここで一緒になっているようだった。非常に退屈な一帯を通ってきたので、湖水はとてもきれいに見えた。もう一つの荒涼とした地方を通り過ぎると、なお遠くに見ていた森が再び一緒になり、さらに私たちは、主にブナのきれいな森の光景の中を約半マイル進んだ。そこで古いミズナラの木の先端に二、三のコウノトリの巣を見つけた。私たちがいる所から遠くないミズナラの木の上で、雌雄つがいの鳥が巣に立って雛鳥にえさをやっていた。それが近くで翼を広げた時には、とても大きく見えた。小さな葉をつけたミズナラの木々は、ハンブルク近郊のものより季節が進んでいた。フューネンとシュレースヴィヒの所々では、多くのミズナラの木々は緑の気配さえもなかった。

リングステズで軽い食事をした。その間に馬車が準備されていたが、それに普通のワインを一本つけて、二リクス・ドル払わせられた。これはひどいと思った。私たちは、同じ額で四ドイツ・マイル、約十八イギリス・マイルを旅行してきた。同じように広々とした囲い込まれていない地方を通って、ロスキル（Roskild）へ進んだ。農民の家は非常にみすぼらしく、主に泥土で作られ、倒れかけているものもある。農民は、これまで見てきたどの農民よりもはるかに貧しい様子であった。

ジーランドを横切るために使った四台の馬車のうち三台の馭者は、非常に人のいいデンマークの田舎者だった。彼らの表情は愚かさを露骨に表わし、酒代をはずむと言っても、その無気力をさますことはできなかった。スレーイエルセで旅行中のフランス人に会ったが、彼らの話では、およそ一人の人間がもちうるあらゆる弱点を述べようとするなら、その人がデンマーク人だと言えば十分であった。しかし、ジーランドに着くまで、その種の人は見なかったし、着いた時にも、国民全体にかくも不名誉な評価をさせるようなものは何も見なかった。

私たちが通ったジーランドの地方には囲い込み地らしいものはほとんどなく、その結果穀物畑と牧草地が当然に混ざり合っているので、動物はみなつながれている。家畜は一般に小さくやせていて、馬も同じである。背が茶色のロイストン・カラスがここでは多かった。シュレースヴィヒとフューネンおよびジーランドの田舎のある地方で、最近イギリス婦人の間で流行しているものとそっくりな縁なし帽を見た。[31] 黒い畜牛、羊、豚、ガチョウを見たが、みな首か足、普通は首をつながれていた。ジーランドの一方の側から他方の側への道路は良好である。しかしコペンハーゲンへ至る最後の所は、多数の浅い轍が目立っている。この道路はかなり高くされているが、多くの場所が湿土なので、多額の費用がかかったに違いない。

ロスキルで、デンマーク諸王の墓地を見に行った。納骨所の棺はビロード、金および銀で非常に豪奢に飾られている。それらのいくつか、特に現皇太子の四人の子供たちのものは、非常に新しく、また非常に立派に見える。しかし他のものは、ぼろぼろになった栄華の遺物を示しているだけである。このように消滅しやすい物質で、後世に遺し伝えようとするものを作ることは愚かしく思われる。有名なヴァルデマールのマルグレーテ（Margaret of Valdemar）の墓を見て、その高度に保存状態がいいことに感嘆の声を上げた。しかしそれを修理するために、毎年一人の芸術家が雇われていると聞いた。クリスチャン三世とイタリアで処刑されたフレデリック二世の二つの見事な石膏の記念碑があり、その彫刻はすぐれているようだ。またフレデリック四世と彼の妻のものは、デンマークの彫刻家によるもので悪くない。

ロスキルにある十二世紀の大聖堂は、デンマークの最も重要な国民的記念物である。それは、九六〇年にデンマークで最初のキリスト教会が建てられた場所に立っている。今日そこには、三六人の国王と女王およびその他百人の王族の棺が安置されている。
「ヴァルデマールのマルグレーテ」は、デンマークのヴァルデマール四世の娘で、彼女は一三六三年に十歳でノルウェーのホーコン六世（Haakon VI）と結婚した。彼女こそ、その甥の息子が、一三九七年にカルマル（Kalmar）でデンマーク、ノルウェーおよびスウェーデンの国王となったポメラニアのエリックであった。

クラークが少し年老いた男を見つけ、へたなフランス語でその男に通訳になってはどうかと言った。しかしその男は非常に退屈で、秘かに過剰な通訳をしようとしたので、私たちはロスキルを立ったけれども、コペンハーゲンの市門が閉まるのにやっと間に合うほどであった。私たちはそこへ十二時ちょっと過ぎに着いた。税関吏が宿舎のロイヤル・ホテルまで一緒にきた。彼らはとても礼儀正しくしてくれそうには見えなかったので、トランクや旅行かばんをかき回すままにしておき、ビタ一文もやらないことに決めた。彼らは、やや勝ち誇った様子で立ち去った。ここ二日間、暑い太陽と白熱の道路で完全に照りつけられたので、顔はまるでパンのように焼け、私の目はひどい炎症をおこしていた。そこで私はまる一日休むことに決め、もう少しはっきり見えるようになるまでは何も見ないことにした。

温度は八時に五五度、九時に六二度、三時に六七度。南西の風。

六月八日［土曜日］

午前中ほとんど休息した。共同食卓で食事をしたが、大勢でにぎやかな一行が一緒になり、他に国章をつけた一、二のフランス人がいた。彼らは、ここには誰でも思ったことを言うことができる大きな自由があると話した。後で分ったのだが、彼らの一人は、真情において総裁政府に大いに反対であった。といっても、彼は共和制における熱烈な民主主義者であった。

夕方町を散歩したが、この町は大火以来修復されて通りも広くなっていた。(32) 碑文が伝えるように、大宮殿は、クリスチャン六世が将来のデンマーク諸王の住居として建てたもので、物悲しい建物である。Chris. 6th. Regiam hanc intra septem annorum spatium, abque subditorum onere exstructam suaeque ac successorum habitationi dicavit occupavit.(33)［クリスチャン六世は、七年かかって、国民からいっさい徴税することなしにこの王宮を建設し、自分および継承者たちの住居として奉献し占有した。］それは巨大な建物の集積であり、趣向よりも大きさと壮麗さで注目すべきだと思われた。私たちは、現在その宮殿を再建する意図はないと聞いている。というのは、国王はコペンハーゲンに彼の日常の住居として別の宮殿を作ったし、王家は何よりも静かに暮すことを好むようだからである。宮殿は、［空白］年に町が焼ける前に焼け、その焼跡が家を失った数多くの人々の避難所となった。破壊された家屋を再建するための職人に対する需要が、労働の価格を非常に高くした。最も普通の職人でさえ、一日に七あるいは八デンマーク・マルクを獲得できる。皇太子が兵士に働くことを許しているので、彼らはたいへん暮し向きがいい。町を再建するための労働に対する大きな需要は、現在宮殿を再建しないことの理由の一つである。皇太子は、この上なく愛国的に、自分より先に彼の臣民が報いられることを願っている。

共同食卓に座った二人のイギリス紳士は、五月十二日にバルト海の流氷のためキールで足留めされ、陸路でコペンハーゲンへ来なければならなかったと話した。

晴れ。太陽は非常に暑いが、宿の北側の窓の温度は二時で六三度に過ぎない。

六月九日［日曜日］

ロバート・フィッツジェラルド卿（Ld Rt Fitzgerald）を訪ねた。(34) 彼は私を非常に気持ちよく迎え、翌日のパーティに招待し、できる限りの援助を申し出た。手紙の一つを渡すためある商人の所へ行ったが、不在であった。展望台まで歩いていった。塔の所までの上りは階段もなく非常にたやすいので、馬車でも上れるくらいであった。そこには器具類を見せてくれる人が誰もいなかったが、窓を通して見るところでは、非常に管理が悪くほとんど使われていない様子だった。

共同食卓で食事をし、午後フレゼリクスベア（Frederiksberg）の公園に行った。(35) そこでたくさんの人々を見たが、主に下層および中流階級の人々であった。女性は、少し時間をおいてイギリス人を真似ているようであった。彼女たちは今、短い胴衣を極めようとしている。男性は一般に、特に軍人は短い胴衣と長いスカートに上着を着ている。それはイギリスでは低俗な流行で、私たちの目には低俗に見えた。多様な色彩でたくさんの飾りがついた旧式の着物を着た幾人かの農民がいた。彼らは流行遅れに見えるが、絵のようではある。各々に金の飾りがついた青い絹の胴着、赤い布の袖、黒い布あるいは黒いビロードのガードルに、茶色い絹のスカート等々を身につけた人を見た。彼女は農民以上を衒う様子はなかった。私たちがリューベックでごく普通に見た金レース飾りのついた帽子は、普通一ギニーすると聞いた。

国王の夏の通常の住居となる宮殿を散歩したが、興味をそそるものは何もなかった。部屋は非常に小さく、家具も悪く、一枚の素晴らしい絵もない。庭園はもっとイギリス風に設計されようとしているが、現在は大いに乱雑なままである。宮殿が立っている高台からは、スウェーデンの海岸がはっきりと見えるのだろうが、他の景色は平坦で湿地が多い。庭園の近くにある家で紅茶を飲み、その後また町の近くの国王の庭園を歩いた。そこで私たちは同じような一行に会った。デンマーク人の容姿や顔つきは、イギリス人にそっくりである。しかし全体として見れば、それほど容姿端麗ではない。コペンハーゲンでは、フューネンで見たような頑丈な体格の人はほとんど見なかった。

晴れ。太陽が非常に暑い。三時の温度六五度。西の風。

六月十一日［月曜日　六月十日］

博物館を訪ね自然史の部屋へ行った。珍しいものがあるけれども、非常に配置が悪いようだった。[36] 小宮殿が焼けた時に難を逃れた絵を主に集めている非常に長い画廊がある。そのうちの少数は最高の巨匠の手によるものである。その中に、ニネベ人に説教しているヨナを書いたサルバトール・ローザの非常に見事な歴史画がある。ヨナの表情が非常にきめ細かで、説教を聞いている人々の物腰や表情も美しく表現されている。国王の頭は地にひれ伏している。サルバトールの歴史画は非常に珍しく、きわめて高価なものである。しかしその稀少性とは別に、これは確かにたいへん美しい絵である。ルカ・ジョルダーノによるアベルを殺すカイン、同じ作者によるアダムとイブの物語も、たいへん見事な絵で、激情がよく表現されているようであった。

ロバート・フィッツジェラルド卿の所で食事をし、そこでイギリス海軍士官の一行に会った。彼らは非常に気持ちよく、私たちがエルシノーア（Elsineur）に着いた時、もし彼らがそこにいれば、私たちを彼らの船に招待すると言った。上級士官のホワイト艦長の話によれば、海峡で潮の流れに少しも気付かなかったが、バルト海の内と外には強い流れがあり、それはまったく風のためのようだという。

コペンハーゲンの気候は、一般にとても雨が多く変化しやすいといわれ、また人々は流行病にかかりやすいという。ロバート・フィッツジェラルド夫人は、この春コペンハーゲンで風邪にかからなかった家庭はほとんどないと確言した。[37] 町を横切って各方面に通じる運河があり、ここに汚物が流れこんで、暖かい気候の後は大がい非常に不快になる。[38]

デンマーク政府は異常なほどに放縦で、誰もが享受している話したり書くことの非常に大きな自由は、感情の大いな寛大さよりも、政府の行動と活力の欠除のためだとされている。

しかし、皇太子は軍隊に関するあらゆることに非常に熱心で、国務担当大臣を自認している。彼は、老ベアーンストーフ伯爵が死ぬとすぐに、自ら積極的に活動する意図を公言した。[39] 外務大臣としての父の公務を受け継いだ息子は、皇太子の大きな信頼を得ていたが、まだ父の権力のわずかしか握っていなかった。彼はいかなる国事に関しても自身では回答を与えることができず、その種のあらゆることを国民投票にかけている。現在わがイギリスの宮廷とデンマークとの間に、中立旗の不正使用がなされたという理由で、少し冷たい空気が流れている。皇太子は有能な人とはみられていない。

ロバート・フィッツジェラルド夫人は、六人の子どもをもち、下の二人は双児である。彼女は気持ちのいい家庭的な夫人のように思われた。ロバート・フィッツジェラルド卿は、非常に礼儀正しく丁寧であった。

晴れ。太陽は非常に暑い。二時の温度六七度。

六月十一日［火曜日］

ロバート・フィッツジェラルド卿とデンマーク人の士官に付き添われて、イギリス人士官たちと一緒に、午前中ほとんどずっとドックと兵器工場を歩き回った。イギリスのドックを見たことのある人にとって、この光景はそれほど面白いものではない。兵器工場のモットーは、質、量および第一級品である。質と第一級品ということは概してうまくいっているが、量については時々そうでないという。建物はすべて非常に整然とし、武器自体は、体裁はよくないがきちんと配列されている。二層艦が二八隻あり、あるものは八〇砲を備えている。見たところ、デンマーク旗の中立性を援護するために、現在二、三隻が服務の準備をしているようであった。この中立性が、イギリスとフランス、たいていはフランスから侵害を受けている。デンマークの中立旗が戦争中ひどく悪用され、商人が不法な手段で大財産を作ったことは広く知られている。最近、イギリス人がバタヴィアから大量のオランダ財産を持ち帰ったという理由で、何隻かの船が打捕された。

倉庫には、艦船ごとの全装備が、船の名前を付けて別々に保存されている。小さな兵器工場や倉庫が建っている島全体が、八〇年前に水浸しになった。だから多額の費用で再建されたに違いない。一つだけ乾ドックがあるが、そこには潮がないので、作動するのに非常に困難で経費がかかる。空の時には、水門を開いてすぐにでも満水にできようが、船が入っている時には、ポンプで水をくみ出すのに八頭の馬で二四時間かかる。経費がかかるもう一つの理由は、ドックの底がしっかりしていなくて塩水が絶えずそこから入ってくるので、それを抑えるのに、どうしても基板全体を覆う非常に重い鉄が必要だからである。

国王と大臣には名誉なことだが、デンマークは過去七〇年間戦争をしたことがない。その例外は[一七]八八年の小さな事件だが、それはすぐに終息したので、何ら事件だとはみなされていない。(40) 私たちに同行したデンマーク人士官は、小国が呑み尽くされないようにし、ヨーロッパの共和政体を維持するためにあらゆる努力をしていると語った。しかし、周囲の状況は、やがて二、三の大国だけになることを示しているようだと彼は続けた。

わずかに雨が降った他は晴れ、三時の温度六一度。南東の風。

六月十二日［水曜日］

獣医学校の校長であるアビルゴール教授（Professor Abilgaard）を訪問した。私はムムッセン博士[41]の紹介状をもっており、しばらく彼とフランス語で話をしたが、非常に博識の人のように思われた。獣医学校について、その大きな目標は治療の安さですと彼は言った。なぜなら、もしも動物を安い費用で治療できなければ、この学校の一般的用益は非常に小さいと彼は考えていたからである。金持の家畜の世話をすることはほとんどなく、彼が依頼を受ける金持の数も非常に少ない。例外は、使用人の偏見を威圧できる博識の人から時々依頼される場合である。学校は、教授の給料を国王から支給される他は、独立採算でやっている。私はロンドンにある学校の話をした。一般に研究に払われるわずかの尊敬と、生徒の準備教育の低さからして、学校の揺籃期は長く続くでしょうと彼は言った。

この教授の話から、ホルシュタイン地方の農民の全部はまだ解放されていないことを知った。王領地の農民は解放されているけれども、封建領主の多くは、解放に同意しようとしない。国王はホルシュタインで強大な権力を持っていないか、あるいは少なくともそれを行使しようとしない。私は、ホルシュタインの家屋の小ぎれいさと農民の外見上の豊かさについて観察したことを教授に話した。彼は、私たちが通り過ぎた地方では農民が皆自由だと考えているようだった。シュレースヴィヒ、ユトランドおよび諸島では、一般的な農民解放が、［一七］八八年、幸いにフランス革命勃発の直前に起った。その施策がもう少し遅れていたら、それはおそらく起らなかっただろう。なぜならフランスにおける民衆の暴動の後では、政府がそれを敢えてしようとはしなかったからである。だれもが、このような施策が受けるに値いする全栄誉を皇太子に与えているわけではない。人々が言うには、皇太子は実は、封建領主が彼らの農民を供出する際に言う苦情のため、彼の軍隊を補充する際に出合う困難に動かされたのである。

現在農民は、領主の許可なしに好きなところへ行くことができる。そして土地財産を持たないすべての農民または農業者の息子は、生まれながらに兵士で、召集があれば七年間勤めなければいけないから、軍隊はいつも十分に兵を供給されている。この出生時からの軍隊への登録は、私の理解では、今世紀とともに廃止されている。農民は二八歳以上になると、実際に七年間勤めたか否かにかかわらず、召集に応じる義務はない。そのため結婚は一般にこの期間が過ぎるまで遅らされ、これが人口に対する一種の予防的制限になっている。(42) 下層階級の人々は、持物は粗末だけれども、生計に困ることはほとんどない。彼らはいつもライ麦の黒パンを食べているが、教授はこれが健康に大変いいとは思っていない。オート麦で作った平たいパンを常食とするノルウェー人は、ライ麦パンが彼らに合わないことを知っている。教授は、農民が家族を養うことができないという恐れから、結婚を差し控えることはあまりないと考えているようだった。

農業は最近十年間に非常に急速に発展した。土地財産の価値は二倍になり、労働に対する大いなる需要が、下層階級の人々を良好な状態にした。私の知ることができた限り、この地方の労働の通常の価格は、一日に約二デンマーク・マルクあるいは一シリング四ペンスである。町の労働者はもっとずっと多く嫁得する。賦役は、その廃止によって封建領主が被むる損失のために全廃はされていないが、彼らはその等価額を貨幣で受け取ることを義務づけられている。ホルシュタインでは、領主が今やそれこそ彼らの最善策だと納得したので、来年には農民はすべて解放されると考えられている。教授は、ノルウェーの農業の状態は、そこで教育を受けた人が非常に少ないため、たいへん悲惨であると話した。しかし現在は、改善が進んでいると考えられている。

皇太子は人間としてよりも君主として尊敬されている。彼はいくらか気性が激しく短気で、独自の道を歩もうとしている。彼自身はあまり一般的知識がなく、また科学の大いなる推奨者でもない。しかし、人々は現在フレデリック五世が提起した道を進んでおり、芸術や科学は公的に推奨されてはいないが、その地位を保持していると教授は話した。皇太子は、多くを為さないにしても、少なくとも何も妨げないという大きな長所をもっている。ここでは最も完全な言論の自由が認められている。教授は、もしも自分がイスラム教徒だと宣言しても、国王によって任命された彼の地位に微塵の影響もないだろうと述べた。書庫でフランス語とドイツ語のトマス・ペインの著作を見た[43]。特定もしくは個人的中傷以外の何も告発されない。君主は法廷にはけっして干渉しない。最近一人の男が法廷を直接攻撃したという理由で告訴された。その後彼は獄中から彼の訴訟記録を出版し、たちまちのうちに売れたが、それを妨げる法律は何もない。個人的中傷に対してさえも罰金は非常に軽い[44]。

教授は、彼の解剖教室と鉱物資料室を見せてくれ、両方とも一見の価値があった。鉱物学は目下、彼のお気に入りの研究課題である。彼は、私がコペンハーゲンを立つ前に、ボグナー教授（Professor Bogner）から気象観察について少し教えてもらえるという約束をしてくれた[45]。

グラセン図書館へ行った。それは、フレゼリクス低地の鋳鉄所で一大財産を作ったグラセン氏という人から公衆に贈られたものである[46]。彼は、それに付随するあらゆる経費を払える額を遺し、そこで働いている人たちも驚くほどきちんとしている。それは、週に四日間十時から二時まで開いている。蔵書は多くはなく、主に農業、自然史および古文書に限られている。私は図書館で聡明な人と話したが、彼は、アビルゴール教授が、最近十年間における農業の急速な発達について語ったことを確認してくれた。彼は、多くの農場の価値は倍加したと述べた。これは主として農民解放によるもので、それが農民をはるかに勤勉にしたのであった。

朝曇り。午後にわか雨。三時の温度六〇度。

六月十三日［木曜日］

にわか雨。二時の温度五九度。三〇万冊以上の蔵書をもつ国立図書館を見た。そこには多くの稀購本や貴重な写本があったが、時間が非常に切迫していたので、それらを注意深く検証することができなかった。統計学の本を出版したという人と話した。彼の計算によれば、ノルウェーでは四〇人に一人、諸島では三八人に一人、オランダでは三七人に一人が死ぬという。彼は、トールップ教授（Professor Thaarup）が自分のものを盗作したと言った。(47)

大学の自然史の教授で偉大な鉱物学者のウァズ氏を訪ねた。(48) そして石炭や琥珀の形成に関する珍しい標本や、新しい半金属、新しい水晶、等々を見た。私たちが会った教授は皆きわめて礼儀正しく、進んであらゆる種類の情報を提供してくれた。国立図書館は毎日十時から十二時まで開いていて、大体一人の教授が出仕している。

デンマークには穀物法がなく、軍隊用の小さなものの他は公共の貯蔵庫もない。銀行はまったく政府の機関であるが、大いに信用がある。紙幣価値は低く、単位は一リクス・ドルである。要求があり次第、銀行は銀貨を支払わなければならない。これらの紙幣はホルシュタインでは割引いて受け取られる。確かな筋かどうか分らないが、約十年前に諸島でこれらの紙幣に割引がなされたと聞いた。銀行は現在銀を非常に豊富に持っていると言われ、二、三年後には紙幣が廃止されて銀貨だけが流通することもありそうだと考えられている。

コペンハーゲンでは現在あらゆるものがきわめて高い。牛肉と羊肉は六ペンス、新鮮なバターは一シリング。町の近郊の通常の労働は二シリング、地方では一シリング四ペンス。現在は労働に対する非常に大きな需要があり、しかも労働者は稀少である。店頭のあらゆるものはきわめて高く、本は特にそうである。わずか四年前に、この国の労働は一日につき一デンマーク・マルクすなわち八ペンスであった。労働の価格のこの急激な上昇は、下層階級の人々を非常に良好な状態にした。そして人口の非常に急激な増大があるものと予想されている。

午後、観兵式を見に行った。あいにくにわか雨の多い午後だったが、観兵式は全体としてとても見事であった。兵士は遠くで見ると立派な服装をしているようであるが、近づいて見ると彼らの衣服はとても粗末である。馬は小さいけれども、立派でよく手入れされ、どの馬にも長い尾がある。観兵式の終り近くに、私は国王のテントに近づいて間近で彼を見た。彼はまるで白痴扱いされている。宮廷の士官たちは皆、彼に何の返答もしないようにという命令を受けている。国王が非常に早口で話をし、テントの歩哨をしている士官の一人をにらむのを見た者がいる。この士官は極度に厳粛な態度を維持したが、一言も返事をしなかった。王家の一行がテントを離れる直前、皇太子はすばやく馬に飛び乗ったが、彼の父は彼に対して深々とお辞儀をした。私は皇太子の容貌をよく判別することができず、ただやせて青白い顔をした小柄な人であることが分っただけであった。彼の父親も同様の顔つきと体つきをしているが、比較的見かけがいいと思われている。

私たちは国章をつけたフランスの大臣を見た。彼は少し怖いが、おもしろい顔つきをし、目に入るものを、自分の注意には値いしないへたな道化だとみなしているようであった。誰かに話しかける時には仕ぐさがゆるんで温和になり、その作法は完全に立派に養育されているようであった。皇太子妃は美しいほうで、見たところとても気持ちのいい高貴な婦人である。ロバート・フィッツジェラルド夫人は彼女に最高級の賛辞を呈した。皇太子妃はシュレースヴィヒの宮殿に住むヘッセン公の娘である。彼女が娘を連れて車に乗るのを見た。この娘は、五人のうち一人だけ残った子供で、今五歳くらいである。(49) 国王のテントには多数の貴族がいたが、ロバート・フィッツジェラルド卿はそこにいなかった。皇太子妃と彼女の娘とに伴なわれた国王が最初に、六頭の非常に立派な葦毛の馬が引く金色の立派な馬車に乗って立ち去った。(50)

註

(1) マルサスは、最初「ヨーロッパの諸国民」と書き始め、それを「世界の諸国民」と変え、そして最終的には両方とも消した。
(2) 反対側のページに、「ブランカネス船」の小さな鉛筆の素描がある。
(3) *O.E.D.* によれば、「木骨煉瓦積み」(nogging) は、「木の間柱あるいは枠組の間に煉瓦を詰めて建てた煉瓦作り」。名詞として使われ始めたのは一八二五年、'to nog'という動詞としては、一八〇五年とされている。
(4) マルサスは、'& *a little a la greque*' と書いたが、消している。
(5) Dorothy Wordsworth, *Journals*, ed. E. de Selincourt (London, 1941), I, p. 19.
(6) 反対側のページに、ひだのついた帽子をかぶった婦人の左側面の鉛筆画がある。スケッチは、彼女の頭と肩、そして左腕にかけた買物かごを示している。

（7） *Journals*, ed. E. de Selincourt (London, 1941), I, p.23.

（8） 「ソーントン氏」というのは、ハンブルク商人で、Right Worshipful Company of Merchant Adventurers Residing in Hamburg の一員である、ソーントン・アンド・パワーという会社の社員の一人のようである。その会社のリチャード・ソーントンは、一七八八―九八年に、Company の副総裁で、マルサスをもてなしたのは彼だと言って差支えない。(See *Works and Correspondence of David Ricardo* (ed. P. Sraffa), III, pp. 430-1, and H. Hitzigrath, *Die Compagnie der Merchants Adventurers und die englische Kirchengemeinde in Hamburg, 1611-35, passim.*)

（9） ピットはフランスに対抗するため、ハプスブルク皇帝とロシア皇帝の双方に、報償金を払って援助を求めていた。

（10） もちろんマルサスは、「列氏マイナス一八」あるいは「零下一八度」と書くべきであった。彼は旅行記を通して、一一〇ページを除いて、この点について非常に不注意であった。（列氏マイナス一八度＝華氏マイナス八・五度。列氏二五度＝華氏八八度。）

（11） 当時、シュレースヴィヒおよびホルシュタインの公爵たちは、彼らの君主としてデンマーク国王に忠誠を誓っていたことが思い起こされる。住民の多く（特にホルシュタインの人々）はドイツ系で、ドイツ語を話し、デンマーク王国の全体を通して、ドイツの影響が一般に非常に強かった。

（12） マルサスは最初、「その薬がよく効くかどうか調べるために」と書いた。

（13） マルサスは、「治安」という語をインクで書いたが、彼のメモをまた鉛筆で続けた。それから手帳の三ページ全部が空白になっている。彼は、五月三一日のパーティの事を書くつもりだったに違いないが、それをする時間がなかった。

（14） *Journals*, ed. E. de Selincourt (London, 1941), I, p.25.

（15） マルサスはここにアステリスクをつけ、反対側のページに次のように書いている。「ブナの木々の葉はほとんど一杯に開いていた。しかしミズナラの大半は開いておらず、ニレはほとんど一葉も開いていなかった。」
(16) 一ドイツ・マイルは4 1/6イギリス・マイル。
(17) 反対側のページに、インクで書かれた挺子のついた井戸の略図がある。
(18) 紙で覆われたスカンジナビア旅行記の二冊目は、文章の途中から、「後頭部がほとんど広い金モールで被われている」という言葉で始まる。一冊目の最後に、ここで言われた帽子をかぶった女性の左側面の、インクと鉛筆で書かれた二つのスケッチがある――それはいくらか暴風雨帽(sou'westers)のように見える。インクで書かれた三番目のスケッチがあり、「後ろ姿」と書かれている。
(19) これは多分プレーツ(Preetz)(クラークはpruzと呼んでいる)で、それは実際にはオイティンよりもキールにはるかに近い。
(20) キールの公爵宮殿と大学の建物は、第二次世界大戦で完全に破壊された。キールは、一七二一年から一七七三年までホルシュタイン―ゴットルプ公(Dukes of Holstein-Gottorp)の本拠地で、ロシア大帝キャサリンの息子ポールに受け継がれた。しかし彼女は、一七六七年にホルシュタイン―ゴットルプをデンマーク国王に譲渡した。それは、彼女が十七世紀の大学の建物を復興した翌年だった。
(21) エッケンベルク(Ekenberg)は、エッカースフェルデ(Eckersförde)である。
(22) マルサスは最初「みじめな貧しさ」(squalid poverty)と書いた。
(23) クラークはフレンスブルクのことを次のように書いている。「……汚ない宿。翌朝私たちは、外から見たところ清潔で優雅でさえある他の宿に気付いた。」彼によれば、彼らは翌日六時前に立って'Apenrade'、現在のオーベンロー(Aabenraa)に向かった。(*Travels*, V, p.51.)
(24) 今日の地図上で「アダースレーベン」(Adersleben)は、ハザースレウ(Haderslev)と綴られている。
(25) クラークによれば、アローサンド(Arroe-sund)からリレ海峡(Lesser Belt)を渡る航路(ユトランドからフューネンまで)は、九イギリス・マイルで、静かな順風で二時間かかった。(*Travels*, V, p.55.)
(26) マルサスはここにアステリスクをつけ、反対側のページに、「これは後で間違いであることが分かった」

と書いている。

(27) 農奴制は、正式にはデンマークで一七八八年に、両公爵領 (the Duches) では一七九七年と一八〇五年の間に廃止された。

(28) マルサスは最初、「彼らがとても優雅に歩くのを妨げる」と書いた。

(29) クラークの記すところでは、フューネンからジーランドまでストーアベルト (Greater Belt) を渡るのに四時間かかった。彼は、その距離が十八マイルだとしている。(*Travels*, V, p. 59.)

(30) コセーア (Korsör) での一行の別行動について、クラークの出版された説明は少し違っている。「北国の長い薄明は、すでに私たちが夜も昼と同じ便利さで旅行することを許し始めていた。だから私たちは、荷物を全部積んだ大きな屋根のない馬車で、夜中の二時にコセーアを立った。」(*Travels*, V, p. 59.)

(31) この文章の下に、女性の左から描いた二つの鉛筆のスケッチがある。一つは、一種のポークボンネット (poke-bonnet) の中に顔がまったく隠れている。他の一つは、ヴェールか頭巾《フード》に似た物をかぶっている。

(32) 一七九五年の大火で、コペンハーゲンは九五〇の建物を失った。マルサスが見た新しい建物の多くは、八年後にイギリスの砲撃で破壊された。大宮殿はクリスチャンスボー (Christiansborg) といった。

(33) 大火の前にコペンハーゲンを見た大執事コックスは、次のように書いた。「碑文が教えるように、宮殿は……クリスチャン六世によって、国民に少しも税を課さずに七年かかって建設された。」(*Travels*, V, p. 127.) この宮殿は一八二八年に再建され、二度目の火災の後、一八八四年にもう一度再建された。

(34) ロバート・スティーブン・フィッツジェラルド卿 (Lord Robert Stephen Fitzgerald) (一七六五―一八三三年) は、ほとんど正確にマルサスの同時代人で、初代レンスター公爵 (Duke of Leinster) ジェームズの九人の息子のうち第六子であった。公爵にはまた七人の娘がいた。ロバート卿は当時、コペンハーゲンのイギリス公使であった。

(35) 「フレゼリクスベアの公園」は今なお公園であるが、宮殿は現在陸軍学校に使用されている。

(36) 王立博物館あるいは考古館 (Cabinet of Rarities) は、「コペンハーゲンの珍しいものの収集では」最高だとコックスは思った。そこには、「八室があり、……動物、貝殻、鉱産物、絵画、骨董品、メダル、衣服、ラプランド人の武器および用具が置かれて」いた。(*Travels*, V, p.131.)

(37) ロバート・フィッツジェラルド夫人はソフィア・シャーロッテ・フィールディング(Sophia Charlotte Fielding)で、海軍士官の娘である。彼らは一七九二年、彼が二七歳、彼女が十九歳の時に結婚した。彼女は、一八三四年に六一歳で亡くなった。マルサスが彼女に会った時、彼女はすでに六人の子持ちで、一番上がちょうど六歳、一番下の双児の少女は三カ月もたっていなかった。彼女はさらに三人の子供を生むことになるが、九人のうち一人だけが幼少の時に死んだ。(*Debrett's Peerage*, 1849.)

(38) マルサスは最初に、運河は一般に「悪臭を放つ」と書いた。

(39) 老ベアーンストーフ伯爵(Count Bernstorff)はアンドレアス・ピーター(Andreas Peter)で、一七九七年六月二一日に六二歳で亡くなった。彼の伯父のヨハン・ハートヴィ・エアンスト・ベアーンストーフ伯爵(Count Johan Hartwig Ernst Bernstorff)は、デンマークの農民解放および共同村落制度の廃止を始めたことで記憶すべき人である。そのことをマルサスは、五〇―五二ページに書いている。彼の甥のアンドレアス・ピーターが、当時彼の所領を管理していて、一般に改革を推奨したと信じられている。息子のクリスチャン・ギュンター(Christian Gunther)は、父親が死んだとき二八歳だった。

(40) 「[一七]八八年の小さな事件」というのは、デンマークがきわめて不承不承に気乗りしないままスウェーデンに宣戦を布告した時のことである。ロシア(キャサリン大帝下の)がスウェーデンと戦争中で、当時ロシアはデンマークの同盟国であった。

(41) ピーター・クリスチャン・アビルゴール教授(Professor Peter Christian Abildgaard)(一七四〇―一八〇一年)は、有名な画家の弟で、よく旅行をした人であった。彼はデンマークの外でも科学者、特に獣医学の専門家として知られていた。マルサスは最初、彼は「非常に賢く」見えると書いたが、それを「非常に博識の」に変えた。

(42) ここでマルサスは、紙カバーの二冊目の手張から皮のカバーの一冊目の手張に進んでいる。彼は、「この時期は、である」という言葉を、手張の最後と次の手張の最初とに二回書いた。
(43) マルサスは、一七九二年十二月三一日にケンブリッジのマーケット・ヒルでトム・ペイン（Tom Paine）（一七三七―一八〇九年）の肖像が焼かれていたので、とりわけそれに興味を持ったのかもしれない。ペインは、共和制を主張した『人間の権利』を出版した後、イギリスで反逆罪を理由に告訴され、フランスに逃れた。彼はその前にアメリカにいたことがあり、独立戦争で植民開拓者のために闘った。一七九三年に彼は『理性の時代』を書き、そこで無神論とキリスト教との両方に反対し、理神論を擁護した。一七九九年に彼はまだフランスにいたが、一八〇二年アメリカに戻った。
(44) 言論の自由な表現は、公衆が政府を動かす法制上の手段を持たなかったデンマークのような国では、特に重要であった。しかしながら、ある程度の検閲が、一七九九年九月の勅令で復活した。
(45) この人は、一七七七年以来天文学の教授であったトマス・ブゲ（Thomas Bugge）（一七四〇―一八一五年）かもしれない。
(46) ヨハン・フレゼリク・グラセン（Johan Frederik Glassen）（一七二五―九三年）は、フレゼリクスヴェアク（Frederiksvaerk）の兵器製造で財産を作った。二万冊の彼自身の蔵書が図書館の中核をなし、彼の息子が設計した建物に収められた。
(47) 二五五―五八ページで、マルサスは、八月一日のコングスヴィンガー（Kongsvinger）におけるトールップ教授（Professor Thaarup）との出会いについて、たいへんおもしろい説明をしている。
(48) グレゲアス・ウアズ（Gregers Wad）は一七五五年から一八三二年まで生きた。彼は、一七九五年には鉱物学および動物学の教授になっていた。
(49) 皇太子妃は、ヘッセン＝カッセル（Hesse-Cassel）のソフィア・フレデリカ妃であった。彼女には二番目の娘がいて、この娘も生き残った。
(50) 次のページにマルサスは、「皇太子の宮殿の火災について」とだけ書き、それに続く三ページはまったく白紙である。

第二部　コペンハーゲンからクリスチァニア（オスロ）へ

六月十四日 ［金曜日］

にわか雨が多く、北の風がやや強い。三時の温度五二度。一面が緑。トチの花が満開で、ライラックの花が開いている。

午前中、ストックホルムに送る物の荷造りや仕分けでひどい混沌のうちに過ごした後、コペンハーゲンを立ってエルシノーア（Elsineur）に向った。町を出てから約一デンマーク・マイルの間[1]、私たちはベアーンストーフ伯爵（Count Bernstoff）の所領を通った。その端の方に、自分たちの自由に感謝する農民が彼のために建てた記念碑がある。彼は自分の農奴を解放した最初の人であった。彼が農奴を集めて好きなところへ自由に行ってよいと告げた時、彼らは以前の状態に留まらせて欲しいと懇願したという。それに対して彼は、五年経ってもなお同じ考えであれば、願いを聞き入れようと答えた。その期間が過ぎた時、彼は彼らをもう一度集めて、以前の状態に戻りたいかどうか尋ねた。心底からの哀願をこめて、彼らは戻りたくないと言った。そして最初自由の価値を知らなかったこと、しかし今は、彼の英知と仁愛および自分たちの感謝を永久に記念するため、彼の記念碑を建立しようとしていることを明らかにした。

コックスは一七八四年に記念碑を見て、「小麦の束、鋤およびつるはしなど農業を象徴するもので飾られた」ノルウェー産の大理石の柱だと書いている。ラテン語の碑文を記した後で――デンマーク語のものもある――、コックスは脚注に英訳を記している。

「一七六七年に世襲の所領を解放し、それによって勤労、富およびあらゆる祝福を後世への範として授けたベアーンストーフ伯爵、ヨハン・ハートヴィ・エアンスト（John Hartvic Ernest）に対する情愛深い記念のために。一七八三年、彼に感謝する農民によって建てられる。」（*Travels*, V, pp.134-35.）

マルサスは、このベアーンストーフ伯爵を一七九七年に死んだ甥のアンドレアス・ピーターと混同した可能性がある。ハノーヴァー家の出身である叔父と甥は、一八世紀後半を通してデンマークの指導的な政治家であった。

私は右の逸話を、コペンハーゲンから約二〇マイルのところで農場を営み、エルシノーアまで馬車で一緒だった一郷士から聞いた。彼はまた、農民の以前の状態および現状について若干のことを教えてくれた。解放される以前、農民は労働者よりももっと抑圧されていた。というのは、領主が馬や家畜だけでなく農民も思うままにしていたからである。これは一般に非常に意気を沮喪させ、農民は少しも勤労意欲を示さなかった。彼らの家畜は冬には必ずと言っていいほど死に、領主は春になるとどうしても彼らを助けなければならなかった。その時農民あるいは小作農は、ただ同然で彼らの農地を手離したのであろう。――今は彼らは農地をきわめて高く評価している。農民は今でも、命綱の五樽の穀物と呼ばれる以前とほぼ同じ広さの土地を所有している。土地の豊かさに応じてその広さは違うが、農民は領主に対して一年に約六ポンド支払っている。現在いかなる農民も、このような区分地を三つ以上持つことは非合法とされている。

このような区分地の一つを所有する小作農（あるいは農民）は、それをほとんど世襲地として持ち、好きな人に売ることができる。ただし二五ないし三〇エーカーの土地を農家に付属して残すことが条件で、これは地主への地税を確保するのに十分だとみなされている。この家屋と土地を所有する者は誰でも、地主に六ポンド払わなければならない。農奴解放以前にも、小作農は同じように農地を売ることが自由であった。しかし誰もそれを買おうとしなかった。なぜならそれを買った人はすぐに農奴同然になり、彼に農地を売った小作農と同じ労役をしなければならなかったからである。領主は、農地として小作農に割り当てた土地のいかなる部分も回収する権限を持っていない。彼らが現在得ている主要な利点は、地代を確実に取得できることであり、不順な季節に小作農を援助する義務を免れていることである。(2)

ベアーンストーフ伯爵の所領は、ちょうど囲い込みが始まっている。そして農場小屋はさまざまの所に点在している。それらは以前は全部一つの村落にまとめられていて、小作農はおそらく自分が耕やす土地に着くまで一デンマーク・マイル歩かなければならなかった。コペンハーゲンを出て田舎に入る最初の一帯は、平坦で、穀物地および豊かな牧草地である。およそ一デンマーク・マイル半で、私たちはフレデリック公の別荘にきた。ここで公は夏の大半をたいへん家庭的で私的に過ごす。屋敷はとても貧相だが、庭園の近くに見事な木々が立ち庭園にはライラックの花が咲いていた。そのすぐ後で、コペンハーゲンの富裕な商人デ・コニッグ氏（Mr de Conig）の別荘を通り過ぎた。(3)それは道路からは少し離れていて、私たちの見る限り美しい位置にあった。すなわち、森に囲まれたきれいな湖の淵にあり、後ろの少し離れた所にもう一つ湖があり、その岸辺は同じようにきれいな森で縁どられている。美しいブナの森とヒースの多い平坦でない地方を通り過ぎた。ヘアスホルム宮殿を見るため、およそ道の半ばで立ち止まった。外観は貧相で荒れているが、内装は、以前に各室が非常に豪奢であったことを示していた。しかし全体として、それはわざわざ行ってお金を払って見るほどのものではなかった。観覧料は二リクス・ドルである。

エルシノーアまでの残りの地方は、穀物畑、牧草地、ヒースの土地がうねうねと続き、ブナやミズナラやハンの木の森、および右手に見える海の遠景がそれに変化を与えていた。ベアーンストーフ伯爵の所領を出た後、エルシノーアまでの道の残りの土地は、エルシノーア近くの右手にある若干の土地を除いて、国王のものだと聞いた。国王はジーランドの最大部分を所有し、彼の所有地の他には二、三の所領しかない。ヘアスホルム宮殿は湿地帯にあり、コペンハーゲンからエルシノーアまでの低地の多くは沼地である。私たちは荒天ではあったが実にすばらしい日没を見た。空の反対側には水夫が幻日（sundog）と呼ぶ不思議な景観があり、それは虹を小さくしたもののように見える。私たちがコペンハーゲンに留まった暖かい気候の六日間の間に、春は急速に進んでいた。ミズナラの葉はほとんど四分の三開いていた。

ヘアスホルム城は、現在、国立狩猟博物館および林業博物館となっている。

それは見物の価値がないというマルサスの意見に、クラークも同意した。それには「いい趣味が少しも見られない」と彼は書いた（Clarke, *Travels*, V, p. 83）。しかしそれは、「マティルダ王妃のお気に入りの宮殿」で、コックスはそれについてロマンチックな描写をしている。いわく、「食堂は非常に大きな部屋で、噴水とその周囲から湧いている十二の泉が見事である。……この場所は少しも手入れがされないので、庭園は雑草で覆われ、濠は緑いっぱいの池となっている。」（Coxe, *Travels*, V, pp. 224-25.）

カロリン・マティルダ（Caroline Matilda）は、イギリスのジョージ三世の妹で、精神異常者のデンマーク王クリスチャン七世と結婚した。一七七〇年、国王はドイツの医者ストルーエンセ（Johann Friedrich Struensee）に完全に牛耳られるようになった。この医者は、デンマーク語を一言も話せなかったけれども、デンマークとノルウェイを約十八カ月間実質的に支配した。マティルダは、一見夫君から何の反対もされないまま、この医者の自由になる女性となった。ストルーエンセに抗する謀議が起り、彼は仮面舞踏会の後で捕えられ、公衆の面前で処刑された。マティルダ王妃への仕打ちがひどいということについて、イギリスでは多くの憤りの声があがった。彼女はエルシノーアで投獄され、彼女の兄からの強い申し出によってデンマークを去ることを許されたが、その後間もなくハノーヴァーで猩紅熱のために亡くなった。

マルサスは、辱められた王妃のエルシノーアからの出立について、コックスの感動的な描写をおそらく読んでいたのだろう。次のように書かれている。「投獄される二、三カ月前、彼女は一人の王女を生み自分で授乳した。この子の養育が彼女の唯一の慰めだった。その子はいつも彼女の悲しみを分かつ友だったから、彼女はその子に親としての愛着以上のものを抱いていた。幼児はその頃はしかにかかった。四六時中、心にかけて養育したので、彼女は世話と面倒を続けたいと願った。こういうすべての事情がその子を彼女にとって非常に愛しいものとし、宮廷よりも牢獄にいる時の方が情感に動かされやすくなっていたので、若い皇女を監禁するよう伝えられた時、彼女はこの上もなく深い悲しみに慟哭し、しばらくの間最後の別れを告げることもできなかった。……彼女は甲板に留まり、その目はじっとクロンボー宮殿の方に注がれていた。そこには長い間唯一の慰めとなってきた彼女の子どもがいた。しかし闇がやがてこの景観をつつんだ。」（Coxe, *Travels*, V, pp. 112-15.）

六月十五日［土曜日］

エルシノーア。哀れなマティルダが幽閉されたクロンボー城に行った。案内をしてくれた男は彼女を覚えていたが、愚かで何一つ筋の通った返事をしてくれなかった。[4] 塔の中の部屋はやや陰うつである。塔の上からは、スウェーデンの海岸線、とくにクッレン（Kullem）という海岸の岩の多い高地の美しい景観が見え、二〇マイルほどの距離でとても山が多かった。[5] ヴェスタル号の船上でホワイト船長と食事をし、彼が球面三角法のために考案した器具を見た。

午後海峡を渡ってヘルシンボリ（Helsinbourgh）に着いた。そして二台の小さな四輪馬車で2½スウェーデン・マイル[6]離れたエンゲルホルム（Engelholm）へと進んだ。ヘルシンボリは見すぼらしい町で、その周囲の農家は対岸の農家よりもはるかに見劣りがした。ほとんどの女性は靴下もはかず、衣類も粗末である。ヘルシンボリからエンゲルホルムまでは主に平坦地で、非常に広大なヒースと共有地から成り、その間に若木とミズナラの雑木が点綴していて、穀物畑あるいは草地はほんの少ししかない。私たちは美しい日没を見たが、十時まではとても明るかった。

すばらしい晴天。北の風。十二時の気温五二度。夕方は風がとても冷たかった。

六月十六日［日曜日］

エンゲルホルムの旅宿では悪い部屋に当たったが、各部屋に二台の上等のベッドがあった。夕食は卵とパンとバターだけで、六ドル請求された。(7) 馬車は、馬一頭で6½イギリス・マイルに相当する一スウェーデン・マイルにつき八ペンスである。一スウェーデン・マイル離れたマルガレッツトルプ(Margaretstorp) までの最初の道のりは、主にヒース、大きな共有地、それに見すぼらしい木々であった。共有地では多数の貧相な馬や数頭の小さな家畜がえさを食べていた。この地方は大部分が平坦地である。

馭者の言うところでは、普通の農業労働者の賃金は、賄い付きで八ペンス、賄いなしで十六ペンスであった。春は人々がいちばん困窮する季節である。彼らの貯えは一般に冬の間は何とか間に合う。非常にたくさんの家畜が昨年の冬死んだが、人々は穀物の欠乏では困らなかった。今はその欠乏を少し感じ始めている。飼料が著しく不足しているので、ワラ葺き屋根用のワラが家畜のためにきざまれた。

マルガレッツトルプからすぐに森で覆われた岩だらけの丘をのぼった。前景は荒々しく絵を見るようにきれいで、海とクッレン岩壁の後景も非常に美しかった。丘の上で、私たちはブナの若木の美しい森にはいった。この森は二イギリス・マイルも続き、その中を立派な道路がうねうねと走っている。この道路は後になると、主にヒースが多くなり、あちこちに木々や小さい岩が点在するようになるが、やがてこの丘をまた降り始めると、海の湾と遠い丘のところまで続く広々とした平野が美しい景色をみせてくれた。この丘の下りは急で、両側には小さい岩とミズナラの木が点々としている。カールップ (Karup) の村は、丘のふもとの小さな流れの畔りに美しいたたずまいをみせている。そして私たちが降りた丘は、下から見ると高くて森深くみえた。家は小さく貧相だった。私たちは、昼食といって、卵と砂粒の一杯混った粗末なライ麦パン以外は何も口にできなかったし、馬車を二時間近くも待たなければならなかった。カールップからラーホルム（Laholm）まで1¼マイルの道は、平坦で面白味がなく、主にヒースと共有地で、所々に耕地があった。

ラーホルムでどうということのない夕食をとった。通りでとてもきれいに着飾ったたくさんの農民を見たが、その後に二〇台近くの荷馬車の行列が続き、一緒に町を出ていった。ちょうど結婚式があったところで、こんな派手な服装をしているとのことであった。[(8)] 日曜日で、人々は皆質素だがとてもきれいでさっぱりと身支度をしていた。男性は主に普通の青の上衣と胴衣、女性は一般に赤い毛織の胴衣と青い毛織のスカートを付け、多くの人は間に合せの筒袖をつけていた。帽子は赤、青、または緑色で、頭にしっかりつけており、一見縁なし帽のようである。彼女たちは大きく、清潔で、白いリボンを頭上に飾っていて、その一方の端が後ろのほうに垂れさがっている。町はただ貧相で不規則に広がっているが、町全体の様子はとても生き生きとして楽しい。朝、婦人たちが靴も靴下もはかずに教会に歩いていくのを見たが、彼女たちのスカートははねあがり、シュミーズが膝の少し下まで届いているだけであった。彼女たちは大がい背が高くやや大柄で、非常に美しい容姿であった。

ラーホルムを出るとすぐに、河のとてもきれいな落水のところを通りすぎた。[(9)] その近くに町がある。この落水は深くはないが、かなりの水量で、水は原野からでも出ているように黒ずんでいる。荒涼とした地方を通りすぎてハルムスタット（Halmstadt）に向かった。耕やされた二、三の土地はかなりよく鋤かれ、種子も蒔かれ、雑草もきれいに除去されているようだった。ライ麦がほぼ全般的に穂を出し、大麦は約二インチの伸びである。小麦は見られず、ほとんど蒔かれていないようだった。

次の宿駅であるハルムスタットは、海に注ぐ河の畔りにある。[(10)] ハルムスタットを立ち去ると、この地方はたちまち変化に富むようになり、土壌はもろいが上質であった。ハルムスタットの労働の価格は一日一シリングだという。この地方の農業労働者は賄い付きで一日四ペンスだった。私が耳にした一日十六ペンスはおそらくまちがっていた。バターは一ポンド当たり六ペンスである。ライ麦は現在著しく高く、タン（tun スウェーデンの使用人が言うところでは二五〇ポンド）当たり六ドルである。普通の年には、一タンが三ドルで買われる。

クヴィビッレ（Quibille）への旅程の終わりに近づくと一帯はとてもきれいになった。右側にカンバとミズナラの森がうす暗い見事な丘となり、白い煙突が木々の間に点々としている。クヴィビッレからスレーインゲ（Sloinge）までは1¼マイルで、この地方は景色がすぐれていた。岩の多い美しい丘が、ミズナラ、ニレ、カンバの木などによって、さまざまの形や陰をつくって広がっている。絵に描いたような形の木造農家が岩山や木々の間に散らばり、少し離れたところにきれいな白い教会がある。そして全景はみごとな落日に照らされ、夕暮れの馬車の旅をたいへん楽しいものにした。ミズナラとニレの木は、ジーランドよりも少し季節が進んでいた。これは私たちがデンマークを立ってから二日間の日程に合っていた。前に葉が開いている若干のミズナラがあると記したが、それらは霜のためにもう萎縮していた。それらはまるで焼けただれたように見えた。私たちが通りすぎたもっと不毛な土地では、ニレの木は三、四日以上持ちこたえるようには思えなかった。

ファルケンベリ（Falkenbergh）までの次の旅程も同じようなところであったが、それほどきれいではなかった。十一時半頃ファルケンベリに到着したところ、誰もが寝ていた(11)。戸をたたいてどうにか台所脇の大きな部屋に案内された。そこには一人の女性がぐっすり眠っていた。しばらく彼女はとても静かに寝ていた。とうとう部屋が人で一杯になって、一時大さわぎになった。彼女は静かに起きあがり、スカートをはいて外に出ていったが、私たちの侵入によってあまり乱された様子はなかった。

クラークのカスタードを一つ食べた後、三人一緒の部屋で寝についた。[12] スレーインゲ近くに、非常に季節の進んだライ麦のとても美しい畑地があった。

晴れ。六時の気温五二度。一時に六〇度。日差しは暑いが、北西の風が少し強く日中は涼しい。夕方に風は止んだ。

六月十七日［月曜日］

六時にファルケンベリを立った。一帯はすぐに荒れたヒースとでこぼこ石のころがる共有地に変わり始め、その間に少しばかりの耕地があった。1¼マイル先のモールプ（Morup）で馬車を替えた。そこからヴァールベリ（Warbergh）まで1⅚マイル。私たちは海岸沿いを通りすぎ、最後の二つの旅程の大部分は、およそ見渡す限り物寂しく陰うつな景色であった。土壌は石以外は何も生みださないようである。ヴァールベリから二マイルのバハ（Baha）までも同じような地方で、時にはもっとひどい所が続いた。ヴァールベリには保塁をもった城とかなりいい港があり、そこには幾軒か大きく立派な木造家屋があった。ヴァールベリとバハの間でたくさんの小さな湾を通りすぎ、その海岸近くに小さな家畜を多数を見た。かくも荒涼とした地方で予期しうるよりたくさんあった農家は、ほとんどが木造で、周囲を石で囲った囲い込み地があった。この囲い込み地のいくつかは、地面がほんのわずかしか利用されていなかった。

アッサ（Assa）からコングスバハ（Kongsbaha）までの地方は多少よくなってきて、平坦地がもっと耕作され、しばしば風車が岩の高いところに見えてきた。私たちの見た鋤は取っ手が一つとまっすぐの柄があるだけか、時には馬一頭用の軸があって、農民は片手で馬を駆り、他方の手で鋤を支えていた。車はなく、土の下で回るものもなく、農民は鋤を非常に不規則に操るので、雄豚が鼻で土を掘り返すのに少し似ていた。しかし、この作業が終ると、とてもよく見える。[13]

コングスバハで食事をした。[14]ベーコン、卵、カスタード、およびビール一瓶だけで二ドル請求された。私たち三人と召使だけであった。クラークは馬を頼むため先に行っていなかった。コングスバハは岩で囲まれた平らな低地にきれいに位置し、同時に二、三の小村落が目にはいる。低地の地味は良質のようで、今まで見たどの土地よりもよく耕やされている。大勢の農民が畑で仕事をしていた。農家が頻々と見え隠れするが、すべて木造で、大がいは非常にきれいである。

カルラ（Karra）まで1¾マイルの旅程の大部分は、同じような土地が続いた。緑の耕作された低地にしばしば小川が風物を添え、またごつごつとした岩壁で囲まれ、その間に農家や木々が点在し、所々が絵のように美しい。家畜も以前に見たものより大きく、イギリスで賞賛されるような牛が何頭かいた。鋤によっては小さな雄牛が索き、また四頭の小さな雄牛と二頭の馬が索く鋤もあった。そのいずれも取っ手は一つしかなかったけれども、その他の点はこの地方の辺地で見たものより改善されていた。

カルラで泊る。日ざしは非常に暑く風は激しかった。それに道路がとてもほこりっぽいので、顔や目がひどく焼けた。

晴れ。気温は六時に五七度、一時に六五度。北西の風がかなり強い。

六月十八日［火曜日］

晴れ。北東の風。二時の温度六八度。

イエーテボリ（Gotheburgh）に着いてから朝食をとった。城塁から河向うをみると美しい。火事以降多くの新しい立派な家屋が建っている。ある商人のところで食事をし、スウェーデンは年々八〇万樽の穀物を輸入していると聞いた。人手不足がたいへん騒がれている。対ロシア戦争中、病気その他の理由で十万人の生命が失われたと推定されている。(15) 戦争前はたいへん景気が良かったし、当時流通していた紙幣も正貨と同等の価値があった。現在の銀行券もその全価値を保持している。しかし戦費を支弁するために発行された確たる保証のない紙幣は、今では四〇パーセント減価している。それは大蔵省が発行し、議会によって保証された。労働の価格は近年大いに上昇したが、食料価格もそれにほぼ比例して上昇したので、労働者は以前よりも暮らしがそれほど良くなったわけでなく、それが人口増加を妨げている。

しかしイエーテボリに到着するまでの二〇マイル近くは、多くの新しい家屋が建築中で富と人口が大いに増加している様子がうかがわれ、とくに労働者階級の間でそうであった。郷土の家はあまり見かけなかった。

土地の保有条件が非常に複雑であり、ブランデーの乱用とあいまって、人口の緩慢な増加の原因になっていると考えられる。女性は一般に二五歳前には結婚せず、また大家族をもつこともまずない。冬期にはほとんど戸外労働はできず、一年のその時期はだいたい休止しているか、または何か家内工業に従事し、大がいはそれで働くことができる。

人々は貴族の権力と影響力、また土地の購入者が負わされる諸困難に不平をかこっている。次の議会で市民や農民のために何か実行されることが[16]期待されている。前の国王は、行動においてよりも言葉の上で農民や市民に味方したと思われている。国内のあらゆる職業への門戸が開放されているが、彼らはそこに入っていこうとしない。

ほとんどすべての農民は織物工でもあり、冬の長い夜は自分の衣服を作ることに従事している。彼らのシャツは帆布のようにざらざらしている。洗濯はスウェーデンでも、これまで通ってきた大がいの国と同じように行なわれている。女性は水の中に立つか筏《いかだ》に座って、布を洗った後、平たい板切れで叩いている。コペンハーゲンで、女性がそれぞれ大きな筏の上の小さな枠か箱に座って、とても楽しげに洗濯をしているのを見た。

イェーテボリで私たちはある商店の店員に会ったが、この商人はトルネオ（Tornea）やトロンヘイム（Drontheim）へ行ったことがあり、はるか北にもよく旅行し、あるイギリスの会社のために岩苔を集めていた。それは地衣類のようで、緋のさいころ（scarlet die）に使用される。それがはじめて発見された時は、タン当たりわずか三ポンドだったが、今は二八ポンドである。以前にそれはイェーテボリ付近にたくさんあったが、今ではほとんど取り尽くされ、成長は非常に遅いようである。

六月十九日［水曜日］

八時にイェーテボリを立ち、二マイル先のラーハル（Lahall）に向かった。ここは、私たちが通ってきたイエーテボリまでの最後の二つの旅程と同じような地方であったが、もっと豊かでもっと樹木が多かった。イエータ河（Gother）が右手に見え、美しい豊かな牧草のある平坦な低地を流れ、周囲はすべて岩で囲まれ、その岩が時に非常に見事な形をし、特に右側の岩山がそうで、あちこちがこんもりと樹木で囲まれて、絵のような美景をつくりあげている。この河は岸の所々が沼になって、美景をそこねている。農夫の小屋があちこちに点在し、地主の家が何軒かある。そのどちらも位置からするともっと気持ちよく見えてもよさそうだが、彩色の慣行のため木造家屋は赤色である。[17] 最初の旅程の終わりに近づくと地方は次第に荒涼となりはじめた。河の反対側の左手に廃墟となった塔や保塁を見ながら通りすぎた。それはこの河の二つの支流でつくられた島の上にあり、昔はデンマーク人のものであった。[18]

ラハールからカットレベリ（Kattlebergh）までは1¼マイルで、同じような風景が続いているが、それほど美しくない。カットレベリからエーデット（Edet）まで1¾マイルあり、この地方はエーデットの三マイル以内はきわめて似た風景が続き、そこで今まで見た一番美しい松の谷間に入った。河の両岸はだんだん荒々しくなり、岩はモミの木で覆われ、岩の下のほうが種々の他の木で囲まれている。道路が松の木や岩山の間をうねうねと通っており、河の景色が時々開けて非常に美しい風景をあらわしてくる。クラークはこれをスイスのどこかの道路と非常に似ていると言った。[19]

エーデットはイエータ河の滝の近くにあって、非常に美しい。しかし、三、四の製材場が散らした屑のため多少汚れている。[20] 反対側の岸に、スウェーデンで見た一番立派な地主の邸宅があった。それは白塗りで、いくらか建築物らしい外観を呈していた。[21] エーデットからフォシュ（Forss）までの一マイルはかなり美しく、丘は主に松の木で覆われていた。

エーデットで食べた冷たい夕食に、六リクス・ドル請求された。[22]

エーデットを出て間もなく、今までに出くわしたもっとも険しく長い丘の一つを登った。一般に道路はきわめて平坦であった。農家はこの辺では赤塗りでなく、非常に美しい形をしており、屋根の傾斜が小さくごく普通のギリシャ寺院にとても似ていた。屋根の多くは芝土で覆われ、草地のように見えた。窓は一般に小さくて少ない。これまでの多くの旅程で見た囲い込みは、主に四、五フィートの小さな木材を使っており、木材は相互に斜めつぎに置かれてまっすぐに結ばれている。

フォシュからグルデレスム（Gurdelesm）まで一マイル。最初は美しい地方が続き、特に右側の松の木の丘と小さな湖が美しかった。トロルヘッタン（Trolhatta）への最後の旅程はもっとヒースが多く、木が少なかった。

木造家屋は一般に長板をまっすぐに置き、その裂け目に別の長板をあてがって作っている。雨よけ板のある家も見られた。屋根はたいてい木造だが茅葺きで、芝土を置いているものも多かった。

九時頃トロルヘッタンに到着し、夕食前に一番近い滝まで散歩した。それはきれいな形をした見事な奔流で、二三フィートほどであった。それをもっとよく見ようと思って翌朝行ってみた。

晴れ。午後二時の温度は路上の木陰で七四度。北東の風。

六月二〇日［木曜日］

滝と運河を見物に行った。トロルヘッタン近くに三つの大滝がある。[23] 一番高いのが一番幅広く、そして一番美しい形をしている。私自身はこんなに美しい滝は見たことがない。しかし、クラークはそれをとても低くみなし、スコットランドの滝の多くよりもずっと劣り、イタリアの滝と同日に論ずることができないと考えた。第二の滝は約三〇フィートで、第一の滝よりも切り立っているが、それほど幅広くなく、美しい形をしていない。水量は莫大なもので、巨大な力で落下してくる。現在のスウェーデン国王が約六年前、多くの人を伴って、運河開さく事業を見にきた。そして頑丈に作られた木造家屋、およびその後でアヒル二羽と豚二匹を流れに放流するよう命じた。家屋は粉微塵になり、アヒルは再び浮かび上がらなかったが、豚は不思議にも無事に厄を逃れて、幸運のために後で高い値段で売り払われた㉔。

河の反対側の岸には、松の木がまばらに生えた美しい奇岩が見える。岸辺は岩であるが、そう高くはなく、今は開さく事業でとても汚れている。新運河の計画はコックスがここにいた時に作られたもので、もう完成間際である㉕。これは来年の終りには確実に航行可能になる予定であるが、この事業は六年前に始められた。トロルヘッタンでの以前の事業の不成功は、計画の杜撰《ずさん》さとあまりに多くを盛り込みすぎたためであるように思われる。現在進行中の掘り割り――その成功は疑問の余地がないと考えられている――は長さが約二マイル半で、深さはもっとも浅い部分で七フィートある。これはトロルヘッタン側の河岸から少し離れたところを通るもので、約二百フィートの下りの間に五つの水門を設けることになっている。この事業の主な困難は開さくする岩の堅さにあり、岩の大部分が堅い花崗岩でできている。

ポルヘイムが、これら全部の滝の下流の狭い所で河を堰止めダムを作ろうとした時、その作業の間、初め五カ所、後で八〇カ所も奔流に押し流された。河筋が十二フィートも高くなり、そのためダム全体が水の重さで決潰した。彼はそれを三四フィート高くし、ポルヘイムの水門（Polheim's sluice）と呼ばれる掘り割りと同じ水面にしてエーケブラッド水門（Ekerbrad sluice）と結びつける計画であった。(26) この事業を案内してくれた人はドイツ語とスウェーデン語を話せただけなので、私たちの会話の手段はスウェーデン人の使用人を通してだけであった。

二、三の製材所を見学に行き、機械が簡単なことに興味を感じた。私はイギリスで製材所を一カ所も見た記憶がないけれども、時間と費用を大いに節約するのだから、どこかにあるにちがいない。四台か五台の鋸《のこぎり》が一本の木材を一度に処理することができ、また、必要とする板の厚さに応じて、それらを近づけたり離したりできる。機械全体が共通の下射式車輪で運転され、その二つの把手が鋸を上下に動かしている。側面の鉄の車輪が木材を置いた台を動かし、漸次鋸に合わせるように前方に押しだし、また、簡単な他の車輪が所用の材木を水から引きあげている。

一時にトロルヘッタンで冷たい食事をとり、船で河を上ってヴェーネルスボリ（Wennersburgh）に向かい、六時頃そこに着いた。河の両側はそれほどきれいではないが、所々に木が見事に生えている。河岸の近くにきれいに建てられた一、二軒の地主の邸宅があった。この河は、ヴェーネル湖に達するまでに浅瀬や岩石がたくさんあり、このためヴェーネル湖の小さな入江と結ぶカールスグラーヴ運河（Carlsgraf canal）によって航行できるようになった。河からこの掘り割りの入口に、下降約四〇フィートの二つの見事な水門がある。

ヴェーネルスボリで部屋をとってから湖に行き、快適な午後にヴェーネル湖でとても愉快な水浴をし、これで大いにさっぱりした気持ちになった。湖のこちらの端では両側の岸はそう遠くなく、おそらく約七、八マイルであるが、前方には陸地がまったく見えない。湖の東側の岸は切り立った岩壁で、それは玄武岩の円柱のように見える。しかし、最上部があまりに平たく絵のようにきれいには見えない。それでも全体として湖は非常に美しく、またすばらしい日没の快適な夕べで、岸辺や湖畔を一、二時間さまよいたいへん楽しい思いをした。

スウェーデンの旅宿ではどの部屋にも、杜松油（Juniper）かジンあるいは両方がふりまかれていて、寝室にいると足の先まで気持がよくなく、その臭いで気が遠くなるようである。(27)

晴れ。水辺で二時の気温六一度。六時に家の陰で六一度。朝は北東の風、夕暮れ時に南西の風。

スウェーデンにきて、男性はデンマーク人よりもはるかに快活であることを知った。私たちの馭者も、ジーランドで見た多くの人たちのように首をぼんやり垂れさげないで、道中ずっと歌ったり笑ったりしていた。男性は一般に人柄も容貌もよく見えるが、女性はけっしてそうでなく、女性が皆老けて見えるのに特に驚いた。私たちが通りすぎた村々で、十七歳から二二歳の間に見える若い女性は非常に少なかった。一般的に言って子供たちも健康そうには見えない。まあまあのバターにありついたことがないし、それはいつも不潔に見えた。

ヴェーネルスボリはすがすがしい小都市で、大広場やいくつかの立派な木造家屋がある。しかし、周辺の農家の多くはとても貧弱で惨めに見えた。それでも私たちは、都市での労働の価格が十六シリングだと聞いた。多くの女性がスカートを上げて畑仕事をしていて、下にざらざらのシュミーズが見えた。とはいえ、私はイギリスの村落でも同じように貧相な農家と粗末な衣服の農民を見ていた。湖岸の漁民は、どこでもそうだが、大家族である。湖のすぐ傍の岸辺はどこも岩だらけであるが、どの部分にも湿地は見えなかった。岸が固い岩で水底が砂になっていて、水浴には考えられる最適の場所だと思った。

七月二二日［金曜日　六月二二日］

慎重に検討したうえで、私たち一行は別れることに決めた――クラークとクリップスはトルネオに向かい、オッターと私はノルウェーに向かうことになったので、別れるに先立って勘定の清算に朝の時間を費した。その後ヴェーネル湖で楽しい水浴をし、心残りながらそこに別れを告げた。

二時頃、私たちはハッレベリ（Halleburgh）およびフンネベリ（Hunneburgh）の山々に鉱物学と考古学の探険にでかけた。そこには獲物をとるためのわな（trap）が夥しくあるとヘイルストーン氏から聞いていた(28)――それは、イエーテボリで玄武岩の分布範囲をなしていると聞いたのと同じ丘陵だった。およそ考えられるもっとも惨めな三台の馬車を駆って、最後の道中行に旅立った。三百ヤードも進まないうちに、クラークと私が乗っていた馬車が故障を起こし、クラークが事情を説明するため前に歩きだそうとした時、彼はオッターとクリップスが約五〇ヤード前方の路上で大の字になっているのを見た。彼らの車の車輪が外れてしまったのである。誰もけがはなかった。私たちは衆知を集めて事態収拾を図った。一台を修繕のため送り返して、目指す山にゆっくり進んで行った。そこはヴェーネルスボリから約四、五イギリス・マイル以上は離れていなかった。

私たちは二つの高い崖で閉された美しい渓谷にはいって行った。その両側はまったく垂直に切り立っていて、玄武岩質のようで、その他の部分は全部モミの木、主に針モミの木でうっそうとしていた。この地方の人たちがエッケルフィエル（Eckerfiel）あるいは時にイエッテルストロップ（Yetter-strop）＝巨人の跳躍（Giant leap）と呼ぶ左手の丘の下に、ストーンヘンジに少し似た巨石があるのを見た。その数は七つで、石で囲まれた場所は環状をなし、直径約十七ヤードであった。石の高さは八、九フィート、幅と厚さが約一ヤードあった。石があった方がいいと思われる部分に、一枚の平たい石が建てられているが、これはグスタヴ・フレードリック国王（Gustavus Frederick）が一七五四年に王妃と一緒にそこを訪れたのを記念して建てたものである[29]。

伝説によれば、昔巨人は現世に倦怠を感じ、石塊から遠くないところに屹立している垂直な岩壁群から、ヴァールハルの殿堂（Valholl）に登りたいと思った時に、昇天したという。そして下界の兄弟たちはそれを拾いあげ、今は沼地となっている絶壁の下のほうの小さな池でそれを洗い、肉体を焼き、その骨を壺に入れて埋めたという。この伝説を私たちはこの場所を案内してくれた土地の人から聞いた。しかし、彼の言うところでは、アードルフ・フレードリック王（Adolphus Fried'k）がこの壺を掘りだすよう命令をだしたが、何も発見されなかった。

崖に近づいて調べてみると、岩石は、形成上玄武岩に非常に似ているようだが、玄武岩の属性である整一性がないように思われた。クラークは、ストックホルムで検証するための標本、および彼がわなだと思っている標本を採取した。崖から傾斜してくる緩やかな岩山の上からみると、一帯はモミの木で縁どられた素晴らしい岩の円形劇場のように見えた。

ここで私たちは別れた。オッターと私はヴェーネルスボリに帰り、クラークとクリップスとはストックホルムに行くことになった。

クラークとクリップスはストックホルムからウプサラに向かった。そしてボスニア湾の西海岸沿いにトルネオに行った。そこから南に道をとり、レーロース（Röros）とトロンヘイム（Trondheim）に

やってきて、グドブランスダール（Gudbrandsdal）を下ってクリスチァニアに十月十四日に到着した。彼らの旅はロシア、タタール、トルコ、聖地、エジプト、さらにギリシャにまでおよび、三年半の長きにわたった。

クラークは自分の旅行について、「『病につかれたように熱心だった』。彼は、ヴェーネル湖からトルネオにいたる旅で、ストックホルムの滞在を含め約十八日を費やしたが、その間、『四八時間のうち四時間以上はけっしてベッドにいなかった』。マルサスとオッターはまもなく別れたが、クラークとクリップスは先へ進んだ。(30)」

ヴェーネルスボリからの道中、私たちはイェータ河の上流で橋を渡った。岩だらけの川底と滝が頻繁にあるのを見て、何故航行がカールスグラーヴ水門を通って行なわれるかの理由がわかった。フンネベリ近くに来た時、木造の農家にはいって牛乳を少し求めた。農家はすべて非常に清潔できれいで、中央に機織《はた》り機があった。小さな麻畑が隣接していた。

私たちはヴェーネルスボリの旅宿に帰って、イギリスの学校にいたことがあり、三、四マイル離れたところに農場をもっている紳士に会った。彼の話では、時期が悪いと、馬の関係で旅行ができなかったかもしれない。なぜなら厳しい冬のため、馬のほとんどが半ば飢えかかっていて、今でも馬に食べさせるものはほとんどないという。彼自身自分の馬で旅行をして、それに食べさせる穀物も、干し草も、青草も見いだすことができなかった。入手できた唯一のものは、わずかのライ麦パンで、これは馬の糧として適当なものとは思えなかった。彼によれば、労働の価格は一シリングおよび一六ペンスで、これはイェーテボリよりも一般に高いという。農業者に雇われる既婚労働者は一般に一頭か二頭の牛を飼えるだけの家屋と土地をもっていた。彼ら労働者はそのため四六時中、いや日曜日も働くことを要求されることがある。農業者の家に住み込んでいる使用人はめったに結婚しない。彼らは年に約五〇ドルか六〇ドル支払われる。下層階級の人々は一般に早婚かどうか彼に聞いてみると、そうだと答えた。しかし、よく聞いてみると、ある程度の財産をもっている人だけが早婚のようであった。

スウェーデンの馬も牛も、過去五〇年間それほど悪い状態ではなかった。たしかに、駅馬は非常にやせて惨めに見えた。これは外観が示す以上によく走ったけれども、私たちがスウェーデンの普通の駅馬の速さと聞いていたのよりはるかに遅かった。一般に非常に小さい馬は、イギリスの共同地で飼われている馬にとてもよく似ていた。

夕方少し曇った他は晴れ。十時の気温六九度、二時に七二度。ヴェーネル湖の十一時の温度六一度。ヴェーネルスボリでリンゴの木の花が満開であったが、幾分遅い。

オッターと私は七時半頃ヴェーネルスボリを出発し、ウッデヴァラ（Udevalla）に向ったが、フンネベリに行く時と同じ馬で、別の馬を得ることができなかった。一日四シリングは私たちには高すぎると思ったので、スウェーデンの使用人を他の一行にまかせた。そして、通訳なしでクリスチァニアまでできるだけ前進することに決意し、そこでもっと安い通訳を見つけられることに希望を託した。

アルムロー（Almro）[31]への最初の旅程は一マイルだが、馬が参ってしまったので、ほとんど全行程歩かなければならなかった。次の二旅程はかなり順調だったが、一時にはウッデヴァラに着かなかった――宿の女性が親切で、自分たちのシーツも使ってまあまあのベッドをつくった。ヴェーネルスボリからウッデヴァラまでの道中は特に面白いこともなく、主に高くもない岩の多い地面で、モミの木の若木がうすく点綴し、あちこちにいくらかの草地とやせた耕地があった。道の途上でたくさんの荷馬車に出会ったり、追いこしたりしたが、どんな荷物を運んでいるかは分らなかった。その多くは空車で帰途についているところのように見えた。

六月二三日［土曜日］

ウッデヴァラを八時頃出発し、まもなく険しい丘に登った。そこからの後景はとてもきれいで、海の小さな入江がほとんど町まで続き、岸辺は高い岩になっていて、モミの木が散在していた。(32)ウッデヴァラからホリステン（Horiston）(33)までは¾マイルで、道中はどこも美しく、底のほうに木が生えた荒々しい岩があり、草地は不毛でなく、あちこちに穂を満開にしたとても見事なライ麦畑がある。ホリステンからクヴィストルム（Quistrum）までの1½マイルは同じようなところだが、それほど肥沃な土地ではない。クヴィストルム自体はきれいなところにある。クヴィストルムからスヴァルテベリ（Swarteburgh）(34)までは1¼マイルで、岩がより低く、もっと荒涼としている。スヴァルテベリから一マイルのラバルスヘー（Rabalshee）まではさらに不毛の地である。ラバルスヘーからヘーデ（Hede）までの1¼マイルは、世にも稀な荒涼として物寂しいところだ。最後の二つの旅程の間は、土地が生み出すものは岩だけのようだが、それは美しい景観をつくるほどの高さと形に欠けていた。

道端の雪かき（snow ploughs）はスウェーデンのどこでも普通に見られる。それは新しく積もった雪を除去するために、道に沿って先端のほうを引っ張る大きな三角形の道具で、それによって道路は冬の間通行できるようになる。ヴェーネルスボリからはずっと荷馬車《カート》で旅行したが、なかには底に

二、三本の棒があるだけのものもあり、それにトランクを革ひもで縛りつけておかなければならなかった。イェーテボリで荷馬車か四輪馬車《ワゴン》を買わなかったことをひどく後悔した。なぜなら、道中で見つけた馬車はきわめて劣悪で、我慢できる気持ちでそれに腰掛けていることができなかったし、荷物を少しづつなくし続ける危険にさらされていた。底のない四輪馬車でイェーテボリに到着する少し前に、私はマントを紛失した。しかし一般的には、四輪馬車は荷馬車よりはるかにましであった。

ヘーデからスキャリレッド（Skyallired）[35]までの¾マイルは、多少岩は多いが荒涼としてはいない。ヴィーク（Wik）までの一マイルも同じような土地。エーリット（Erit）まで一マイル。土地はよくなり、もっと耕作地がある。ホグダール（Hogdal）までの一マイルは非常に丘の多い旅程で、その終わり近くで、とても見事な岩の多い渓谷を通った。ホグダールで、前の車を追いこし、二つのまあまあのベッドを確保し、スヴィーネスンド（Swinesund）まで行くのをやめて、睡眠をとることに決めた。

家屋はほとんど全部モミの木材で作られ、ほんの少しばかり平たくなっていて、木材の隙間は苔でよく塞《ふさ》がれていた。これが相当に厚い壁となって、家の中はとても乾燥して暖かそうである。スウェーデンのこの地方の住宅はたいていこのような作りで、一般に部屋の内部はこれ以上のことはなされていない。しかし、用材は自然のまま使われている。私たちはベッドと朝食代として二四シリング（二イギリス・シリング）払ったが、今までの中でいちばん安い料金であった。一般に私たちの生活は、同じ料金の割りに、ロンドンよりも高くついた。これは、イギリス人からできるだけ多く取ろうという彼らの願望のためのように思われた。

私たちは大がい好奇心の対象になっていたが、今朝はいつもよりひどかった。二、三の女性を含む集団がたまたま開いていた私たちの部屋のドアのところに集まってきて、しげしげと私たちの一挙一動を見つめているようだった。彼らは時々顔を背ける礼儀を心得ていて、吹きだすのを私たちに見せないようにしていた。

曇り――少し降雨。九時の気温六三度。七時に六五度。南西の風。

六月二三日［日曜日］

ホグダールからスヴィーネスンドまで一マイルは、急な丘と見事な岩といくつかの小さい湖。スヴィーネスンドまで、私たちは急でゴツゴツした丘を降りて河のところにきた。この河はフレーデリクスハル（Frederickshall）まで通じているが、ここは水中からほとんど垂直に出ている黒い岩で囲まれている。スウェーデン側の税関吏があまり親切でなかったので、私たちは反対側から船でフレーデリクスハルに向かった。（それに一ドル払わなければならなかった）。そして町まで気持ちよい船旅を楽しんだ[36]。スヴィーネスンドを離れると河幅は広くなるが、同じような岩山が続いている。河はたしかに美しい。――唯一つの欠点はいくつかの岩山の頂上があまりに平坦なことである。

朝曇りで午後にわか雨。一時の気温六〇度。南風。

フレーデリクスハルに着いたが、昨日は卵と牛乳以外何も口にしていなかったし、今朝は朝食に出されたパンを食べることができなかったので、たいへん空腹だった。おいしそうな冷たい牛肉にありついたので、大いにそれを賞味した。ニルス・アンケル氏（Niels Ancher）[37]に手紙を送った。彼は午後私たちを訪問し、親切にもその夜予定されていた舞踏会と夕食の会に招待してくれた。私たちはノルウェーのダンスを見たいと思っていたので、少し疲れていたけれども、彼の招待に応ずることにした。

舞踏室はそれほど優雅でも大きくもなく、婦人たちも一般にそんなに美しくはなかった。[38] しかし、婦人も紳士も上手に踊り、とくにワルツがそうであったが、私たちはそれをとてもぎこちない格好で踊った。速さはむしろゆっくりであるが、イギリスの地方のダンスより曲も踊り方も変化に富んでいる。時々メヌエット風の調子とステップも登場した。私たちは紳士淑女の地方的外観について、コペンハーゲンにおけるのと同じような評価をせざるをえなかった。彼らは外国風を気取るところは少しもなかった。――集まった人たちはイギリスの地方小都市における集会とまったく同じように見えたが、ただ女性だけはそう美しくなかった。彼女たちのなかにはフランス語をかなり上手に話す者もいた。しかし私が最初に踊った女性はノルウェー語しか話せなかったので、手まねで会話をしなければならなかった。男性にも女性にも、短い胴衣がとても流行していた。男性の上衣の非常に長い裾と後ろのボタンの間隔の狭さが、彼らの外見を一層田舎くさいものにしていた。

ダンスは主に軍人から成る一団によって行なわれ、アンケル氏の他はごく少数の商人が加わっただけであった。軍人が入れない他の集まりは、もっとはるかにすばらしい舞踏室をもっているとアンケル氏は言った。この部屋はおよそ十組を収容する程度の広さしかなく、壁は、白く塗ってあるほかは、荒削りの木材が自然のままにされていた。各々の集まりが一週間に一度舞踏会をし、婦人たちはダンスがとくに好きである。しばしば七時に始めて翌朝の七時まで踊り続ける、と彼女たちは語った。

アンケル夫人はたいへん快活でなんでもよく知っている女性であった――彼女はフランス語を非常に流暢に、英語を少し話した。[39] 彼女はクリスチァニアの将軍の娘で、この地方の一般の女性よりもはるかに高い教育を受けていた。とはいっても、彼女たちの多くはフランス語もドイツ語も話す――フランス語よりもドイツ語の方を流暢に――ということであった。冬になると、フレーデリクスハルの紳士淑女はデンマーク劇をやり、彼らのなかにはかなり芸達者なものもいるという。私たちは寡聞にしてノルウェー詩人の書いた演劇を多く知らない(40)。夕食はかなり長く続き、スープ、七面鳥、魚、子牛の肉がその順番に出された。旅に出て以来ずっと、一般に魚はいつも食事の中頃か終り頃に出てきて、イギリスのように初めには出てこないことに気付いていた。

この晩アンケル氏は、私たちを要塞司令官マンスバク将軍(41)(General Mainsbach)に紹介してくれた。将軍は非常に礼儀正しく、翌朝の朝食に呼びたいと言い、その時に要塞を案内し快適な騎乗にお連れしたいと言った。

アンケル氏は非常に人がよく親切で、食事の時にたくさんのボルドー産赤ワインを、また食事の前後にはたくさんのポンチを強くすすめてくれた。彼はフランスに長くいて、共和主義的原理に大して反感をもっている風がなかった。彼は、デンマーク人の貿易に対するイギリス人のやり方に、多少の同情をみせながらも不満を述べていた。そして、デンマークとしては、その権利を主張するために、二〇隻の艦隊を武装するのが賢明だと考えているようであった。デンマーク人の貿易がこれほどたびたび暴行を受けるよりは、戦争に訴える方がいいだろうと彼は考えていた(42)。

舞踏会は日曜日であった――これは、舞踏会の作法について彼らがイギリス人と同じ考え方をしていないことの証拠である。

六月二四日［月曜日］

アンケル氏に伴われて司令官の朝食に行った。そこで、乾し鮭、生ハム、一種のソーセージ、そして非常に見事な冷たい鳥肉をごちそうになった。これはオールヘン（aarehen）と呼ばれ、この地方によくいる一種の猟鳥で、大がいは森でそれを捕殺する農業者や小作人たちから買ってくる。それは大きな鳥で、私たちが受けた説明によれば、黒雷鳥のように思われた。ここには狩猟法がなく、誰でも狩猟できるが、自分の土地の猟鳥を保存したいと思う地主は、警告を出すことによってそうすることができる。

朝食に出たアルコール飲料はワインとラム酒だけで、食卓には一滴の水も出なかった。心ゆくばかりの鳥料理をご馳走になり、一杯のワインを飲んで、この地方の慣習にしたがうべく努めた。朝食の後要塞を散歩した。この保塁はたいへん不規則なつくりである。それは一つには時代をへだてて構築されたからであるが、おそらく主な理由はこの丘の不規則な形に合わせてつくったからである。非常に堅牢な砲郭（casemates）がある。あらゆる点で守備隊に都合よくできており、防弾に適した場所となっている。要塞は約二千人を収容できる。現在フレーデリクスハルの守備兵は約六百人で、近隣の国民軍を合わせると約二千人に達する。しかし、緊急の場合には、八千人の軍隊を七日か八日で集結させることができると将軍は話した。この要塞は、チャールズ十二世(43)の包囲以降、多くの改良が加えられ、最近では常時臨戦体制にあり、とくに故スウェーデン国王の治世中はそうであった。

マンスバク将軍は、一スウェーデン士官からまるで国王からのような質問を受けた。将軍はなぜかくも極端に用心深いのですか、スウェーデンの軍隊はけっして攻撃を仕掛けるような状態にはありません、と。将軍は答えた。「私は貴国の軍隊を恐れているのではなく、貴国王の精神を恐れているのです」と。国王はこの答えを喜んだであろう。マンスバク将軍は、以前にスウェーデン国王にしばしば会って会話を交わしたことがあった——彼は国王を評して、非常に有能で、他人の性格を見てとる洞察力にすぐれているが、少し空想的すぎて一風変ったところがあると話した。チャールズ十二世の死が話題になった。彼は要塞から打った砲弾で殺されたのではないというのが国王の意見であった。[44]将軍もこれと同意見のようであった。私たちは、チャールズ十二世が殺された地点を少し離れたところから見た。デンマーク人は幾分誇らしげな記念碑をそこに建てた。しかし、後に二つの宮廷の間に友好関係が樹立した時、スウェーデンに敬意を表して、この碑は引き倒された。私たちはタンク氏という人の家で、この壊された柱の一部分を見た。そしてその碑文の型から写しをとったが、残念なことに翌朝それを紛失してしまった。

要塞のある丘は主に岩から成っており、(将軍の話では)約五百フィートの高さであるが、アンケル氏によれば、三六〇フィートにすぎない。[45]付近は河岸の岩の高さから判断できるが、そのどの地点よりも高いように思われる。そこは岩石のために高くなっているが、山というほどのものではない。所々見事な崖の形をしているが、より多くは土でなく岩からできている丘の様相を示している。私たちがたくさん見た針モミの木がしばしば非常に滑らかな被覆となっている。

要塞を見てから私たちは、アンケル氏の馬二頭にまたがり遠乗りをした。そして湖まで二、三マイルほど行くとティースダル(Tiesdal)の滝が流れ落ち、フレーデリクスハルにいたる河があった。将軍はフランス語を非常に上手に話し、たいへんな物知りのように思われた。彼は戦士であるとともに耕作者であり、城のかなりの所有地を自ら耕やしている。夏期がとても短いし、土地は一般に湿気が多くて穀物がよく育たないと彼は話した。牧草が一番よく育つという。いくらかの良好な草地と少しばかりの穀物を見た。将軍は商業をよく思っていない。商業は庶民の元気をなくし堕落させ、また軍人をだめにしてしまうと彼は考えている。富裕な商人の成り上り者を多少の嫉妬心をもってみている様子で、名誉心はほとんど失われてしまったと嘆いた。あらゆる熱狂のなかで農耕狂い(cultivating folie)が一番役に立つと考えていた。

草地や岩の混じったモミの木の森を通って、快適な騎乗を楽しんだ後、私たちはティースダルの滝のところにきた。そこにかかった木橋から見たり、丘の高い所にある将軍が以前住んでいた家から狭い岩の渓谷を見降ろして、気持の良い景観を楽しんだ。その行きつく先のほうにフレーデリクスハルの町が見えた。この滝は全長二、三百フィートあるが、多くの支流に別れ、水の重量感に欠けていて、その滝が春の雪解けの後しばしば持つと聞いていた豪快さを示してはいなかった。また、さもなければとても美しいはずの景観が、落流につくられたたくさんの製材所とそれによる屑のため少し汚れている。滝から落ちた水は渓谷に沿ってうねうねとフレーデリクスハルの町に至り、その家から湾曲した流れが全部見えた。家の背後には大きな湖の美景があり、そこが水源となっている。河岸はモミの木の生えた岩山であるが、そんなに高くはない。

この湖は他の湖に連なり、それらの間を結ぶいくつかの支流によって、約二〇ノルウェー・マイル(46)の水の交通網が形成され、それを利用してこの付近一帯の木材が、ほとんどまたはまったく経費をかけずに製材所まで運ばれてくる。私たちが見た木材の大部分は小さく――直径が半フットと一フットの間であった。アンケル氏の言うところでは、あるものは十年木か十二年木を越えていなかったが、彼はしばしば大ざっぱであった。私たちは河の岸辺の渓谷に沿って戻り、遠乗りを大いに楽しんだ。西岸の岩壁は素晴らしい形をしていて、その底辺部分にはモミの木以外にも木がきれいに生えていた。製材所が見えなくなると、渓谷は大いに幻想的で人里離れたところに思えてきた。(47)

旅宿に帰らずに、アンケル氏の家の夕食に行ったが、彼は、あらかじめ準備をするよう伝えていないので、とても簡単な夕食に甘んじてくれるよう私たちに言った。最初の料理は味付けをしてない乾し鮭とほうれん草でまったくほめられたものでなく、冷たい食事しか期待できなかったので、あきらめかけていた。その時、見事に蒸し焼きされた七面鳥が出てきたので、気持も胃の腑もほっとした。夕食の時にも夜食の前にも、食器は変えるが、ナイフとフォークは変えないことに気づいた。この家には非常に立派な部屋がほかに二室あるけれども、私たちは寝室で食事をとった。肉は一ポンドで五ペンスだという。牛肉と羊肉は一般に薄いが、子牛の肉はしばしば脂が乗ってほど好く生育している。アンケル夫人は、パンを焼いたり酒をつくったり、その他万般自分の家でやらなければならず、それが使用人などたくさんの物入りとなるし、とくに使用人は気位が高くて他の諸々の仕事に手を貸してくれようとしないと話してくれた。彼女は子供が一人だけで、六人の下女を雇わなければならなかった。

司令官とアンケル氏から聞いた話では、農民の兵役に関係する法律がちょうど改正になったところだという。デンマークとノルウェーでは、農民または労働者として生まれた者は誰もが兵士であり、船乗りに生まれた者は水兵である。以前には地区の役人が自分の好きな年令の者を徴兵することができたし、一般にもっと若い者よりも二五歳から三〇歳の者を選んでいた。徴兵後は、妻と家族を扶養できる財産があるという教区牧師の署名入りの証明書がなければ、結婚できないし、その場合でも、結婚を許すかどうかはその役人の意志にかかっていた。このことと徴兵時期の不確実なことが作用して、これまでノルウェーにおける人口に対する強力な予防的制限となり、人々が非常に長命であるにもかかわらず、人口増加がきわめて緩慢であった事実を説明している。(48) 何人といえども、確実な財産をもち、時に三〇歳で徴兵され四〇歳になるまで終わらないかもしれない兵役期間を勤め上げるまでは、完全に結婚の自由があると考えることができないのであった。

ここでクラークは今日の読者を驚かせる。クラークは自分の本の中で、「司令官とアンケル氏から聞いた話では」のくだりをほとんど一字一句マルサスから引用している。この会話がマルサスとの間ではなく、クラークとクリップスとの間であったかのようにである。さらに悪いことに、クラークはこの会話の場面をフレーデリクスハルからクリスチァニアに移し、したがって「司令官」は、マルサスが記した見解を実際に表明したマンスバク将軍ではなく、ビーレフェルト大佐に変えられ、マルサスが実際に情報を得たフレーデリクスハルのニルス・アンケル氏はクリスチァニアのベルント・アンケル氏に変わっている。(*Travels*, VI, pp. 8-10.)

ただ一つクラークに言訳が許されるとすれば、この報告が死後出版された彼の旅行記の巻に出てくることである。この部分の執筆をしている時、彼はすでに病気であった。

家族を扶養できる財産があるというこの証明書が、一般市民の制度によるものか、軍制度によるものかを聞きだすのに若干苦労した。私が知り得たところでは、これはまったく軍の制度に関係したもののようで、兵士の子供が社会の厄介になったり飢え死にしたりすることを危惧して作られたようであった。しかしながら、この制度は一般市民の立場からいっても非常に大きな影響力をもっていることは疑いなく、私の考えでは、この制度がノルウェーの下層階級の人々がこの国のやせた土地から予想されるよりもはるかに良好な生活状態にある理由である。しかし、こういう法律もまさに廃止されようとしている。[49]何ら証明書または役人の許可なしに結婚の自由が認められ、二〇歳の青年全員がまず最初に徴兵され、もしそれで十分でなければ二二歳の者全員、等々というようになって、年令にかかわらず役人の胸一つで好きな壮丁を選べるということはもはやない。以前には、三六歳以下の者はすべて徴兵にとられる可能性があり、一般に最年長の者がまず最初にとられた。この証明書がまったく軍制度である一つの証拠は、徴兵前の農民はそれなしで結婚できるということである。しかし、その場合には、もし彼が徴兵にとられると、その後に妻と家族を養うのに十分の資を残しておくことができなければ、彼らを飢えの危険に曝すことになる。それゆえ、おそらく両親としては何かその種の見通しなしには娘を結婚させないだろう。

将軍は新しい制度に不満で、農民は今や家族を扶養できるという何の見通しもなしにおそらく結婚し、その結果、この国が扶養しうる以上の子供が生まれるだろうと話した。また、この件に関する旧い法律は近年非常にゆるやかに運用され、その結果、以前よりも多くの弊害を生んだという。生後五年以内に非常にたくさんの子供が死んだと彼は言った。彼の考えでは、二〇歳の兵隊は、フランスには良く合うかもしれないが、ノルウェーでは若すぎる、なぜなら、北方農民は成熟期に達するのが非常に遅いからであった。

海岸地方に生まれた者全員、また内陸都市の漁業で生計を得る両親をもつ者全員が、水兵として兵籍に入れられる。内陸部に生まれた者は全員陸軍兵士となる。都市の商人の子として生まれた者は、市民としてしなければならない者を除いて、兵役を免除されている。[50]

夕方、私たちは食事のためタンク氏という人のところに行った。この人は商人で、町から半マイルある河岸の美しい所に家をもっていた。(51) 彼は庭園に私たちを案内してくれたが、これはまったくオランダ式のつくりで、自然の美しい側面をいかに細工したか、そのやり方を二時間近くも説明してくれた。私たちは次から次へと夏の家、狩小屋、羽ぼうき (turks' head)、鉄砲、大砲、そしてたくさんのがらくたなどを見せられて疲れてしまった。ただ一つまあまあのものは、非常によくできた蠟細工のヘルミット (Hermit) というもので、これは底のバネに触れると、人をびっくりさせるような恰好で前に動いた。

この庭園を散歩した後、彼は私たちを骨董博物館に案内してくれた。ここでは彼はいくらかましに思われ、さまざまな言語のかなりの蔵書をもっていた。彼はチャールズ十二世が殺された場所に建てられた記念碑の石版画を見せてくれ、私たちはそれから碑文の写しをとった。その他記録に値すると思われる唯一のものは、くじらの脊椎骨の一つで、その骨格の全体がティースダル滝の近くで発見された。これは地球がたどってきた激動の多くの証拠の一つである。

二〇名ぐらいの夕食会は長い時間続いた。どの料理も食卓の端のほうで切り分けられ、血一杯の料理が次から次へほとんど果てしなく出てきた。私たちはやや空腹で、それをうまく隠したつもりでいたが、二、三の婦人にさんざんいじめ抜かれてしまった。私の片側にはフランス語を話す老婦人、他方の側には物知りの若者であるタンク氏の息子がいた。タンク氏は今年の第一船がフレーデリクスハルを四月二〇日に出航したが、五月一日まで結氷が完全に解けなかったと話してくれた。もっとも寒い日の気温は列氏二六度から二七度になった。司令官は二二度にすぎないと言っていた。(52)

たいていの商人は幾分共和主義に傾いているように思われた。彼らは自分たちがその政府の下で享受している自由を大いに賞賛し、それに比べるとイギリスで私たちは奴隷だという。タンク氏は、アンケル氏と同じように、イギリス政府が中立諸国に対してとっている行動に不満を述べた。

土地を担保にした貨幣の利子は四パーセントである。普通の債権の利子は通常五パーセントである。デンマーク全土を通じて貨幣の法定利子は四パーセントとなっている。

以前には、イギリスのメソジスト派のように、ノルウェーに多くのさまざまな宗教的セクトがあった。しかし、現在ではすべて統合されている。[53] タンク氏ははっきりとは言わなかったけれども、宗教問題にはかなりの無頓着が広まっているような口ぶりであった。

タンク氏の家に入るとすぐに、私たちはベッドのある部屋に案内されたが、そこでは十二、三人の人々がタバコを吸っていた。この習慣は一般的である。司令官は日にパイプを二〇回程吹かすと言った。天候のことを話しながら、司令官は、ノルウェーには「八カ月の冬と四カ月の悪い天気」があると言った。しかし、私たち自身の経験では、とても同じように言うことはできない。彼は、この夏自分の大きな外套がいらない日は四日しかなかったと言った。私たちは、コペンハーゲンでも、「八カ月の冬と四カ月の悪い天気」という同じ表現を聞いていた。

ノルウェイでは、木という木が、ニレもミズナラもその他もすべて葉を十分開いていた。タンク氏の庭園のライラックも十分開いていた――すべての芽が開いているので、一両日中に散り始めるかも知れない。

今日は温度計を見る機会がなかった。私たちは十二時から一時の間に宿に帰った。[54]

六月二五日 ［火曜日］

アンケル氏の家で二回目の朝食を無理に勧められた後、二台のまったくひどい馬車でフレーデリクスハルを出発した。この町ですばらしい歓迎をうけた後、こんな見すぼらしい旅立ちをすることはいささか残念だったので、この馬車が私たちの物だと思われないことを願いながら先に進んだ。フレーデリクスハルからシーアバル（Skieberg）まで1½マイルの間、私たちはモミの木の点綴する岩の多い地方を通りすぎた。あちこちのいくらかの場所は、スウェーデンの大部分の場所よりも良く耕され、農家のつくりは同じ形で材料も同じであるが、より頻繁にあらわれてきた。

シーアバルからトゥンデ（Thunde）[55]まで1½マイルの間は、もっと平坦で良く耕されている。道の途中で、サルプ（Sarp）[56]の豪壮な瀑布を見物するため、少し回り道をした。周囲の景色はティースダルの瀑布の美しさには遠く及ばないが、瀑布そのものははるかに見事である。水量はトロルヘッタンの瀑布よりも多いし、落差もはるかに大きい。しかし、形はそんなに美しいわけではなく、多くの製材所で景観が台無しにされ、これが最良の展望を妨げている。老将軍は、これをアメリカのナイアガラの瀑布についで、世界最大の瀑布だと語った。しかし、彼はこう主張するほどこのことについてよく知っているとはとても思われない。

この瀑布の後すぐに、この滝をつくっているグロンメン河（Glommen）を船で渡ったが、水流がとても強かった。渡し場の河幅はおよそ七〇から八〇ヤードである。宿駅に着く前に別の河を橋で渡ったが、こちらは半分以上の河幅であった。この河が流れている渓谷が、松の木で覆われた岩の多い丘

という この地方のすぐれた特徴を備えていて、たいへん美しかった。

トゥンデから〔空白〕まで1½マイルの間、私たちは松の木の多い丘を通って行った。少し離れたところに一、二の美しい湖があった。トゥンデで私たちは郵便局を営むスコットランド人に会った。彼はとても汚なくみすぼらしく見えた。しかし、暮らし向きはたいへんよく、最近そこに農場を買って、これが期待に答えてくれるだろうと話していた。彼はとても礼儀正しく正直な人間のように思われたが、今まで英語を話せる者は大がい便宜を図ってお金をとる傾向があったので、これはほとんど期待できないことであった。旅程が終る前のところでにわか雨にあい、これまでの生涯で断然最高にすばらしい虹を見た。それは二重になっていて、とくにアーチの上の方でそうなっており、虹の縞模様がどれもこの上なくはっきりし、普通見られる縞模様の二倍の数からなっているようであった。日没近くで、虹のアーチはきわめて大きく、あらゆる部分が完璧でかつ生彩に満ちていた。

〔空白〕からモッス（Moss）まで1½マイル。同じような土地柄。旅程の終わりに近いところで、少し離れた右手の方に非常に美しい湖があった。この湖は内陸の方に深く入り込んでいて、たくさんの島で彩られているようであった。私たちは十二時過ぎまでモッスに着くことができなかった。まったく寒い日だったが、快晴で澄み切っていた。十二時に何の苦もなく小さなプリントを読んだ。モッスではまあまあのベッドにありついた。

午後にわか雨が降った他は快晴。二時の気温五七度、夜の十時に四二度。南西寄りの風。(57)

六月二六日［水曜日］

貧弱な馬車で旅をするかわり、船でクリスチァニアに行こうと思って、昨夜馬の準備をしておかなかったが、船を見つけるのに若干苦労した。近くを散歩したり、ベルント・アンケル氏の鉄工所(58)を見学したりして、朝の時間を過ごした。モッス地方は美しく、河は見事である。ここには木材と鉄の取引が少しある。しかし、町のちょうど入口の所で半島のようなものが河に突きでて少し先のほうが高くなっているので、それが航行に非常な障害となっている。というのも、二つの反対方向の風がどうしてもそこを吹き抜けるようになっている――南風は半島の突端部を吹き抜け、北風は河を下って吹くのである。

私たちは宿で気持のいいノルウェーの青年士官に会ったが、彼はとても上手に英語を話した(59)。彼は軍隊があまり好きでないようであり、軍隊の残忍さと同僚の大部分の教育の低さについて話し、下級士官の貧困状態と昇進の絶望さについて激しい口調で長々と語った。士官たるものは、実戦中の特別の功績のある者を除いて年功順で昇進するが、これが平和時の昇進を極端に遅くしている。コペンハーゲンであれクリスチァニアであれ将校になるには、陸軍士官学校で少なくも四年間教育を受けることがあらかじめ必要とされる。そしてその後、貴族出身でない者は、将校辞令が与えられるまで、しばしば下士官として数年間服務する。この士官は自分の連隊には六〇歳以下の大佐はほとんどいないと言った。皇太子は軍隊をとても大事にしているにもかかわらず、兵士や士官の慰安を増進させるのに多くのことをしなかった、と彼は考えているようだった。

私たちは一緒にアンケル氏の鉄工場を見学に行ったが、よくできた切断機に感心した。この機械の図案はイギリス人が当地にもたらしたもので、また釘をつくる方法は今まで見たこともない工程によっていた。すべてのハンマーおよび機械のその他あらゆる部分が水力で動かされていた。一七八九年にノルウェー旅行をした皇太子の面前で鋳造された大砲には、「他のどんな所産であれ、かくも誇れるものはあるまい」とラテン語で刻まれている。(60) 青年士官はそれを私たちに訳してくれと熱望したが、彼はそれで大いに敬意を表したつもりでいるようだった。

モッスにもアンケル氏が所有するたくさんの製材所があった。

宿代として、夕食なしのベッド、朝のコーヒー、および宿の主人夫婦と一緒の食事はたいへん貧弱であったが、四ドルも請求された。青年士官はそれにたいへん驚いて、どうして勘定が一ドルにもなるのか考えられないと言った。この場で権威ある筋から、旅行中に請求された非常に高い勘定は、これまで通ってきた地方の食料が実際に高いためではなく、外国人をできるだけ利用する機会を失いたくないという人々の気持が原因だと聞いてなるほどと思った。少し抗議をしたけれども、まるで効果がなかった。私たちは以前に、わずかの財産しかもたない人々が——たしかにスウェーデンやノルウェーでは誰もが豊かでない——どうして暮らしを立てているのか考えあぐねたことがあった。

二時ちょっと過ぎに、小船に順風を受けて、6½マイル先のクリスチァニアに向かって旅立った。河はクリスチァニアまで海水が溯っているが、潮流の影響はないようである。(61) 二、三フィートの波立ちが、主に風のつくるうねりからしばしば起こる。河幅は大変不規則で、所々が一つか、しばしば二つの狭い水路で三百ヤードか四百ヤードの幅になり、その他の部分は一マイルか二マイルの広さになっている。両岸はまったくはっきりと見え、松で覆われた岩の多い丘が水の間際からそびえているが、その唯一の欠点といえば、その表面があまりに滑らかなことである。私たちは右手の岸に二つの美しい村落を見ながら通りすぎた。そこは村落が立地できるほとんど唯一の場所であり、岸の大部分はあまりに岩が多く、また切り立っていて人間が住むのに適していない。特に村落の一つに非常に美しい家が何軒か見えた。クリスチァニアに近づくにつれて、丘はその高さを増し、河は大きくて美しい湖の様相を呈してきたが、それは数多くの島で彩られ、美しい形の丘に囲まれていて、今はじめてその上に青い山の姿が見えてきた。それは私たちが今までに見たもっとも美しい景色であった。私たちはこの航行を大いに楽しみ、十時頃クリスチァニアに到着した。そしてそこで、快適な部屋とイギリスを離れてから今までに出会った中で一番よく調理された子牛のステーキにありついた。

快晴。三時の温度六一度。そよ風。(62)

ここで「偉大なアンケル氏」を紹介しておきたい。口絵3を参照。それはベルント・アンケル(Bernt Anker)(一七四六—一八〇五年)で、彼はその財産を海運、木材、および鉱山で築きあげた。彼は材木をイギリス海軍に売りつけ、イギリスのことをよく知っていた。一時彼は、ロンドン駐在デンマーク領事になるものと思われた。彼の商会は、クリスチァニアの木材置場が火事にあった後一八一九年に終息した。

マルサスはアンケルのことをコックスの旅行記で知っていたのかもしれない。コックスが一七八四年アンケルに会った時、彼は三八歳であった。コックスによれば、アンケルは「王立協会の会員で、英語を本国人と同じくらい上手に話し、クリスチァニアにすばらしい邸宅をもって、イギリス風の優雅な家具調度とイタリアで買った立派な絵画のコレクションで飾りたてている。彼は優雅壮大に構えて、限りなく丁重に手厚くすべての旅行者をもてなしている。」(Coxe, *Travels*, V, p.38.)

クラークはアンケルのことをやや詳細に記している。クラークとクリップスはクリスチァニアで一七九九年十月半ばに、マルサスとオッターを六月にもてなしたのと同じ人々から「御馳走になった。」「デンマーク国王の侍従であるベルント・アンケルは、デンマーク宮廷の記章をつけていた――リボンのついた大きな記章で、上着のうしろのボタンに結ばれていた。体つきは標準より大き目で、運動家の体型をし格好がよかった。彼は髪を古式パリ風に飾っており、極端に縮れ髪にし髪粉をつけていた。彼は話の間ずっと、大きな鏡に相対して立ち、衣服のさまざまのものを熱心に検分し調整していた。しかし、こうしていても、虚栄やキザな風は少しもなかった。……私たちは、この模範的な個人の行為の中に、外観からあわてて結論を引きだすことの誤りをすぐに見てとった。彼の心は人間性の最高の資質で満たされ、またその精神は知性をたくわえ、機知に満ちていて、世界や人間行為の源泉についての一般的知識が話の隅々までにじみ出ていた。それは宮廷に司候している時でも、私生活においても区別がなく、彼と知り合いになったすべての人々は彼の仲間に加えてくれるように熱望するほどであった。」(Clarke, *Travels*, VI, pp. 3, 4.)

右の点に関連して、ベルゲンのポントピダン主教 (Bishop Pontoppidan) (一六九八―一七六四年) が、一七五一年にデンマーク語で初版を出した『ノルウェー自然史』の中で、ノルウェー商人の「豪壮さ」に触れているのを記すことは興味深い。彼は「立派な衣服、優雅な住宅などによって自己の地位を顕示しようとするノルウェー人の欲求」について書いている。「このことは、商業によって外国人、とくに彼らが主に模倣しようとするイギリス人と話し合う機会がある大がいの商業都市においては、きわめて目立つ特徴である。しかしながら、壮麗さ、豪華なふるまい、家具調度などにおいてイギリス国民に比肩する能力がないため、大部分のものは自滅している。」彼は脚注に次のように付け加えている。「ほとんどが倹約家のオランダ人かドイツ人の子孫であるわがベルゲンの商人たちは、よきまじめな商人のように、今なおそのような簡素な仕方で生き続けている。」(Erik Pontoppidan,

Natural History of Norway, London, 1755, p. 255.)

しかしながら、この主教は完全に首尾一貫しているわけではない。彼は、「わが国の大がいの商人は、他の国々の貴族よりも優雅な生活を送っている」と書いているが、これには確かに多少のお国自慢の風がある（Ibid, p. 267）。優雅というのはワインの消費に密接に関係しているようである。

六月二七日［木曜日］

偉大なアンケル氏に手紙を差上げたところ、二時に会えればうれしいという返事をいただいた。約束の時間に訪問したところ、彼はやや高貴ではあるが、たいへん丁重で親切であった。一時間半ばかり話をしたが、彼は食事を出さずに私たちを送り返した。しかし、六時に馬車を迎えによこして約半ノルウェー・マイル離れた田舎の屋敷に案内すると約束した。そこを彼はいつも夏の住居にしている。私たちの会話は皇太子の性格からはじまった。アンケル氏によれば、彼の性格はよく知られておらず、高く評価されることがほとんどなかった。皇太子はまれにみる道徳的きわまる人間で、もっとも厳格で公平な正義感の持主だとアンケル氏は信じていた。彼はたしかに気前よくはなかったが、それを欠点だと考えることはほとんどできなかった。なぜならそれは、自分の経費として受けとる金額が、年二千ポンドを少し上回る——一万二千ドル以上ではない——非常に小額なことによるためであった。

皇太子はけっして貴族の位を授けようとしなかったし、また官位を授けたり、何であれ有利な取扱いをすることに極端に慎重であった。不公平を極度に怖れる心がしばしば彼をあまりに極端にし、要求された場合には、それに値すると彼が考えた人に対してさえも、何かを与えることを思い止まらせた。

皇太子は人前で無口であったが、それは一部には何か建議されたり愛顧を求められたりすることを怖れたためだとアンケル氏は考えていた。皇太子は一度でも人に何か求められると、依然としてその人に好意を感じていても、その後口をきくことはほとんどなかった。アンケル氏は皇太子がしばしば彼と親しく話したと言ったが、それは彼が皇太子に一度も何もねだったことがないからであった。皇太子はコペンハーゲンにいることを嫌がっているが、これは宮廷近くの人々が皆貧民だったり乞食だったりするからである。アンケル氏は、皇太子が生まれながらの良い資質を備え、とくに記憶力にすぐれていると考えているようであった。しかし、彼の教育はひどくなおざりにされ、それをひどく気にして彼はしばしば不満を述べていた。不幸にも彼は読書を好まず、そのため足りないところを修復することができなかった。

彼のお気に入りは一人もいなかった。ベアーンストーフ伯爵も特別の影響力はない、とアンケル氏は考えていた。彼は国務大臣にすぎず、議会の議長でもなく、またけっして首相ともみなされていない。

国王は王家の行列が大変好きで、彼に対する然るべき尊敬が少しでも欠けたようなところが見られると、極端に不気嫌になるようである。何人も国王に話しかけてはならないというのが宮廷の命令で、国王にはお辞儀をもってのみお応えすることになっていて、この規則は厳格に守られている。

アンケル氏の考えでは、皇太子政府の寛大さと中傷に対する皇太子の軽侮の念は、原則および正廉な行為を尊重する彼の意識から発するものであり、おそらくこれに、そうした事はそっとしておくのがもっとも賢明で安全な方法であるという彼の見解を加えてよい。ある中傷が数年前廷臣の一人によってなされたが、その結果は、以前に無視されていた著書が物凄い速さで売れ、大量の三版、四版が続けて出版されたことであった。

六時にアンケル氏の別荘に行って、庭園でお茶を飲んだ。この家はとても肥沃な草地のなかに美しく位置し、モミの木の生えた丘や見事な河の眺めやその周辺の山々で囲まれている。(63) アンケル夫人は彼女の夫よりもずっと年上のどこか母親のようなやさしい女性であった。(64) 庭園や邸内の散歩の間、アンケル氏は自分自身の偉さ、彼の屋敷の広大さなどを少しも衒《てら》う風なく細々話してくれた。ノルウェーでは何でも自分の家に備えていることが絶対必要で、それは何一つ買い求めることができないからだと彼は強調した。この国で立派な生活をしている人々は、年中、世界のあらゆる地方から自分で貯えを集めていなければならない。そのためノルウェーでは、おそらく世界のどんな地方よりもお金がかかる。彼は三〇人の召使をかかえ、彼の兄は六〇人も雇っていると話した。

彼の屋敷で冬の間に必要とされる多数のストーブで燃やす薪の量は、コペンハーゲンの貴族の家庭で消費する量の四倍を上回った。薪が高価な物品だと聞いていささか驚いた。しかし、ノルウェーの地主にとって一番お金のかかるものは馬であり、これは一般にまぐさが高価なためで、とくに今春はひどかった。私たちの計算では、まぐさの普通の価格は一タン約五ポンドのようであった――今春はそれが二倍にはねあがり、お金をだしても買えない始末であった。しかし、アンケル氏は少しも不自由しなかったし、いつも豊富なストックを確保するよう手配していた。彼は娯楽用に馬二〇頭と八台程度の馬車を備えている。

私たちは、アンケル氏が案内してくれたギリシャ風寺院(65)からの帰途、そこを見ることを非常に従順に請う様子の一人の男に会った——アンケル氏はへりくだってこれを聞き入れ、同時に半ば軽蔑したように手を振りながら、あの男は町の教区牧師ですよと言った。この寺院を見物した後、この哀れな牧師は立ち去ったが、偉大な男の傍を少し距離をおいて歩いていた。彼はこの牧師にただの一語、一瞥も与えなかった。私たちが婦人たちのところに帰ってきた時、彼女たちはこの牧師をむしろ暖かく迎えていた。彼は黒ボタンの身軽なとび色の上着をつけていたが、どうしても紳士には見えなかったと白状しないわけにいかない(66)。

庭園を十分に鑑賞してからアンケル氏は、町に置いてあるいろいろな種類の馬車のことを話した後、ホルシュタイン型四輪馬車の用意を命じてコレット氏のところに案内してくれた。この人は彼の友人で、約一イギリス・マイル離れたところに住んでいた。彼はアンケル夫人の生徒と結婚していた。アンケル氏は彼に屋敷も贈与したと言っていた。コレット氏の邸宅は高いところにあり、アンケル氏の家よりもっと広々とした眺望を楽しむことができた。しかし、全体としてみればアンケル氏の邸宅のほうがよいと思った。クリスチァニアの周辺一帯は非常になだらかで、この国のもっと険しい様子は少しもない。

コレット氏はたいへん親切に迎えてくれ、彼が設計した屋敷と自分で改良した耕地を見せるのをたいへん喜んでいるようであった(67)。彼は農業経営者で、自身でほぼ四百エーカーの土地を所有している。彼はイギリス人が小麦を作るのと同じ方法でライ麦を耕作し、二、三の他の穀物と交替にライ麦用の土地を使用し、同じ土地から三、四年に一度ライ麦の立派な収穫をあげている。第一輪作のクローバーの収穫期で、その一部が円錐形に積み上げられていた。冬期には穴蔵に貯えたかぶやにんじんで牛を飼育し、毎日六種類の食糧を与える。彼はまた生後約六週間あるいは二カ月の子牛をつぶしている。彼の話では、労働の価格は、食事なしで夏期に一シリング、冬期に十ペンスであった。じゃがいもはとても良く生育する。これはノルウェーに導入されてから約三〇年になるが、日毎に利用がふえている。

彼の庭園――ある部分は見事に作られており、他の部分はオランダ趣味が行きすぎている――に入って行った時、私たちは二度とそこから外に出られないのではないかと思った。こちらの小さな亭には酒類、オレンジ、上等の肉があり、あちらの亭にはパイプ、タバコ、ビールがあり、また別の亭には――これは木の上に仕かけてある――たいへん上等なシャンペンなどがある。それはきわめて楽しい夕べであり、あまりの大騒ぎにいささか閉口したけれども、この場の物珍しさと美しい光景を心から喜ばないわけにいかなかった。

コレット氏の歓待はマルサスよりもクラークの気に入った。クラークとクリップスもまた、一七九九年九月十五日に、コレット家の晩餐会に招待された。クラークは書いている。「私たちが招待された饗宴の豪華さは大したもので、イギリスの王家といえども、これ以上盛大な供応をすることはほとんどできないのではないだろうか。私たちはこの地方のあらゆる珍味とヨーロッパ中のブドウ酒というブドウ酒、ならびにあらゆる種類の高価な酒と菓子類を与えられた。……この地の慣習にしたがって、私たちは長時間食卓を離れないでいた。そこを動きたくなかったのである。というのは、何ともいえない宴会気分、この上もなく陽気な会話が、口論も泥酔もなしに終始続いたからである。主人夫妻の一つの心配ごとといえば、彼らの招待客が、あるいは満足のゆくまでよく食べ楽しんでくれない

のではないかということであった。」(*Travels*, VI, p. 18)

ヘンリー・ブルームの見解は違っていた。彼は、一七九九年のクリスマス直後にフレーデビィーエ(Flädebije)のコレット氏の別荘で、三五人の泊まりがけのパーティに加わった。彼は、主人夫妻が始終あちこち駈け回って、招待客の「奴隷」のようになっているのを見て、気の毒にたえなかった。(*Life and Times of Henry, Lord Brougham*, by Himself (Blackwood, 1871), I, p. 217.)

コレット夫人はたいへん感じのよい女性で、ノルウェーのあらゆる夫人たちの鑑《かがみ》とされている。[68] コレット氏はたいへんよく世話をされているようであった。私たちは多少の抵抗を感じつつ、そこを去ってアンケル氏邸に帰り、十時十五分に夜食をとった。しかし、去る時にも、コレット氏がまたシャンペンをあけるのを許してしまったし、彼は私たちが別れを告げるつれなさをなじったりした。

私たちはアンケル氏邸で夜食をとり、彼の馬車で十二時半に宿に帰った。

晴れ。日陰で四時の気温七一度。南寄りの風。[69]

六月二八日［金曜日］

私たちは二時半にアンケル氏と食事をともにし、夕暮れに彼の令弟のところに行く約束をした。朝、宿の地主の娘を通訳に頼んでお城に登った。[70] 彼女はフランス語を話し、少しあだっぽい女性で、そのしぐさの優美さは近所で大評判である。しかし、彼女は自分の美しさをそれほど鼻にかける風がない。そのすぐれた教養のため、彼女はクリスチァニアの上流社交界にはいることを許されている。

アンケル氏は彼女をとてもほめ、ここの最良の女役者の一人だと言った。この人たちはクリスチァニアとフレーデリクスハルに私設の劇場をもっており、アンケル氏自身しばしば指導的役割を——時には役者だけでなく著者としても——果たしている。彼は、自分がアンドレェ少佐の死を主題にして書いた悲劇について語ったが、これを彼自身少佐役を引きうけ国王の御前で演じた。[71] 国王は非常に喜んだと彼は話した。

私たちは、城壁から見た河とこの地方の眺めを大いに楽しんだ。河は大地で囲まれ、その全体の眺望は、島々で彩られきれいな形の青々とした山で囲まれた美しい広大な湖のようであった。しかし私がみる限り、この山々はウェストモアランドやカンバーランドの湖の周囲の山々ほども高くない。城塁は堅固のようで、城壁には幾つかの立派な真鍮の大砲がある。現在、クリスチァニアの守備隊は一個連隊にも達しない。しかし、このほかに若干の騎兵がいるので、合計して一個連隊、つまり兵一千二百人と砲兵四中隊となる。

二時に馬車が迎えにきてアンケル氏邸に行った。そこで私たちは誰よりも、クリスチァニアの商人の夫人であるイギリス婦人と、ノルウェー全砲兵隊の司令官ビーレフェルト大佐（Colonel Bielefeld）に会った。彼は、ヘッセン公が一七八八年スウェーデンに乗り込んで、イェーテボリを占領しかけた時、大いに名を挙げた人物である。[72]

ビーレフェルト大佐と話しているうちに、彼は農民徴兵に関する新制度に賛成でないことがわかった。彼はあまり若いと良い兵隊にならないと考えており、また農民の誰もが今や非常に早く結婚する誘惑に駆られて、家族を養うことができなくなり、国は以前よりも困った状態になるという危惧をもっていた。しかしながら、新制度は目下試験中で、この政策の功罪については事態が決めることであろう。下層階級の人々がこの制度を大変喜んでいると彼は言った。

オッターがもてあましたイギリス婦人は、中位の財産をもつ人々はアンケル氏が話すような財貨を蓄えることができずに、不便を感じているとくどくどしゃべった。彼女は、非常にたくさんのお金がなければ何も買えなくて、時には本当に腹が立って叫びたくなるくらいだと言った。彼女はノルウェーに二年ほど住んでいるが、イギリスで暮らすというたった一つの願いをもっていることで幸せだと話した。彼女は少し下品で、それほど感じのよい人ではなかった――わが同胞婦人をほめなければならない理由はなかった。

私たちは立派な食事をしたが、アンケル氏が約束したローストビーフは出なかった。彼は夫人にそれを間に合わせるように言っておかなかったのである。彼の話では普通二週間に一度太った牛をつぶすという。アンケル氏の家では食事の時にはよく酒を飲むが、その後は飲まない。ブルグンディ産のビショップ大杯(73)、シャンペンの一種、それにマディラとボルドー産赤ワインをふんだんにいただいた。私たちは庭園の亭で食事をした。五時前に食事を終え、コーヒーを飲み、四頭の美しい馬が索くホルシュタイン型馬車に乗ってペーター・アンケル氏のところに向った。彼は兄と約一ノルウェー・マイル離れたところに住んでいる。その途中、ビーレフェルト大佐の屋敷を訪ねたが、ここは最近手に入れたばかりでたいへん見事な設計であり、河のすばらしい眺望がきく場所にあった。私はむしろアンケル氏やコレット氏の邸宅よりも良いと思った。アンケル氏の言によれば、大佐はそれを彼の弟のペーター・アンケル氏から借りたのだという。そこはコレット夫人の妹が設計したものだが、寡婦になっていた彼女は、二二歳の士官と結婚として生活を共にするためそこを去っていた。

ペーター・アンケル氏の邸宅は、今まで見たものの中でもっとも荘麗であった――一連の部屋はまったく豪華で、非常に優雅な様子に設《しつ》らえられていた。(74) 庭園はイギリス風に設計されていて、松の木の生えた岩山の麓にある湖の岸辺に位置していた。湖は非常に美しいけれども、河の眺めほどではなく、また邸宅の前方に幾軒かの赤色の家のある少しばかりの平地があるので、全体としては大佐と兄アンケル氏の邸宅のほうがすぐれていると思った。P・アンケル氏邸の近くにある山はクリスチアニア周辺でもっとも高いとみられている。その高さを知ることはできなかったけれども、「山」としてそれほど高いとは思えなかった。それはむしろ高い丘といったほうがよいと思う。(75)

私たちが着いた時、P・アンケル夫妻は留守であった。しかし、私たちは女家庭教師から庭園でお茶のもてなしをうけた。彼女はフランス語をうまく話す感じのよい女性であった。(76) P・アンケル氏が帰宅すると、彼は私たちをたいへん厚遇し、あらゆる種類の供応を申し出た。しかし、そのすべてを受け入れる元気はなかった。ビーレフェルト大佐が翌日の食事に招待してくれていたが、P・アンケル氏はそこでまたお会いしますと言った。

アンケル氏邸に帰ってから、私たちは彼と貴族のことについて長い会話をした。彼の話によれば、何年か以前（私の記憶が正しければ一七八四年か八六年）に、誰でも貴族の身分を要求する者は、正真正銘の家系によって正統な貴族身分を証明すべしという布告が、コペンハーゲンの宮廷から出された。アンケル氏はあるスウェーデン貴族の出であることを証明した。しかし、彼にその家柄の紋章を与えることには若干の困難があった。というのは、彼自身貴族の称号をもっていなかったし、その紋章がいくつかのデンマーク貴族のものと交錯していたからである。しかしながら、彼はとうとう目的を達し、その紋章を手に入れ、そしてその後約三年それを用いることもなしに侍従官の要職に迎えられたが、これがノルウェーにおける最高の地位、知事を上回る地位さえも彼に与えている。彼の弟

P・アンケル氏は長官の地位をもち、その正服を着用し、ノルウェーの道路行政長官である。

ノルウェーには爵位をもった所領が二つしかない。ラールヴィーグ伯爵領（Count Larvigs）とその名を忘れたもう一つである。[77] しかし、それに付随してある種貴族の特徴をもった他の多くの所領がある。高貴に生まれた者は誰でもこの所領を購入し、それに付随するあらゆる特権を手に入れることができる。もしそれが伯爵領であれば、彼は伯爵になれるのである。貴族の生れでない者はそれを購入することができないけれども、国王の命令によって貴族の生れと同じ特権が賦与される。軍の旗手は貴族の地位を購入してそれに付随するあらゆる権利と名誉をもつことができる。ロシアと同じように、すべての文官は一定の軍人身分をもっている。伯爵身分には軍隊の一定の地位が与えられる。しかし、何の身分もなく、国王から文官の地位を与えられていない単なる旗手でも、最大の財産を持った貴族身分を取得することができる。

ノルウェーは毎年三〇万クォーターの穀物を輸入し、主にモミ材と鉄を輸出する。アンケル氏は二五〇の特権製材所を所有しているが、それは主にフレーデリクスタット（Frederickstad）にいたるグロンメン河に沿っている。[78] アンケル氏とド・ローセンクランツ氏（de Rosencrantz）はほとんど二人でフレーデリクスタットの港を所有している。[79] この港は木材全部を浮かべておくことができるので、他のどんな所有物よりも自分の利益になるとアンケル氏は言っている。地方に森林をもつ業者は、冬期に橇で木材を運搬しなければならず、これが大きな経費の違いと一年間の遅れをもたらすのである。製材所は国王からの特許なしには設立できない。守備隊用のわずかの備蓄以外は、穀物の公共貯蔵所はないけれども、この備蓄が不時の場合に時々開放される。

ノルウェーとデンマークとの関係は、ノルウェーの利益にとって死活問題だとアンケル氏は語った。もしノルウェーがイギリスと結ばれていたなら、貿易は完全に自由になり、まもなく繁栄の状態になると考えられる。この計画はかつてピット氏によって抱かれ、ノルウェーもこれにまったく反対というわけではなかった。コペンハーゲンはノルウェーのあらゆる富の集積地だと考えられている。

晴れ。一時の気温七四度。その後もっと上がったと思う。

ペーター・アンケル氏は、少し前に一頭の馬を手に入れ、その馬は橇を引いて十五分間に一ノルウェー・マイルを駈けると話した。

七月二九日［土曜日、六月二九日］

ビーレフェルト大佐と夕食をともにし、彼は私がこれまでに飲んだ最上の赤ワインを振舞ってくれた。ビーレフェルト大佐は夫人でない女性と一緒に暮らしているが、彼女はどんな交際仲間にも広く受け入れられているようである。彼の正妻はコペンハーゲンに住んでいる。[80] P・アンケル氏は、五〇頭の牛を飼い、その生産物を自分の屋敷で消費していると話した。彼はかつてイギリスにいた時、上流家庭でさえクリームが不足しているようだったと不満を述べた。ノルウェーでは大量のクリームがいちご用として消費されるが、いちごの季節は六週間続く。ノルウェーの人はアルプス白いちごを好み、彼らの野生いちごがイギリスの栽培いちごより数段まさると思っている。

私たちはホルシュタイン型馬車で、町から約半マイル離れたアンケル氏の小さな庭園に行って、お茶を飲んだ。そこに彼は非常に優雅な二つの部屋を作っていた。

夕べを過すうちに私たちは、ノルウェーに四つの主要な裁判所があることを知った。これは大執行官（Grand Bailiff）または知事が統治する各自治体に一つである。しかしながら、これらの裁判所からの上告はコペンハーゲンの上級裁判所にされる。すべての訴訟事件の裁判で、六人の陪審員が補佐するが、陪審員はわが国のように選出されるのではなく終身である。さまざまの行政区（Bailliages）には下級裁判所があって、そこから訴訟事件が上級裁判所に上がってくる。また各教区には調停委員会があって、裁判所に持ち込まれる前に、あらゆる訴訟事由が陳述されることになっている。当事者間を仲裁し、できれば争いごとをまとめるのが調停委員の仕事である。調停委員の意見に従わない当事者は、もしも後で裁判にかかって自分の正しいことが証明されなければ、いかなる犠牲にも堪えなければならない。

ビーレフェルト大佐のところへ行く前に私たちはアンケル氏を訪問し、彼の書斎および私室に案内された。そこで彼はあらゆる雑務から解放され、またそこには彼の特別の友人だけを案内するという。立派な図書と思索的な装備のあるかなり大きな部屋であった。端のところにある種の説教壇があって、そこから彼は時々近隣の紳士淑女に哲学的な話をする。その下に聴衆のための席が設けられている。彼は私たちと一緒にビーレフェルト大佐のところへ歩いて行った。

快晴。二時の温度六四度。

クラークは、十月に見たベルント・アンケルの書斎について次のような説明をしている。「次の言葉がこの部屋のドアに大きな文字で刻まれている。DOCENDO DISCIMUS［教えることによって学ぶ。］」ここは思索的および機械的目的のために完全に装備されていて、ロンドンのネアン（Nairne）とブラント（Blant）の作品、天文学用器具、地球儀、古代や自然史の蒐集品、および鉱物や貝殻、

等々がある。『何かにつけてイギリスに送らなければならず、我が家のリンネルは全部年に一度ロンドンに送って洗濯している』と彼は言った。そのような扱いをするには、さぞ多量のリンネルの貯えがなければならないでしょうと私たちが言った時、彼は、『ノルウェーでは万事につけ大きな貯えをもつことがどうしても必要です』と付け加えた。」(*Travels*, VI, pp. 14, 15.)

その後クラークは、本書九三—四ページにある話をほとんどマルサス自身のことばで繰り返している。

七月三〇日〔日曜日、六月三〇日〕

午前中ほとんど書き物をしてすごした。アンケル氏が二時に馬車で私たちを訪ね、今晩彼が催すことになっている夕食会と舞踏会に私たちを連れていってくれた。

途中で私たちは家財管理人のところへ寄って彼とその夫人を乗せて行った。彼は非常に人ざわりがよく、無邪気に見えた。彼は馬車をもてるほど長く管理人をやっていない、とアンケル氏は言った。馬車に乗っている間、アンケル氏は伯爵夫人や皇太子、等々を讃えるあらゆる種類の引用句および彼自身の文句を披露してくれた。私たちはそのデンマーク語の文句が分らなかったので、称讃を求められても、ただただ調子を合わせているだけだった。私たちはできるだけのことをしたけれども、彼の苦心の作が彼らを讃えるものとして正当かどうかを評価した批評家や上流婦人にはとても及ばなかったに違いない。到着した後で、彼はたくさんの名文句を言って大いにもてなしてくれたが、彼が期待するほど満足なものでなかった。

夕食会で私はスキルストロップ夫人という女性の隣りに座ったが、彼女はクリスチァニアの若い医者と結婚してまだ十日位しか経っていなかった。[81] 彼女はすばらしく優雅で、かつ非常に美しい顔をし、そのしぐさがどこかとりわけ初々しく好ましいので、その夕べのうちにオッターと私は半ば彼女に恋をしてしまった。九時頃ダンスが始まった――人々は六時から来始め、ほんとうにすばらしい集《つど》いとなった。とくに婦人たちがそうで、フレーデリクスハルで会った人々よりも、美貌と衣服および礼儀の優雅さにおいて数段まさっていた。イギリスでの集まりで見られるよりも、その数に比較してはるかに多くの美人がそろっていた。[82] オッターと私とは、ワルツでみじめな思いをしたのであまり踊らなかった。夕食会は正式のものではなく、サンドイッチ、……等々風のものであった。

三時に雷雨。二時の気温が七〇度。それ以外この日は快晴。

七月一日 ［月曜日］

私たちはアンケル氏邸に二時過ぎまでいたし、また、朝準備することがかなりあったので、十時近くまでコングスベリ（Kongsbergh）への旅行に出発しなかった。乗物をまだ確保していなかったので、アンケル氏は自分のところの小馬索きの四輪馬車を利用するよう強く勧めた。クリスチァニアからラフンスベリ（Rafnsbergh）までの1¾マイルの間、[83] 私たちはしばしば現われる魅惑的な河の眺めやモミの木で覆われた険しく岩の多い丘のある大変気持のいい地方を通りすぎた。この地方の河はいつもたくさんの島がある湖のように見える。河沿いの低地は主に青々とした草地で、あちこちにわずかに小さな穀物畑がある。納屋やこぎれいな農家がしばしば見える。しかし、その材料となっている木材は赤く塗られ、赤瓦で屋根が葺かれているので、スウェーデンのある家屋のように美しくは見えなかった。三頭の馬に二ドルと若干の小銭を払った。大きな都市から出る駅馬代には倍額払ってやるのがノルウェーの習慣である。

グルベック(Gullbeck)までは1¼マイル。[84] 同じような土地柄――モミの木が生えた高いゴツゴツした岩の丘で、渓谷はモミの木にカンバ、ハンの木、ニレ、山ニレなど他の樹木が混った森林地となって、ミズナラもブナもない。ニレの葉が特別大きく見事なのに気付いた。誰か気付いていたかもしれないが、私ははじめて見た。これまでスウェーデンでもノルウェーでも、サンザシの木を見たことがない。普通それは花が咲くと美しいが、蕾は全部開いてはいなかった。グルベックを立ち去り、高い丘に上ったが、その頂上には大理石の石切場がある。しかし、この大理石はそんなに上等ではなく、あまり利用されていない。この丘から見た渓谷の眺めは大変美しく、その谷にドランメン(Drammen)の町があり、うす黒い岩山で囲まれている。湖水のように見えるクリスチァニア河の入江はこの町まで広がっていて、そこにドランメン河が注ぎこんでいる。これはパトニー上方のテムズ河ほどの広さである。[85] この谷は地味が豊かで、主に牧場である。ドランメンの町に入って行った時、これまでの人生で出会ったもっとも凄いにわか雨の一つに襲われた。馬を駆って通りを行くと、家屋から滝のように流れ落ちてくる流水をさえぎるだけでやっとのことであった。

再びドランメンからホグスンド(Hogsund)まで二マイルの旅に出ようとしたとき、馬車代のいざこざのため、通りでしばし立往生した。馭者たちは、約束の時間に待機してくれなかったのに、二倍の料金を払わせようとした。このいざこざは、通訳と調停者という二重の資格で立ち回ったフランス人の床屋によって処理された。私たちはとうとう治安判事（Magistrate）のところに行った。少し厄介であり、貴重な多くの時間を失ったが、私たちの意見が通り、その上またひとつ見聞を広めた。すなわち、法律に訴えるよりは忍耐強くすべての負担を甘受する方が得策だということである。

この後の旅行中は時々雨にあった――雲が低く垂れこめさまざまの幻想的な形で山々にかかり、時にはその美しさを増していた。ホグスンドの町は、いくつかの製材機を動かしている奔流の近くで河に沿ったきれいなところにある。ホグスンドからコングスベリまでの二マイルは非常に起伏が多い道路で、時間も遅く少し雨気味で冷え、馬ものろのろしていたので、この道のりはたいへん長く思われた。私たちはホグスンドからすぐにドランメン河を船で渡り、きわだった丘のある美しい地方を通りすぎ、左方に小さな美しい湖を見た。コングスベリ近くになると、山並みはもっと高く、峰の草木がもっと少なくなる。非常に長くかつ険しい丘を町の方へ降りて行って、町へ入るちょっと前に、ラーヴ河（Lave）の木橋を渡った。(86) 私たちはごく普通の宿を見つけたが、主人はお辞儀をし、握手するだけであった。部屋も一つ、ベッドも一つだけであり、このことで少しかけ合いをした後に、一箱の苔が持ちこまれその上にベッドが作られた。これは実際柔らかいものでなく、苔のベッドというのは普通は頭の中だけで考えられるものである。

十一時頃まで晴れ、その後雨模様で一時非常に激しいにわか雨。十二時の気温六〇度。二時に五七度。(87)

七月二日［火曜日］

アンケル氏の手紙を鉱山監督官のブルンニック教授（Professor Brunnick）に送り、約束に従って十一時に彼を訪問したが、その日は鉱山を見学するにはもう遅すぎた。なぜなら、私たちが鉱山に着く頃には作業員が仕事をやめるということであった。翌朝五時に見学に行くことに決めた。(88) 英語を話すブルンニックさんに案内されて、溶鉱所等々を見た。(89) 毎年約十万ドルがこの鉱山で鋳造されるということである。二千三百人の従業員が雇用され、一般に週一ドル半または一日一シリングの収入を得ている。これは非常に少ないように思われるが、この他に国王はいつも普通よりはるかに安い固定価格で穀物を鉱夫に提供している。現在、ライ麦一タン当たり価格は6½ドルであるが、鉱夫はそれを二ドル八〇シリングまたは三ドル程度で入手している。

この鉱山はかなりの間貧鉱となっていて毎年決まった損失がある。それゆえ国王は事業を縮小し、人員の削減を行ないたいと思っている。この目的のため、鉱夫またはその家族の若年者は、彼が離鉱した後一年分の給料のプレミアム付きでコングスベリを去ることを奨励されている。

その後十月に、クリップスとともにこの銀山を訪れたクラークは、「どこでも政府の資金が同様に思慮なく費消され、また事業で無駄が多いのを見て驚いた。この鉱山は、民間の手に委せられれば、非常に採算のとれるものとなるに違いない。おそらく、政府のなしうる最善のことは、それを個人に請け負わせることである。」（*Travels*, VI, p.56.）他の場合と同様、クラークはこの鉱山について自分の

説明を記す場合にも、マルサスの日記を全面的に利用している。
この鉱山は、一八〇五年から一八一五年の間に完全に閉山したが、それは惨事であった。というのは、マルサスが訪れた頃のコングスベリは、ノルウェーで第二に人口の多い都市で、それを越えるのはベルゲンだけであった。

以前この鉱山ははるかに豊かであった。教授は年間二〇万ドルの貨幣が鋳造された頃のことを覚えているし、もっと早い時代には、三〇万ドルも鋳造され、四千人の従業員がいた。鉱石は、最後に鉛と一緒に溶かす前に、普通は三回黄鉄鉱と一緒に溶解される。(90) 少年たちが、何であれ銀の外観をもつ鉱石片を選別するために雇われ、これらの鉱石は直ちに溶鉱場に送られる。貧鉱は検印所で検印が押されて、洗鉱されるが、その際にかなりの量の純銀がしばしば粒で発見される。これは洗鉱の前にはその痕跡がまったくなかったものである。
鉱夫は、夏期および冬期、五時から一時まで働く。時々そうするが、午後も労働すると、余分の賃金を支払われる。鉱山の仕事は同じ家族の者に限定されている。よそ者は採用されず、十二歳に達した鉱夫の子供が一般に採用されている。しかしながら現在、子供たちは彼らを雇用する勢いよりもはやく増加している。私たちは通りに多くの子供たちを見たが、大いに困窮と貧困の様相にあった。しかし、家屋はかなりきれいである。たくさんの子供や大人の乞食がいた。

クラークは次のように書いている「この地は、クリスチァニアと同じく、乞食が群がっている。彼らは旅行者が着くと宿のドアに押し寄せ、まったくぞっとするような集団となる。誰もがお金をゆすろうとするが、これはフランスやイタリアと同じで、アイルランド、とくにダブリンの街角でかつてそうであった。手足を曲げたり片輪に見せたり、傷口を開いて見せるのである。彼らは、旅行者という旅行者の鼻先に、こんな反抗的格好を不意に突き出してくる。それから逃れてほっとした。」
(*Travel*, VI, p. 67.)

ブルンニック氏が食事に招待してくれ、また鉱山学校と鉱物のコレクションを見学するため、私たちは補佐官のエスマルク氏(Esmark)を三時に訪問することになった。喋《しゃべ》っていることが一語も分らないまま、旅宿の共同食卓のようなところで食事をした後、私たちはエスマルク氏を訪問した。彼は非常にへたなフランス語を話し、私たちの言うことをほとんど理解しなかったが、非常にいんぎん丁重であった。彼の話によると、学校は、鉱夫の子供たちに鉱物学、化学、物理学、数学等を教育するための王立の施設であった。三人の教授がいて、エスマルク氏は鉱物および地質学科に属していた。鉱夫もその子供たちも、皆とても喜んでそこに通っている。一週に二日、毎日二時間が鉱夫に一般開講され、他の受講希望者にも同様である。講義は無料である。

私たちはヨーロッパの各地から集めた鉱物の大きなコレクションを見たが、そのなかにコングスベリ鉱山から採取された純銀の非常に美しい幾つかの標本があった。

クラークはイェンス・エスマルク(Jens Esmark)(一七六二—一八三九年)について次のように書いている。「おそらくヨーロッパ中でもっとも科学的な鉱物学者である。この紳士は外国のあらゆる学界で彼が出版した著作のためによく知られている。……彼の鉱物のコレクションは、私たちが今までみた最高の地球構造学（geognostic）の一つである。……エスマルク教授はコングスベリ・アカデミーの大会議室に私たちを案内してくれた。そこには鉱物のコレクションが見事な順序で、しかもきわめて科学的に配列されていた。このようなコレクションの光景自体が鉱物学を学ぶ者に学問的な示唆を与えてくれる。しかし、私たちは教授との貴重な会話を楽しむために、その視察から得られる利益をある程度放棄しようとしていた。」（*Travels*, VI, pp. 64-65.）

町にもっとも近い鉱山がある山は、コングスベリから約一、二九五フランス・フィート（一、四九八デンマーク・フィート）の高さで、このコングスベリは海抜九二六フィートである。近隣の山の多くはもっと高いが、エスマルク氏はそれを自分で測ったことがなかった。銀鉱が発見される鉱脈は、主としてホルンブレンド（Hornblend）とミカ（Mica）である。私たちは東方に花崗岩質の一連の山々を見たが、その上にはまだ雪がまばらにあった。

エスマルク氏は気温を規則正しく記録しており、去る二月八日の朝の五時に温度が列氏零下二六度であったと言った。先週のある日の午後三時の温度が列氏二四度であったが、エスマルク氏はその時手許に手帳をもっておらずその日のことを記さなかった。エスマルク氏はコングスベリに一年間いただけであるが、彼は気圧計ですべての山の高さを測定しようとしている。彼はその方法で鉱山のいくつかを測定し、彼の測定値が実際の深さと十フィートまたは十二フィートも違わないことを明らかにしている。

夕方ブルンニック氏と散歩した後、純銀の貯えが保蔵されている強固な箱を開けるのを見るために、私たちは彼の家族に紹介され、多数の人と一緒に食事をした。ブルンニック夫人は飾り気のない善良な女性で、家計の上手な主婦のようであった。(95) 彼女はすばらしい夕食を振舞ってくれ、それは二時間近くも続いたが、退屈には思えなかった。なぜなら私は、非常に美人で非常に感じのいい彼女の娘の一人の傍に座るという幸運をつかみ、この娘はフランス語をかなり流暢に話すとともに、英語を少し話したからである。

ブルンニック夫人は夕食の前に、家賃と木材以外は何もかもコペンハーゲンより高いと話した。彼女は一年間の入用品をコペンハーゲンから仕入れていた。しかし、コングスベリで、子牛肉と羊肉はポンド当たりたかだか四ペンスであった。牛肉はなかなか手に入らない。コングスベリでリンゴは育たない。気候はクリスチァニアより二週間遅れているというが、それはずっと高地で土壌がやせているからである。子牛は幼いうちに屠殺される。牛は牧場に出ていかない時は、毎朝、食物――主に麦わらと木の葉を煮てもらう。

この日の大部分は雨。一時の気温五七度。

コングスベリでは、夏の間、土壌が七日あるいは八日毎に雨不足となる。

ブルンニック氏の話では、ラールヴィーグ(92) (Larwig) とヤールスベリ (Yalsberg) という二つの伯爵領以外は、どの所領にも特権がついていないし、貴族生まれでも何ら社会的重要性がなく、国民軍の服務を免除されることさえないのであった。私たちはこの種のたくさんの相互に矛盾する話を聞いた。

ブルンニック氏は六あるいは七の階級から構成されている位階表をみせてくれた。侍従官 (Chamberlain) の地位は陸軍少将 (Major General) と同格であるが、その最上位であった。その上の階級には大将と提督およびその称号に付着した土地財産をもつ伯爵とがあった。それ以外のものはその下の階級であった。

七月三日〔水曜日〕

補佐官のエスマルク氏に案内されて、朝五時に鉱山の見学に行った。私たちはクリスチァニアにもっとも近い山を下って行った。地層は東西に広がり、銀の鉱脈は南北に延びている。もっとも豊かな鉱脈は南方に下降しているもので、とくにムンデックすなわち黄鉄鉱と同じ層のなかにある時がそうである。私たちが見た銀の鉱脈は非常に小さくかつ貧弱で、専門家の眼でなければほとんど識別できないだろう。私たちは垂直に近いはしごを降りて行ったが、これにはそう長くない間隔で休憩場所がついている。あまり時間に余裕がなかったので、百フィートよりずっと下の方には降りていかなかった。下の方も上の方とそっくりだったので、そこで見られるものは全部見たと確信した。

鉱石や岩石が車で引き上げられているが、この車はそこから四百ないし五百ヤード離れたところで水力で運転されている。この両者の連絡は全体を結ぶいかにも厄介な機械で行なわれている。

鉱山がある場所から私たちはコングスベリの町とその周辺地方の素晴らしい眺めを見た。朝のうちは、晴れようとはしていたが濃い霧のためにぼんやりしか見えず、雲と混っていたためにより高く見えた山々の荘大な眺望が私たちの眼前に開けてきた。

朝食のため宿に帰り、ブルンニック氏にお礼を述べて、十時頃帰途についた。ブルンニック氏は鉱山がある地区全体の民政長官として振舞い、補佐官と称する二人の人が彼に協力していた。彼らは各々銀が保蔵されている頑丈な金庫の鍵をもっているが、それは全員の同意なしには開けられない。監督官の給料は年二千四百ドルである。エスマルク補佐官はブルンニック氏の娘の一人と結婚している。(93) 彼は非常に善良で博識の人であるが、あまりに哲学者然としあまりに身なりがきたないので、女性にはもてそうもない。私たちはこの若い女性の選択にいささか驚いたし、ブルンニック夫人がこの近辺には男性が非常に少ないと話したことを信ずる気になった。(94)

帰途ホグスンドで馬のことからまたいざこざが起こり、私たちはきわめてひどい扱いを受けたと思った。しかし、ドランメンでの決心にしたがって譲歩した。ホグスンドで馬を注文しておいたのだが、そこに着いてからたっぷり一時間も待たなければならなかった。馬が準備されていないことを知って驚いた――馬が馬主のところに送り返されたか、あるいは誰か他の人が連れて行ってしまったのである。一時間半も待って新しい馬がきたが、あまり乱暴に取り扱われるのでうなり声をあげている。私たちが悪いことをしたというより私たち自身がはるかにひどい目にあったと思いながら、私がちょうど出発しようとした時(オッターはすでに前方に向かって歩いていた)、彼らは、馬車を止めてしまって、私が料金を支払うまでは実際に行かせようとしなかった。この料金がひどいもので、私が乗って行こうと思っている馬だけでなく、私たちが到着した時そこにいなかった馬の分もであった。あらゆる抗弁も無駄であった――宿駅の女主人は馬の口からくつわを外してしまった。私は出発が許される前に、堪えがたきを忍んで要求の全部に譲歩せざるをえなかった。私がオッターに追いつかないうちに、彼はもうドランメンに着いているのではないかと思った。

ドランメンの教会の墓地で、ほとんどすべての墓石の上に小さな花壇があるのを見た。そのいくつかは非常にきれいに咲いている。他の墓石はその上に花が散りばめられていた。ドランメンには立派な家がたくさんあり、相当な木材取引がそこで行なわれている。ドランメン河に沿ったホグスンドからドランメンの町にいたる渓谷全体がすばらしく美しい。しかも、土地が良く肥えているように見え、山々にはモミの木がいっぱいに生えている。

私たちは朝の二時にようやくクリスチァニアに着いた。ホグスンドでのけんか騒ぎに加えて、馬のためにドランメンで三時間もひき留められた。しかし、最大の不幸が待っていた――馬車の底に置いてあった小さな旅行カバンが理由のわからないまま紛失していた。その中にはどうしても必要なたくさんのものが入っていた。私たちはそれを探すために使いを送り戻したが、それが見つかる望みはあまりない。

コングスベリへの旅の往来で、私たちは道路で顔立ちのいい多数の地方の少女に会った――彼女たちは大がい背が高く美しかった。スウェーデンでは、男性が女性よりもはるかに立派だと思った。この土地ではこれと反対のことを言わなければならない、特に上流階級ではそうである。アンケル氏邸で多数の美しく優雅な風貌の婦人に会った。しかし、紳士の風貌を備えた男性には一人として会っていない。この地で男性の間にかくも広く行き渡っている喫煙の風習が、彼らにとても不潔感を与えている。女性は一般に歯並みが良くないが、アンケル氏邸の集会では歯並みの良い多数の女性に会った。

コングスベリへの道中、私たちは、たいがいの家屋にカンバの大枝で飾られた小さな玄関があることに気付いた。この地方の女性は、働く時、上にシュミーズ以外何も着ないが、それはイギリスの場合よりも高目に作ってある。しばしば色のついたスカーフを肩に投げかけているが、腰回りにはコルセットも他の衣類もつけていない。スウェーデンの女性もこれと同じ服装で働いていたし、シャツ姿で労働する男性とまったく同じに見えた。
快晴。二時の気温七〇度。六時半に六七度。
ドランメン近くで、オッターがリンネソウをたくさん見つけた(95)

七月四日 ［木曜日］

トロンヘイムへの出発が旅行カバンを無くしたことで延びてしまった。――アンケル氏邸で食事をした――食事の後庭園でコレット夫人と少し話をしたが、この夫人は私たちの勉強のためには、今までに会った一番いい人であった。一般に私が話した男性はこちらの質問に答えることができないか、または答えようとしないで、彼ら自身の長談義をしきりに続けようとした。

コレット夫人は、彼女のところで働く労働者の普通の食物は、朝食にパンと塩バターかチーズ、夕食には大麦とニシンかその他の魚にビールであると教えてくれた。一週に一度、時には二度、彼らは新鮮な肉を食べる。一般に庶民はほとんど同じような生活をしていて、それほど裕福でないばかりか、ビールの代りにすっぱい牛乳（sower milk）を飲んでいる程度である。家族の多い家はしばしば非常に困窮している。郷紳か農業経営者のところで働く労働者は一般に地代免除の家屋を支給されている。彼らはそのために主人にたえず労働を提供しなければならないが、主人から他の何にも優先してそれを受けとることができる。労働者は夏に一日十ペンス、冬には八ペンスを稼得し、収穫時には一シリングまたは一シリング二ペンスである。家屋を与えられない労働者は、夏に一シリング、冬に十ペンス支給される。コレット夫人の考えでは、庶民の生活状態は改善されつつあり、彼らは以前ほど不潔でなく、したがって若死する子供はそれほど多くないということである。

クリスチァニアでは一ポンドの新鮮なバタトを買うことができない。どこの家でも自家製のものを使うか、保存用にそれを塩漬けにする。高地に住む農業者は、六月から八月までの二カ月間、家畜を放牧するため山地に出て行く。彼らはその場で作った小さな木造の小屋で暮らし、この二カ月間にバターの大部分を作って塩漬けにし、冬になると橇でクリスチァニアの市場に持ってくる。このバターが近隣の家庭で使用人のために買われるが、比較的上層の人々は自分たちのためにホルシュタイン地方から輸入したバターを使う。新鮮なバターを売る習慣がきわめて少ないので、仮に誰かいくらか処分したいと思っても、まず買い手を見い出せないだろう。

家畜は冬には、そこで採れる乾し草やわらの他に、夏の終りに集めて冬の飼料に貯えておかれるポプラ類の葉や小枝で養われている。私は居合わせた郷紳から、枝から落した木の葉は馬のすばらしい食料であり、またとても立派な外被であると聞いた。

年老いた男女のための養老院の他に貧者のための施設はなく、養老院も数が非常に限られている。クリスチァニアには多数の乞食がいるが、私が見聞きした限りでは、庶民の生活水準はイギリスと同じようであり、違いは彼らが小麦パンでなくライ麦パンを食べることである。しかもここの人々は、ライ麦に非常に慣れ親しんでいるので、それを小麦パンよりも好み、またそのほうが栄養があるとみなされている。小麦はしばしばライ麦より安い。ライ麦製、時にはオートミール製の平たいフラド・ブル（flad bru）と呼ばれるケーキがたくさん用いられている。クリスチァニア近辺の小作人は牛を飼うような土地をめったにもっていない(96)。

夕食の時に、私は偉大な民主主義者でトマス・ペインの賛美者であるニルセン（Nielsen）氏という人と話をした。[97] 彼はフランス人に干渉したというのでイギリス政府を大いにののしった。国王は今然るべき教訓を得つつあり、フランス革命の光明が完全に消滅することはありえないと彼は考えていた。一般に国王は税金をとることだけを考えていると彼は言った。ノルウェーの税金についてこぼし、それはたしかにあまり重くはなく、ノルウェーが征服された一地方として扱われていると彼は言った。しかし、デンマーク政府は法的に承認されている権利を行使していないことを彼は知っていた。デンマーク政府は穏健で、ある点では寛容であるが、知識も実行力もないことを彼は認めた。プロイセンの老国王が諸国王の模範だと述べるくだりになると、彼は少し前後矛盾していた。[98]

私は彼から、農民は兵役に召集される前に、役人から結婚の許可をとったり、教区牧師から証明書をもらう必要がないと聞いた。一般に役人の許可を得ることは単なる儀礼にすぎず、しかもその許可願が拒否されたことはほとんどないと彼は言った。常備連隊は農民をある一定年限兵籍に入れることによって成りたっている。農民は連隊に付属することを強制されているわけではない。国民軍の兵役に召集されないのはむしろ不名誉なことだとみなされ、しばしばあまりよすぎて役に立たないために召集されないのだと考えられている。しかし、役人が三六歳以下のいかなる人であれ召集することが随意であった時には、彼らはしばしば商人や富裕な農業者を免除するために収賄された。彼らが変更を嫌う一つの理由は、これであろう。

晴れ、二時半の気温七五度、五時半に七三度、七時半に七二度、九時半に六二度。南風。

兵籍に入れる場合、農業者ではなく、小作人だけが入れられるのだろう。

コレット夫人の話によれば、ノルウェーの家事はその特殊な性格と建物が大きいためにひどく時間がかかり、そのために女性は、結婚後他のことをする余裕がないという。[99] 地方の家庭で、彼女たちは十一人の使用人のベッドを作る。多くの権威ある筋から聞いたことによれば、使用人はたいへん怠惰で、彼らの受持以外は何もしようとしないので、イギリスと比べると同じ仕事により多くの人が必要とされるという。(100)

七月六日〔金曜日、七月五日〕

旅行カバンの情報はまったくなかったが、翌日出発するためにできるだけの努力をしようと決心した。それでも、お金の問題、手紙等々についてはまったくアンケル氏の手中にあったので、彼の十分な了解なしに立ち去るわけにはいかなかった。彼は私たちにスウェーデン型荷馬車を提供してくれると約束したが、この町には我慢できそうなのは一台もなかった。そこで私たちは小型二頭四輪馬車を購入しなければならなかったが、これに馬具付きで百ドル支払った。アンケル氏は町にある彼の家で山盛りのご馳走をしてくれたが、そこで私たちは、一人の使用人のことを聞き、彼を雇っておくために一ギニイを与えることで同意した。この男はアンケル氏の兄弟の一人の所にいるのだが、アンケル氏はこの男は自分の性格に合う男だと請け合った。

こういった事を全部すませて、紙幣を両替えした後、アンケル氏は私たちを彼の貯木場に案内してくれた。これは実に大規模なものであった。ここの現在の貯木量は五万ポンドの価値がある。オッターが聞いたところでは、彼は年々、クリスチァニア、フレーデリクスハル、モッスから全部で十八万ポンドに達する材木を輸出し、そのうち十万ポンド以上がクリスチァニアからだという。ある年に売られる材木は三年前に伐られ、しかもすべてが現金で支払われるので、材木取引を行なうには巨額の資本が必要とされる。これが非常に利益あり、またかくも少数の業者に集中する理由であった。フレーデリクスハルでは、木材を水に浮かせて製材所まで運び、製材所から直ちに港に運べるので、ちょうど一年間節約でき、その結果純利益が非常に大きくなる。クリスチァニアにくる木材は、冬期に橇で運ばれる。

アンケル氏の出費は莫大である——彼は四〇人の執事あるいは職員を使っているが、この人たちは平均して一人一年に千ドルを受けとる。彼は自分がたいへんな哲学者であることを公言し、もし誰かこの事業を経営するのに十分な能力をもった人が見つかるならば、全事業を放棄したいと思っている。その場合は半分を失うことになるだろう。アンケル氏は三つの銅山をもっていて、その一つに多額の資本を投資した。——今それが非常にいい収益をもたらす見込みだという。しかし、彼が私たちに示した見本ではそんなに豊かな鉱山とは思えない。

橇で木材を運搬する仕事は、冬の間の農業者や（馬をもった）小作人の主要な仕事の一つである。アンケル氏邸で会ったイギリス婦人のクラレソン夫人と一緒にお茶を飲んだ後、私たちは再びアンケル氏邸に戻り、親切な歓待に深く感謝して彼のもとを去った。私たちは宿に歩きながら、かくも認められた才能とすばらしい功績をもった人物にしてかくも虚栄に毒されるとは、いかにも残念に思わざるをえなかった。

朝晴れ。午後、雷雨——九時から十二時まで激しく降る。一時半の気温七八度。二時に軽い雷鳴があった後、六八度。

[101]今日、初物の熟した木いちごを見た。しかし、これは数日前にクリスチァニアに運ばれたようである。

クラークは彼の本の中で、このベルント・アンケルの性格についてマルサスをあてこすっている。「何人かの旅行者が彼〔ベルント・アンケル〕の虚栄心について話した。私たちにとってこの欠点は、もしもこう手厳しく言うことができるとすれば、彼と一緒に過ごすことをいっそう愉快にするのに役立つだけであった。それは私たちが、彼の失費に興じるためではなく、考えられる彼のあらゆる自己中心癖を通じて、冗談の好きな性格が識別できたからである。それは次のように言うようであった。『目隠し遊び (blind-man's buff) のパーティで、最高級の政治家からもっとも陽気な男にいたるまで、私の客人たちが話の種も楽しみもなく退屈さに困ろうものなら、すぐに私は最も高貴な政治家にでも、目隠し遊びのパーティの最も陽気な男にでも何にでもなりますよ』」。(*Travels*, VI, p. 76.)

ベルント・アンケルの虚栄心は、彼の国ではいかに笑うべきことであってもほほえましい性格だとみなされている。彼は侍従官になった時、二本の燭台を彼の庁舎の目立つ窓際に立てかけ、役所の鍵を前において一晩中その間に座っていたという。[102]

註

(1) 一デンマーク・マイルは4⅔イギリス・マイルである。

(2) マルサスはこの後の二ページを空白にしているが、明らかに書きとめる時間がなかったより多くの情報のためである。

(3) フレデリック・デ・コーニンク (Frederick de Coninck) (一七四〇—一八一一年) は、一七六三年にコペンハーゲンに住みついたオランダ人であり、当時そこで五番目に大きい海運会社を経営していた。彼の

別荘は、フーレセー湖（Furesö）の近くのドロニングスゴール（Dronningsgaard）にあった
（4）その男は、愚かというより用心深かったのかもしれない。王女の姦通は大逆罪であり、イギリス人の質問に対する同情的な返事は、案内人にとって終身刑であったかもしれない。
（5）最も高いところで六一五フィートにすぎない。
（6）一スウェーデン・マイルは、約6½イギリス・マイルである。
（7）クラークはエンゲルホルムについて、「旅宿は小さいが、清潔な宿であった」と記している。彼らは翌朝五時に起きた（*Travels*, V, p. 90.）。
（8）ラーホルムでのクラークの記述は次のようである。「花環が垂直の柱にかけられ、イギリスの五月柱（May-pole）のように飾りつけられている。緑のカンバの木の幹と枝で作られたアーチもある。この柱を回りアーチをくぐって、新婚ホヤホヤの夫婦が花嫁の付添いの娘や花婿の友人たちと一緒に、踊りに興じていた。」（*Travels*, V, p. 94.）
（9）ラーホルムの河は、鮭で有名なラーガン河（Lagan）である。ラーホルムはハルムスタット（Halmstad）から13½マイルの地点にある。
（10）ハルムスタットの河はニッサン河（Nissan）で、カッテガット海峡（Kattegat）に流れ込んでいる。
（11）エンゲルホルムからファルケンベリまでの距離は約六八マイルの道のりで、馬車でたっぷり一日の旅程である。
（12）クラークは、一行と一緒のままではなく「休養のためファルケンベリに留まった」。しかし旅を続け、一二、三の旅程を一人で徒歩で旅した。（*Travels*, V, p. 95.）
（13）マルサスは日記帳にこの鋤の小さな図を描いている。
（14）クングスバッカ（Kungsbacka）は、ファルケンベリから五〇イギリス・マイル離れたところにある。
（15）対ロシア戦争というのは、スウェーデンの国王グスタヴ三世が、一七八七年から一七九〇年にかけて、キャサリン大帝に対して戦った戦争のことである。スウェーデンはほとんどこの戦争に敗れるところであっ

たが、ロシア人が戦勝の祝賀会を催すことを決めたその日に、グスタヴは、スヴェンスクスンド（Svensksund）の海戦で決定的勝利を収めた。海戦に関する国王の顧問はシドニー・スミス（Sidney Smith）というイギリス人で、この人はロドニィ提督の下で働いたことがあった。一七九九年に東地中海艦隊を指揮したのはこの人で、彼の戦力のために、ナポレオンはアクレ（Acre）の包囲を解かざるをえなかった。

(16) 前の国王グスタヴ三世は、ストックホルムのオペラ・ハウスの仮面舞踏会で、一七九二年三月十六日に暗殺された。国王は詩人や画家を保護し、彼の宮廷をヴェルサイユ宮殿に模した。彼に対する陰謀はフランス革命によって勢いづけられたと考えられている。国王は死の床で、彼の弟を十三歳の息子に代わる摂政として指名した。この息子がグスタヴ四世で一七九六年に成人した。

(17) 赤い塗料はファール・レッド（Falu Red）として知られ、もともとファールン（Falun）の鉱山でとれる紅土から作られた。それは今日でも、その保存性と美しさとのために、多くのスウェーデン人にとても好まれている。

(18) 廃墟はおそらく、一三〇〇年頃に築かれたボーフス（Bohus）の保塁で、一七〇〇年までボーフスレーン（Bohuslän）の知事の居城であった。

(19) クラークはこの旅行についての記述で書いている。「著者はこれまでの十年間ほとんど絶えず旅行をしてきた。……彼の仲間は、大部分これをする事では初心者であった。」（*Travels*, V, p. 35.）

(20) リッラ・エーデット（Lilla Edet）には今は重要な発電所があり、また製紙工場で有名である。

(21) 地主の邸宅はストレーム（Ström）かもしれない。ミュアヘッドによれば、そこには「十八世紀にG・マックリーン男爵（Baron G. Maclean）が住んでいた。」

(22) 「ここで私たちは小さな冷たい肉に、各自四シリング払わせられた」とクラークは書いている。（*Travels*, V, p. 103.）マルサスは最初この食事をcold snapと呼んだが、後でdinnerに変えた。

(23) 現在これらの瀑布は、スウェーデン最大の水力発電所に利用されている。

(24) 「現国王」グスタヴ四世が、「六年前に」トロルヘッタンを訪れたとすれば、その時彼は十四歳であったことになる。彼は一八〇九年、三〇歳の時に退位させられた。それはロシアとの悲惨な戦争の後で、その戦争の間にスウェーデンはフィンランドを失い、六五〇年間続いた関係が絶たれた。

(25) 新運河は成功し、最初の船が一八〇〇年八月十四日にこの滝を通った。「コックス」とは大執事ウィリアム・コックス（一七四七―一八二四年）のことで、一七八四年八月二六日トロルヘッタンに最後までいた。そしてマルサスと同じく、この事業に大変興味をもった。彼がはじめてこの地を訪れたのは一七七九年三月十日で、彼の『旅行記』に詳細に記述されている。(*Travels*, IV, pp. 302-19.)

(26) クリストッファー・ポルヘム Kristoffer Polhem（一六六一―一七五一年）は、一七四九年に、トロルヘッタンではじめて瀑布の周囲に水門を作ろうとした。一七五五年のダムの破壊は故意に引き起こされたのかもしれない。その地方の農民がダムに反対して河に大量の木材を流し込んだのである。彼らは滝の周囲を巻いて荷物を運んでお金を稼いでいたので、当然それを失いたくなかった。ポルヘムは北方のアルキメデスとして知られていた。マルサスはこういうことに興味をそそられ、人口増大の障害という研究を忘れてしまうことがある。

(27) クラークは次のように書いている。「この国はどこへ行っても、その部屋の床に杜松《ねず》の小枝をまき散らす風習がある。この上にしばしばかなりの量の砂がまき散らされる――これは君主の謁見室にかつてあった習慣である。それは不潔を助長するやり方であり、隣室で腐った植物が出す臭気は健康に良くない。」(*Travels*, V, p. 108.)

(28) フンネベリ山およびハッレベリ山は、それぞれ五〇五フィートおよび五〇九フィートの高さで、地質学的探索と呼ばれるもので今でも人気がある。

ジョン・ヘイルストーン尊師 (Rev. John Hailstone)（一七五九―一八四七年）は、ケンブリッジのトリニティ・カレッジのフェローで、一七八八年から一八一八年まで地質学のウッドワード教授職にあった。彼は交信し資料を蒐集したが、講義はしなかった。それでも彼は一七九二年に「課程講義要綱」を出版した。一八一八年に結婚し、トランピントンの牧師になって、教区貧民の教育に従事した。そして、「気象日誌を長年にわたって記し続けた。」

「わな」(trap)(スウェーデン語で trapp)は、黒ずんだ色の火成岩で、しばしば「階段のような外観」を呈している。(*O. E. D.*)

(29) マルサスはここで、グスタヴ・フレードリック国王について間違いをしている。一七五一年から一七七一年までのスウェーデンの国王は、グスタヴ三世の父アードルフ・フレードリック (Adolphus Frederick) であった。

クラークはこの王室の石を「もっとも不自然な付加物」と見なし、「ケルト人の墓地をこのように破壊したスウェーデンの君主」を全面的に非難した。(*Travels*, V, p. 122.)

(30) *D. N. B.* からの引用。

(31) 一七八五年のポントピダンの地図では Almas になっている。

(32) ウッデヴァラの「小さな入江」というのはビューフィヨルド (Byfjord) である。

(33) ホリステンはヘールスタ (Härsta) である。

(34) スヴァルテベリ (Svarteberg) である。

(35) これはスカレロード (Skallerod) に違いないと思う。

(36) ハルデン (Halden) が、フレーデリクスハルというノルウェーの国境の町の、現代のそしてもともとの名前である。一六六〇年にスウェーデンの侵入を撃退した後、フレデリック三世によって都市自治権を与えられ、彼の名にちなんで、二五〇年以上もフレーデリクスハルという名前を使った。

(37) ニルス・アンケル (Niels Anker)(一七六四—一八一二年)は、コックスが、ノルウェーで「最も富裕で最も商業的」と書いた大家族の一員であった。(*Travels*, V. p. 38.) ニルスはオランダとイギリスで商業教育をうけ、叔父から重要な砂糖精製業を引き継いだ。

(38) 同じ年の十二月二二日に同様のパーティに出たヘンリー・ブルームは、フレーデリクスハルの婦人についてマルサスに同調していない。ブルームは、「女性たちが非常に美しいのに感心した」と書いている。彼はしかし、まだ二二歳であった。(*Life and Times of Henry, Lord Brougham*, by Himself (Blackwood, 1871), I, p. 211.)

(39) ニルス・アンケル夫人は、この時二三歳だったかもしれない。彼女は二〇歳の時、三二歳のニルスと結婚していた。彼は一八一二年にわずか四八歳で死んだが、彼女は一八五五年まで生きた。彼女の名前はアネット・ビィアタ (Annette Beata) で、彼女の父はアウグスト・フレードリック・フォン・ヴァケニッツ将軍 (General August Fredrik von Wackenitz) であった。

(40) デンマークの劇やノルウェーの詩人についてマルサスがこのように書くと、ノルウェーの愛国者には皮肉に聞こえるであろう。十八世紀最大の「デンマークの」劇作家はルズヴィ・ホルベア (Ludvig Holberg)(一六八四—一七五四年)で、彼はベルゲンに生まれたが、二二歳のときノルウェーを去った。彼はモリエールに比較され、彼のつくった喜劇二六編が一七二二—二七年の間にコペンハーゲンで上演された。ノルウェーには、国立銀行や大学がなかったのと同様に劇場がなかった。

(41) マンスバク (Johann Friedrich von und zu Mansbach) は、一七四四年にヘッセン州のマンスバッハに生まれたが、一七七六年にデンマークに帰化した。彼は、一七九〇年から一八〇三年の死に至るまで、フレーデリクステン要塞の司令官であった。彼は、一八〇一年にイギリス軍の上陸に抗してヴェストフォル(Vestfold——オスロ・フィヨルドの西側)において軍隊を指揮した。

(42) デンマーク＝ノルウェー戦艦が、護送の任務を受けてイギリスの「探索の権利」に対抗していた。イギリスは、一八〇〇年八月に一艦隊をコペンハーゲンに派遣することで正式にこの権利を再主張した。その結果、北方諸国の第二次武装中立が十二月に結成され、一八〇一年四月にはイギリスのネルソン提督の勝利となった。

(43) スウェーデンのチャールズ十二世は、一七一八年、フレーデリクスハルを包囲中に死んだ。彼の王位請求権者の一人が彼の妹ウルリカ・エレノーラ (Ulrica Eleanora) で、彼女はヘッセン公フレデリックと結婚していた。ヘッセン公フレデリックが、チャールズ十二世の死に責任があると強く信じられた。当然彼の妻が王位につき、その後一七二〇年にウルリカは、夫のために退位した。

チャールズ十二世はきわめてロマンティックな人物で、ジョンソン博士を含むイギリス人の多大な関心を引いた。大北方戦争（the Great Northern War）の後半に、チャールズ王はトルコ皇帝の援助を求めてトルコに行った。この大戦中にスウェーデンは、そのバルト帝国を実質的にロシアのピーター大帝に引渡した。多年にわたって、チャールズ王は多かれ少なかれ囚人としての生活を送ったが、最後には馬商人に変装して逃走し、ヨーロッパ大陸を経て十五年の不在の後に彼の故国に帰った。

(44) 大執事コックスは、明らかにチャールズ十二世の死の神秘性に魅了された。彼はこのことについて長々と記し、彼が実際に会った目撃者の話を引用している。この目撃者はその時九四歳であったが、その人の話でコックスは、国王の頭蓋骨を貫いた弾丸は要塞から打たれたもので、近くにいた敵からのものではないと確信した。しかし、マルサスは冷静を保ったようである。(Coxe, *Travels*, V, pp. 24-29.)

(45) 現在のノルウェーの旅行案内書によれば、フレーデリクステンの「不攻の要塞」はハルデンより三九四フィート高くなっている。

(46) 一ノルウェー・マイルは約6¾イギリス・マイルである。

(47) コックスもまた、ティースダル村の上にある「ヴェークという別荘」からの「きわめて素晴らしい眺望」を楽しんだ。彼は、製材所の汚ならしさについてマルサスに同調しないで、次のように書いている。「ティーステの美しい滝は、さらにかなり長く不規則に続く落流となって落下し、幾つかの製材機を回し、それが水の奔流に差しかかって非常に美しい景観を作り上げている。」(*Travels*, V. p. 29.)

(48) 一七六九年の第一回センサスによれば、ノルウェーの人口は七二万八千人であったが、一八〇一年までにそれは八八万三千人に増加した。

(49) デンマークの兵役を支配する法律は、一七八八年の農奴解放時に改正になった。ノルウェーの新しい入隊制度は、一七九九年の十一月一日付の布告で確立された。

(50) マルサスは次の三ページを空白にしている。

(51)　カーシュテン・タンク（Carsten Tank）（一七六六—一八三二年）は、スウェーデンにおいて重要な政治的つながりをもった指導的材木商であった。彼の立派な邸宅と公園は、今なおハルデン郊外のレーデ（Röd）に残っている。タンクの事業が一八二九年失敗に帰した時、この邸宅と公園はアンカー家のものとなった。

(52)　マルサスはここで再び、「零下」という言葉を忘れている。（-26°R＝-27°F で -22°R＝-17°F である。）

(53)　「イギリスのメソジスト派のような」人々というのは、一七九九年までに数千にのぼる信徒をもった「ノルウェーのウェズリー」ハンス・ニルセン・ハウゲ（Hans Nielsen Hauge）に指導された人々のことである。平信徒の伝道者たちはひどく迫害されたけれども、国教会にとどまった。

(54)　マルサスはまた二ページを空白にしている。

(55)　チエレベリ（Kjölberg）とルンドヴュー（Lundby）かもしれない。

(56)　サルプスフォッセン滝（Sarpsfossen）は六八フィートの高さである。

(57)　ここでマルサスはほとんど一ページ全部を空白にしている。

(58)　ベルント・アンケル（Bernt Anker）は、一七七六年以来「鉄工所」を所有していた。本部棟は十八世紀後半以来のもので、今日これはモッスの「観光地」の一つとなっている。スウェーデンとの統一を決めたモッス協定は、一八一四年八月十四日ここで調印された。モッセエルフ河（Mosselv）は、一五〇三年という昔から製材所を動かすために利用されている。

大執事コックスもモッスの「鉄工所」まで行っている。彼はフレーデリクスハルからクリスチァニアまでの旅行の途中わざわざそこに立ち寄った。当時（一七八四年）、ここの従業員数は約一五〇人で、近年ようやく、「大がいはコペンハーゲンに輸出される大砲の鋳造」を始めた。

(59)　クラークもこの若い陸軍士官について一段落書いている。彼はマルサスの言葉を用いながら、しかしこの士官と「クリスチァニアの晩餐会」で会ったように記している。（*Travels*, VI, pp. 6, 13.）

(60)　'Non ullo tantum tellus jactabit alumno.' 英語で 'Earth will not boast so much of any other offspring.'

(61) 「河」はもちろんフィヨルドである。マルサスはこの言葉を知らなかったため、彼のフィヨルドの叙述にはたえず困難が伴なっている。

(62) ここでマルサスはまた一ページを空白にしている。

(63) これはフログネル（Frogner）で、現在はオスロ市博物館になっている。

(64) ベルント・アンケル夫人マティア・コレット（Mathia Collett）は、彼女の夫より九歳年上で、当時六一歳に達していた。彼女は一七七三年に結婚した時は寡婦であった。彼は二七歳、彼女は三六歳であったと思われる。彼女は一八〇一年に死んで、彼女の夫も彼女の死後四年生きただけであった。彼らには子供がいなかった。

(65) この場所には今もなお、一八四〇年に建立されたギリシャ風寺院がある。当時の絵画から明瞭に推察されるように、それは、ベルント・アンケルの屋敷があったのとまったく同じ小さな丘の上にある。

(66) この牧師をオールベリーのポルヒル氏（William Polhil）と比べてみよ。

(67) ジョン・コレット（John Collet）（一七五八―一八一〇年）はイギリス生まれの人で、現在のオスロ郊外にあった大モデル農場で有名であった。彼はこの農場で、改良されたイギリス式農業を実行しそれを普及させた。彼は一時オックスフォードで学び、一七八〇年から一七九二年にかけてロンドンで事業に従事していた。ウッレヴォール（Ullevaal）の彼の農場は、イギリス式設備や純血種の馬で有名で、彼のパーティもまた有名であった。口絵4を参照。

(68) コレット夫人はもとはMartine (Tina) Christine Sophie Elieson で、一七八三年にベルント・アンケル氏邸で、彼女の最初の従兄であるジョン・コレットと結婚した。その時彼女は十九歳、ジョンは二五歳であった。彼らには子供がなく、彼女は十六年間寡婦として暮らして一八二六年に死んだ。

(69) マルサスは、次の日の記述を始める前の二ページを空白にしている。

(70) 「お城」というのは、オスロの城塁アーケシュフース（Akershus）である。

(71) この芝居は一七八八年という昔に演じられたもので、この時皇太子フレデリックは、クリスチァニアにあるアンケル氏の「御殿」を客人として訪れていた。ジョン・アンドレェ少佐（Major John André）（一七五一-八〇年）は、アメリカ独立戦争中、スパイのかどでアメリカ人に絞首刑にされた。

(72) カール・フレデリック・ビーレフェルト（Carl Frederick Bielefeldt）（一七五二-一八二五年）は一七九六年に陸軍中佐になった。そして一八〇七年、コペンハーゲン包囲中に副司令官となり、コペンハーゲンがイギリスに降服した後、軍法会議にかけられ身代りとして犠牲となった。

(73) クラークによれば、（彼がコレット氏の家で飲んだ）「ビショップ」は、「豪華な磁器のたっぷりとした器で出される好物の飲み物であった。これはブルグンディ産とボルドー産ワインに砂糖、香料、セビリア産オレンジなどを混ぜたものであった。」（*Travels*, VI, p. 17.）

(74) コックスもクラークも、ペーダー・アンケル（Peder Anker）（一七四九-一八二四年）の屋敷であるボッグスタ（Bogstad）に大いに感心した。彼はノルウェー最大の金持の一人で、イギリスを旅行したことがあり、植物学者リンネ（Linnaeus）を知っていた。彼は、一七八九年から一八〇〇年まで、南部ノルウェイの道路監督官であった。この関係における彼のもっとも重要な功績は、ドーヴレ（Dovre）までの道路の改良であり、マルサスはこの道路に沿ってしばらく旅をした。

(75) この山の頂上トリーヴァスヘグダ（Tryvasshögda）は海抜一、七一〇フィートである。

(76) ペーター・アンケル夫人は、もとはAnna Elizabeth Coldといい、一七七二年にペーター・アンケルと結婚した。この時二人とも二三歳であった。マルサスがこの夫妻に会った時、彼らは二人ともおそらく五〇歳に達していた。彼女は一八〇三年に死んだ。彼らには二人の息子があったが、幼児の時に死んだ。女家庭教師はカレンという当時九歳半になる彼らの唯一の子供のために雇われたのであろう。ボッグスタの屋敷は一九五五年まで彼女の子孫が所有していた。今一般に公開している家とその屋敷はペーダー・アンケルの時代と同じままになっている

(77) ラウルヴィーグ（Laurvig）は一六七一年から一八〇五年まで一つの州で、一八〇五年に国王に売却さ

れた。それは一七九一年に、Frederik Ahlefeldt-Laurvig（一七六〇-一八三二年）によって相続された。

(78) 一六八八年に、全部で六六四の製材所がノルウェー南部で特許を得た。これは輸出用またはその他の地方的でない利用のために指定された量の木材を製材するためであった。

(79) マルクス・ギョーエ・ローセンクランツ（Marcus Gjöe Rosenkrantz）（一七六二-一八三八年）は、アメリカ革命の熱心な支持者で、一七九六年にマレン・ユール（Maren Juel）との結婚によって三つの大きな所領を獲得していた。

(80) カール・フレデリック・ビーレフェルトは、一七八二年彼が三〇歳の時、マルグレーテ・イェンセニウス（Margrethe Jensenius）という医者の娘と結婚した。

(81) 「スキルストロップ」夫人（Mrs 'Skilstrop'）は二〇歳であった。彼女はもとはEleanore Clauson-Kaasといい、六月十九日にマグヌス・アンドレアス・ツルストロップ（Magnus Andreas Thulstrup）と結婚していた。この医者は、一七六九年コペンハーゲンに生まれ、外科および産科医としてノルウェーで有名になった。オスロのある通りは彼にちなんだ名前が付けられている。彼は、彼の妻がその人柄で愛されたように、自分の専門で人々に愛された。ツルストロップ夫人（Mrs. Thulstrup）は、首府でもっとも優雅な婦人で演劇会のプリ・マドンナと呼ばれた。数多くの貴婦人が参列していたにもかかわらず、スウェーデンのチャールズ・ジョン王（ベルナドット元帥）は、一八一八年、彼の載冠式の舞踏会を始めるに際し、パートナーとしてツルストロップ夫人を選んだ。（Jacob S. Worm-Müller, *Christiania og Krisen efter Napoleons Krigene*, Kristiania, 1922, p. 28.）彼女は一八二三年に、彼女の夫は一八四四年に死んだ。彼らには子供がなかった。これらすべての情報を私は、ツルストロップ夫人のいとこの曾孫であるノルウェー外務省のS・S・ニルソン課長から得ている。

(82) このダンスが行なわれたすばらしく釣合いのいい小さな舞踏室は、今でもフログネルで見られるかもしれない。クラークも、「クリスチァニアの上流社会」に熱狂した。「……そこにはロンドンの最新の流行を示す優雅ではやりの衣服をまとった数多くの美しい女性がいた……たしかに、イギリス人の目にはここに集う人々の外観が少しも異国的でなかった。喫煙したり唾を吐いたりすることだけをいやがる風習も、イギリスのものであった。しかも、英語が一般に非常に良く理解されている。」（*Travels*, VI, pp. 6, 7.）

(83) クラークは外国の地名についてマルサスよりも几帳面で、後にみるように、「ラフンスベリ」をラヴェンスベリ（Ravensbörg）と呼んでいる。

(84) クラークは「グルベック」をイエレイエベック（Gillejebek）と呼んでいる。

(85) マルサスがドランメン河を「パトニー上方のテムズ河ほどの広さ」に比較しているのは、大執事コックスの例にならったものである。コックスはロンドン、パトニー、リッチモンドおよびヘンリーのテムズ河をよく知っていたに違いない。なぜなら、彼はしきりにこういう比較をしている。

(86) この河はローゲン河（Laagen）である。マルサスは初め Lavage と書いた。

(87) マルサスはこの日の記載事項の後、一ページを空白にしている。

(88) 一六二三年にコングスベリで銀が発見され、その生産は一七七〇年頃に頂点に達した。この鉱山は今では廃鉱になっているが、小型鉄道を利用した案内旅行で毎年一万人が訪れる。

(89) モルテン・トラーネ・ブルンニック（Morten Thrane Brünnich）はコペンハーゲンに生まれ、その土地で一八二七年に九〇歳の生涯を閉じた。彼は一七六五年にコーンウォルの鉱山を訪ねている。彼は最初、コングスベリの鉱夫の不満を調査する任務を受けて、一七七二年にノルウェーに派遣された。一七八九年から一八一四年まで、彼はノルウェーの全鉱山の監督を受け持った。彼は鉱物学者であると同時に動物学者であった。

(90) *O.E.D.* によれば、Mundic はコーンウォルの鉱夫が黄鉄鉱を呼ぶ名である。

(91) ブルンニック夫人はヴィーベッケ・スコウ（Wibecke Schou）（一七四六－一八二〇年）で、ユトランド生まれである。彼女はモルテン・ブルンニックと一七七六年に結婚したが、その時彼女は三〇歳、彼が四〇歳であった。マルサスは、彼女は「飾り気のない善良な女性であった」と書き始め、後でそれを変えた。

(92) ラウルヴィーグ（Laurvig）とヤールスベリ（Jarlsberg）とである。ラウルヴィーグについては注

(77)を参照。ヤールスベリ州は一六八四年にヴェーデル家のものとなり、一八一一年にヘルマン・ヴェーデル・ヤールスベリ（Hermann Wedel Jarlsberg）（一七七九－一八四〇年）によって相続された。この人はノルウェーの政界で指導的役割を果した。貴族の爵位は一八二四年に廃止された。

(93) 三五歳のイェンス・エスマルク（Jens Esmark）と二〇歳のヴィーベッケ・ブルンニック（Wibecke Brünnich）との結婚は、八カ月前の一七九八年十一月十四日に行なわれた。その後ヴィーベッケはわずか十三年でこの世を去ったが、彼女は二人の著名な人物の母親であった。一人はハンス（Hans）（一八〇一－八二年）という牧師で別の地質学者、もう一人はラウリッツ（Laurits）（一八〇六－八四年）という動物学者である。

(94) 適齢の男性不足についてのブルンニック夫人の言はおそらく正しくて、その中でデンマーク人は前哨部隊のようにみなされていたに違いない。一八〇二年八月一日、ブルンニック夫人の二三歳になる娘クリスティアーネ（Nicoline Christiane）は、マルサスがコペンハーゲンで会ったウァズ教授と結婚しているが、彼は、その時おそらく四七歳で花嫁の二倍以上の年齢であった。彼女が死んだのは一八六四年であるが、彼女は三二年間も、寡婦の生活を送った。

(95) この日の記載事項の後、マルサスは一ページを空白にしている。

(96) ノルウェーの「小作人」（Housemen または Husmenn）というのは、小屋住み農（cottars）または小土地保有者（smallholders）のことで、彼らが農業者に支払う地代は、彼ら自身、彼らの家族そしてさらに彼らの家畜によってなされる労役である。十八世紀の終わりまで、この「小作人」は農村人口の¼を構成していたと推定され、その他、土地のない労働者が¼、そして土地所有者または場合によって裕福な借地人が残りの½を占めていたと言われている。（T. K. Derry, *A Short History of Norway*, Allen and Unwin, 1957, p. 111.）

(97) ペーター・フォクト・ニルソン（Peter Vogt Nilson）（一七六一－一八三七年）は、美しきツルストロップ夫人の叔父である。彼はデンマーク軽騎兵分隊の指揮をとり、この分隊は一七九九年三月にノルウェーに来ていた。少年の頃、彼は英語の勉強のためイギリスに送られた。一八〇四年に彼はベルント・アンケルの姪カレン・ドロテア・マルチーネ（Karen Dorothea Martine）（一七八三–一八四六年）と結婚した。彼女はイエス・アンケル（Jess Anker）とその妻カレン・エリーエソン（Karen Elieson）の娘であった。イエス・アンケルはこの家族の厄介者で、一七九八年イギリスのバースにいた時、賭博の借金が返済の時期に遅れて名誉を挽回することができないと知って、ピストル自殺を遂げた。（これはペーター・フォクト・ニルソンの甥の曾孫S・S・ニルソン氏が親切に提供してくれた情報である。）

(98) フリードリヒ大王（一七一二–八六年）は、一七四〇年からフリードリヒ二世としてプロイセン国王となった。彼は一般に、啓蒙専制君主の典型であり、第一級の軍人とみなされている。

(99) クラークはノルウェーについて、「文学に通じた女性役は知られていない」と書いた。（*Travels*, VI, p. 76）

(100) ここでマルサスは一ページ半を空白にしている。

(101) マルサスは、この日付の終りのところで、再び一ページ半を空白にしている。

(102) 私はこの情報を、ベルントの弟イエスの子孫であるエリック・アンケル氏に負っている。

第三部

クリスチァニアからトロンヘイムへ

七月六日〔土曜日〕

パスポートが必要だということに気付かずにいて、間に合うようにそれを取りにやるのを怠っていたので、朝遅くなり、十一時頃まで出発できなかった。私たちはクリスチァニアを去ることにほとんど絶望的な気持ちを感じ始めていたが、ともかく出発できて嬉しかった。それにしても、こんな美しい地方を去るには、なにか心残りを感じないわけにはいかなかった。ここでは多大の親切と慈愛で歓待された。

クリスチァニアからロムソース（Romsaas）まで一マイル。クリスチァニアを離れて間もなく、高い丘に登った。そこから町と河を振り返るとみごとな眺めであった。最近の雨で道路はひどくぬかっていた。土壌は今までずっと見てきたものより黒土であった。

旅程の後半はモミの木の生えた高い丘と主に牧場のある肥沃な谷間であった。

最初の旅程の馬と馭者に三マルク八スタイバー支払った。

ロムソースからシェスモー（Shedsmoe）まで1½マイル。小川が流れる深く美しい渓谷を横切った。土地は肥沃で良く耕されている——農場と農家が見え隠れする。旅程のある場所は丘がとても多かった。丘は松の木で覆われ、渓谷は松の木と他の木が混じりあっている——かなり大きな木の囲い込み——草地の間に木々と灌木が点在している——ハダカ麦とオート麦のよく耕された畑地が見える。

馬と馭者に二マルク六スタイバー支払った。

シェスモーからモー(Moe)までの一マイルの道路は前よりよかった。肥沃でうねる大地――木々と灌木が草地の間に点在している――別の河を渡った。

モーで持ってきた卵とバターつきパンを食べた――食糧に卵を入れておくことはすばらしい方法だと思った。モーで、男が手臼で塩を搗《ひ》いていた――平たい石が水平に動いている――一時間に約二ペック搗くと彼は言った。しかし、それはとてもきつい仕事に見えた。女子供は皆、そして大がいの男は靴下をはいていない――女たちはシュミーズだけである――小さなハンカチを首にかけ、スカートひとつのように見える。頭には小さな色つきの帽子をかぶるか、ハンカチを頭にぴったりくっつけるか、あるいは大きな麦わら帽子を前にぐっと突きだしてかぶっていた。

モーからドラグヴォル(Dragvold)まで一マイル――道は良く、起伏もそれほどでない。少し森林があり、おもにモミの木の若木である。

ドラグヴォルからローホルト(Roholdt)まで1¾マイルはすばらしい道路で、モミの若木が深々と生え、またモミの木が切られて焼かれた跡がたくさんあった。この道中と次の旅程で、私たちはこのような多くの小区画を通りすぎた。そのあるものにはライ麦がまかれ、またあるものはかなり草が生え、またあるものは元のモミの木になっていた。このように切株を地上に一フィートか二フィート残してモミの木を切るのが一般の慣行で、枝を畑に散らしたまま焼き払い、鋤を入れないで、そのままの灰土にライ麦をまくのだという。このような方法で一回限りの収穫が得られる。その後家畜が入れられ、その土質にしたがって、草で覆われるか、あるいは再びモミの木の林に戻る。

私たちは旅程をもう一つ進もうと思っていたが、馬が二時間以内に手に入らないことが分ったので、一晩ここにいることに決めた。(1) 手頃な宿がみつかり夕食にカスタードを作った。

快晴。三時の気温六七度。

七月七日〔日曜日〕

夕食、ベッド、朝食代に一ドル十二スタイバー払った。女主人は二ドル要求したが、従者がそれは高すぎると言ったのである。ローホルトからミンデ（Minde）まで1½マイル。道路はすばらしく、モミの木の森が耕地に変えられているたくさんの区画を通った。切株が長きにわたって腐朽し、とても以前に鍬を入れたようは見えない。枝を焼いてない木の幹は切り裂かれて、木の囲い込みに使われている。新しい囲い込み地のいくつかにはかなり草が生えているが、多くは再びモミやその他の木が生えている。自然に生えた若木を掘り返すには少しも苦労がいらないようであった。

長い間見えていたマベリー（Muberry）というような名の見事な山の裾を通りすぎた(2)。その麓に一軒の家といくつかの製材所があったが、それはアンケル氏の末弟のものであった。アンケル氏の執事の一人が現在そこに住んでいるが、一杯の牛乳をごちそうになる時間しかなかった。ミンデで、私たちは大きな美しい河にやってきて、その一番狭いところを船で渡った。この河はミンセン河（Minsen）といい、聞くところ、グロンマ河（Glomme）と結ばれていてフレーデリクシュタット（Frederikstadt）に通じている。この河を利用して非常に遠い上流から木材が運ばれてくる。ミンデから約三ノルウエー・マイル下流で二つの河が合流している。

渡し場のあるところは、流れが非常に急で、河幅はそんなに広くないが、上流では半マイルから二、三マイルの幅となり、両岸はどこもうっそうとした美しい山々であった。渡し場の反対側の岸辺には、文字通り完璧な二つのバラの花壇があった。これは人がかがんでちょうど鼻に達する高さであった。日ざしと景観が美しいため、そこで数時間夢幻の境地にひたりたいような気持に誘われた。

ミンデからモールストゥーエ（Moerstrue）まで1¼マイル。河を渡ると、道路は河の方向に沿って左に折れている。少し進んで行くと、右手にほとんど垂直に屹立したアルプス山容の美しい一帯の丘が見えた。左手は美しく広い河が流れ、気持のいい眺めであった。その反対側の岸は雄大な山々になっていて、そのなかで私たちが通りすぎたマベリー山がもっとも立派な山容をなしていた。道はしばしば河に近接して走り、時には丘に上る道の一部のように、急な下りや上りになっていた。右手の峻しい丘の頂上を覆う松の木は、美しく群生するカバの木と交りあい、丘の麓のほうでは、多量のハコヤナギがハンの木や野桜とともに変化を添えていた。この森は、十三ないし十四マイルの広さにわたって、アンケル氏の所有になっていた。農家があちこちに美しく点在し、家屋はどれも一戸建てで、あるものは非常に小さく、多くは庭がない。しかし、近くにじゃがいも畑のある一、二軒の家があった。私たちがモールストゥーエに着いた時、たくさんの人が旅宿の近くに集っていた。ちょうど日曜日で、誰もがとてもきれいな身支度であった。男は大がい赤い毛の帽子をかぶっていた。

ロルスゴーデン（Rorsegaaden）まで1¼マイル。右側の崖はさらにむきだしになり、河の反対側のクローベリーという見事な岩山は河から直接にそびえている。絵のような形をした平たい屋根の農家がまばらに散らばり、旅程の終わり近くで、反対側の山の眺めがとても見事であった。水の上には大きく長いくちばしのあるおよそ鵞鳥ほどの大きさのアビが二羽いた。アビは毎回かなり深くもぐっていた。多数の人がロルスゴーデンの非常にきれいな家に集まっていた。

ノックルビィ（Noklebye）まで一マイル。この旅程では河と美しい景観が見られなかった。この地方はより平坦で林が多く、私たちの背後に山の遠景があった。ビーラム（Biellum）まで1½マイルはより耕地が多く、(3)旅程の終わり近くに非常にきれいな家屋と農場の密集した美しい谷間があった。

ビールク（Bierke）まで⅞マイル。良く耕作された地方で、多くの村落と尖塔のあるきれいな教会が見えた。教会は一般に木造で十字架の形をし、たいてい中央に尖塔がある。平たい屋根の農家は、草や苔または木々で覆われ、草や苔の下にカバやモミの木の樹皮が使われているのだと思う。瓦の形をした木片で覆われている農家もある。旅程の終わり近くで、再び河が美しく見えるところにやってきた。

タンベルギット（Tangberget）まで1⅛マイルは今までと同じような地方で、丘の両側に一群の農場と農家があり、河の反対側には山がある。旅程の終わり近くで、道路はモミとカバの木の生えた高い崖の下を通った。河の一支流だけがタンベルギットの傍を流れすぎ、そこでパトニーのテムズ河位の幅に狭められている。

モーまで1¼マイル。再び河の一番広いところに出た。美しく変化に富んだ起伏の多い地方で、さきほどまでの景色に少し似ている。ここまでの三つの旅程の間、一帯は住民も非常に多く、土地もまったく不毛には見えなかった。ハダカ麦、ライ麦、オート麦が良く育っている多くの畑地を通りすぎた。しかし鮮やかな緑草の牧草地が一杯に広がっていた。また、木々と混じりあっているところはもっとすばらしく見えた。私たちは山トネリコをとても頻繁に見た。［次の言葉で終る長い文章が線を引いて消されている。「それは山トネリコのように見えた。私たちはそれを一種の果樹であるロトス・コネウパリアだと思った。それはイギリスにはないと思う。」］

ミンデン（Minden）の渡し場を通りすぎてから、その岸辺を長時間離れるということはほとんどなかった。天気はすばらしく、ミンデン河といい、その岸辺といい、おそらくヨーロッパのどの河にもひけをとらないだろうという印象を受けた。

三時半の気温七五度。晴れ。風もなく、夕方冷気もない。

しばらくの間町はなく、村と呼べるようなものさえなかったが、(隣接はしていない)三、四軒の家の集まり、および農家が丘の両側のあちこちに散在していて、とくに最後の三旅程の間、それらは、イギリスのたいていの地域よりも頻繁にあらわれた。この地方はノルウェーで最もよく耕作され、最良の人々のいる地方の一つであると思った。

モーでは自分たちのシーツも使ってまあまあのベッドにありついた。(4) どこの家に遅く着いても、人々は少しも迷惑そうな顔をしない。彼らは実に気安くベッドからはい出してきて、すぐに身仕度をしてくれた。(5) 男は半ズボンをはき、女は一枚のスカートを身につけているが、こんな場合、彼らが身につけているものといえばこれだけである。私たちがモーに着いた時、遅くはなかったけれども、下女はもう休んでいた。女主人がマッティを呼び起すと、下女は「すぐに」(Strax)(6) と返事をして、三秒もすると一枚のスカートを身につけ、屋根裏部屋からはい出してきて、何くわぬ顔で私たちを迎えた。ベッドとコーヒー、および夕食のカスタードに一ドル払った。(7)

七月八日 [月曜日]

タング(Thang)まで1½マイル。右手にほとんど垂直に屹立しているきわめて美しい崖の下を通りすぎた。二つの絶壁は頂上までモミの木とカバの木で覆われ、他にすい石を含む特殊な種類の黒い岩が垂直に立っていた。しかし、岩が完全に垂直でないところはどこにもモミやカバの木があった。河はここで二マイルか三マイルの幅に広がり、道はしばしばそれに近接し、またしばしばそれから少し離れ、その間に草原が広がり、そこにカバ、ハコヤナギ、ハンの木、トネリコなどが生えている。しかし、ミズナラやブナの木はない。道路はすばらしい。

リレハンメル（Lillehammer）まで1½マイル。ここは森林の多い台地で、最初のところは河から離れている。道路は緑一色で、ほとんど使われていないかのようだが、立派である。間もなくまた河にやってきた。土地の木々がとても変化に富んでいた。葉が生い茂り、ブナの木が非常に美しい。オールヘン（Orehen）や野生の七面鳥がその辺の森一帯に棲息しているという。[8] それは農民に殺されることはめったにないが、冬には捕えられてクリスチァニアに送られる。オールヘン（それは描写から察するにイギリスの黒猟鳥と同じようなものである）の通常の価格は八ペンスで、野生七面鳥と呼ばれるものは冬に三シリングである。山シギも森一帯に棲息している。――昨日の夕暮れ、私は山シギが一羽頭上を飛んで行くのを見た。冬の間それらは一羽も残らない。旅程の終わり近く、河の反対側に丘があり、それはしばらくの間幾分低目になっているが、再び高くなり山になっている。雲が低く垂れこめ、山の頂上はほとんど覆われて見えない。

リレハンメルで河が急に狭くなり、ミオセン（Miosen）という名はなくなる。[9] ここでそれは、パトニーあるいはおそらくロンドンのテムズ河ほどの幅になり、レーヴ河あるいはドルンメ河というような名で呼ばれている。しかし、この河は後にその名をしばしば変えている。美しい河ミオセンは、河だけでなく湖の性質を合わせもっているようである。河の両岸はどこも台地や山々の麓になっているので、谷間の幅が広がると水はそれに沿って湖となる。それはミンデよりも下流ではいつも河の形をとり、地図でヴォルメン河（Vormens）と呼ばれている。やがてその名がなくなってグロンマ河にそそぎ、その大きな支流がフレーデリクシュタットの町に至っている。私はそれが二つの支流に分れていることについて誤解していた。

リレハンメルの町を出た後すぐに、私たちは右手に見事な森のある山の下を通り過ぎ(10)、急な丘を下って河の曲り角に出たが、この河は比類なく美しいものであった。そして、およそ考えうる最も魅惑的な渓谷にやってきた。道路は、さまざまな島が点々としている河の上に突き出し、周辺の岩、山、草地、そして丘の背にある絵のような農家が最高に美しい配置で融合している。万木が葉を青々と染め抜き、耕地は緑まばゆいばかりで、これがまた全体の風景になごやかさを添え、およそ想像しうる最も幸福で最も魅力的な場所の一つのようである。しかし、山は依然として雲に覆われ、時々小雨が降っていて、渓谷の実に雄大な眺望をさえぎっていた。クリスチァニアの友人が一人として、私たちの道中がどんなところになるのか少しも言わなかったことに驚かざるをえなかった。そのことがおそらく私たちの感じた喜びをさらに大きくした。なぜならほとんどまったく予期していなかったのであるから。

時々河が足元を流れるこのすばらしい谷間を二、三マイル進んで行くと、比較的広々とした場所に出た。ここは不慮の火災でモミの木に大被害があり、それをみて気の毒に思った。これは、ライ麦の作付けをするために木を切って焼き払う時、しばしば起こる災害である。

もう少し進むと、見事な河の落流にきた。そしてこの渓谷に入って最初から見えていた岩山が、反対側にくっきりとその正面を現わした。モストフース（Mosthus）にいたる渓谷の後半（二マイル）はもっと広々としていて、幾分荒涼とした感じであった。もっとも、多くの家屋や耕作地が丘の両側に散在していた。

モストフースで卵とベーコンを食べた。食事と給仕女に二シリング六ペンス払った。

モストフースからスターヴ（Stav）まで一マイル。モストフースを離れると、渓谷は再び狭くなり、きわめて美しい光景をみせてくれた――アルプスの山々に似た絶壁が右のほうに次から次へとそびえ立っている。河の左方はそんなに美しくはない。河幅はパトニー辺のテムズ河ほどである。最後の二つの旅程の間に、しばしば急な谷川を通りすぎた。そのいくつかは離れて丘の斜面から見ると、美しく輝いていた。

私たちは、従者を通訳にして、馬の持ち主である農業経営者と話をした。完全農場（full farm）と呼ばれる一定の広さの土地がある。しかし、これが何エーカーであるかまだ知ることができない。私たちが話をした人は、農場の半分、三二頭の牛、二人の小作人、四頭の馬を所有していた。これは作の良い年のことで、不作の年には、牛や馬の幾頭かを売らなければならなかった。農場は彼自身の所有であった。農場を賃貸する人は多くないという。

一日に付き小作人に支払う通常の価格は夏期四ペンス、冬期二ペンスである。しかし、この農業経営者によれば、もし自分の小作人の他に人を雇えば――彼はいつもそうしている――、八ペンスを支払わなければならず、しばしば重労働には食事付きで一シリング支払うという。農業者が食事を出すのは常である。農場は通常二分割または四分割されている。私たちがみた家屋の集まりのいくつかは、おそらく彼らの間で完全農場を所有する二人または四人の農業者のものであった。息子たちは皆平等に相続するという。もし長男が弟たちにその取り分に応じた財産を与えることができなければ、彼らは農場を分割するか、それを売らなければならない。この原則にしたがって、なぜノルウェーの農場が極端に零細にならないのか、私には分らない。

ポントピダン主教は半世紀前に次のように書いた。「このように平和な時代が人口の大きな増大を引き起こし、一軒の家に所属する土地が、しばしば、三、四あるいは五つというように多くの家族の間に分割されている。こうして新しい住民は、その家族を扶養するため、一生懸命土地を耕さなければならないと感じている。」過去において農民は勤勉でなく、自分の土地で働くよりも、森や海で働くのを好んだと主教は考えた。(*Natural History of Norway*, p. 281.)

ロフトネース(Loftnas)まで1½マイル。[11] 山(Fells)は高さを増してくる。(ノルウェー人はFiellという言葉を使い、それはイギリス北部の用語とそっくりだが、丘と山の中間的なものを表わす適当な言葉のように思われる。)渓谷は両側とも非常に雄大である。岩山はほとんど垂直に屹立し、頂上までぴんと張りつめたような光景を呈し、次々に現われる懸崖は次第にその高さを増すように思われた。絶壁の頂上までモミの木とカバの木——道路の下はしばしば水際まで草木が青々と茂っている。

エルスター(Elstad)まで一マイル。渓谷は同じように雄大な姿のままであり、通りすぎた山々を振り返るといかにも荘厳な眺望であった。旅程の終わり近く、岩石が垂直以上に屹立し、落下したばかりの巨大な岩の固まりがある山道に出た。

ここ二、三の旅程の間、険しい急傾斜もあるが、まだ立派な道路が続いた。多くの場所は多額の費用で作られたに違いない。この現在の道路は、完成に七、八年以上も要したという。そこは以前はほとんど通ることができなかった。

もしそこが今まで通りすぎてきた場所のように美しいところであれば、私たちはエルスターに泊って休息し、美景を楽しむことに決めていた。そこを見て決心を変える必要はなかった。私たちは宿の主人に迎えられた。その男は相当の農業者で、ストッキングをはいていなかった。彼が見せてくれた寝室は極端に暑く、密閉されていてどの窓もあきそうになかった。しかし、彼は気前よく窓枠のひとつを外してくれることを承知した。そのために使われた梯子がとても大きく重いので、四、五人の男が三〇分も私たちを泊めるために働いてくれた。私たちはいつものカスタードの夕食をとったが、それを作るのはだいたい自分たちでやった。

この年の秋、クラークとクリップスとが、マルサス、オッターと同じ道を旅した。しかし、順序が逆で、彼らはトロンヘイムからリレハンメルに南下してきた。彼らは、マルサスとオッターの名前をエルスターの宿帳に見つけた。クラークはオッター当てにクリスチァニアからきわめて不当にも次のように書いた。そして十月二四日、クラークは「あなた方が後で訪れたドーヴレ・フィエル（Douvre fiel）の近隣のすばらしい場所に宿をとらないで、エルスターに一、二日宿泊したことを知って驚いています。」（傍点は編者）

雲が低く、時々小雨。夜九時に激しい雨。朝六時半の気温六二度、一時に六五度、七時半に六〇度。(12)

七月九日〔火曜日〕

朝食の後、河を渡って反対側の山の一つに歩いて行った。私たちが渡った河はパトニーのテムズ河よりも幾分広かった。しかし、水量は普通の状態以上に満々としているように見え、少し白っぽい色をしていた。河から見える一帯は美しかった。宿は、河のほうへ下がっていく緑の穀地と草地のきわめてみずみずしい丘の上にあって、背後には高い山と岩の絶壁が美事な形でそそり立ち、同時に雄大で気持のいい景観を作り上げている。

懸涯を歩き回って一時間半を費やしたが、それでかなり暖かくなった。ここは近辺で一番高いというわけではけっしてないが、そこから周囲の地方の美しい景色を見渡し、ドーヴレ山地（Dover-field）を眺めた。それはほぼ五〇マイルも離れているけれども、雪に覆われた砂糖の固まりのような峰続きであった。[13] 山地を上って行くと頂上からあまり遠くないところで、小さな耕地がある小作人の小屋を通りすぎた。突き出た山地の両側は苔の厚い層としだ植物で覆われていた。岩の上にはとても美しい地衣類が生えていた。モミとカバが主な木々であった。イチゲイチャクソウがたくさんあった。頂上で私たちは巨大な岩の頂上に立ってみた。

私たちは別の道を降りてきて、ちょうど山地の中頃にある一軒の農家に立ち寄った。非常に年老いた男性、ほかに三人の老婦人、二人の中年の婦人、そして小さな女の子がとてもみすぼらしく惨めに見え、私たちの好奇心をかきたてた。しかし、家屋は予期したよりもはるかによかった。木造家屋は自然に引き締まってきちんとしているもので、できあがった瞬間は、羽目板を張ったようになる。老婦人の一人はカンバーランドの人々が使うような鉄板でオート麦のケーキを作っていた。しかし、それはひどく粗末なもので、かろうじて食べられるようなものであった。それはオートミールより、もみ殻を多く含んでいるようだった。私は見本に一片をもち帰った。

ポントピダン主教はノルウェーのパン焼きについて書いている。「オート麦は、大がいの地方で最上の穀物であり、他の国のものより大きく白い上に実が充実している。このオート麦で農民はパンを作るが、押しパン（stampe-brod）と呼ばれるライ麦パンの固まりの形にではなく、小さな皿程度の大きさの平たい丸菓子に作るが、これは極端に薄く平パン（flad-brod）と呼ばれている。彼らは丸型の鉄板か火の上に仕掛けた一組の平たい石の上でそれを焼く。回転べらで一握りのこね粉を鉄板の大きさに延ばし、その片側が焼きあがる前に、そのために作った小さな棒でひっくり返す。この丸菓子はすぐに焼きあがり、たいてい女性が焼き手で、一年間の貯えを一日で作ってしまうことができる。というのはこの種のパンは、乾燥したところに置けば、かびが生えることも悪くなることもない。古ければ古いほど良いという人もいるし、以前には、息子の洗礼式のために焼いた一切れのパンを結婚式のためにとっておく主婦が賢い主婦だと称えられた。」(*Natural History of Norway*, p. 268.)

一九六五年にリレハンメルのマイハウゲン博物館（the Maihaugen Museum）を訪ねた人が、もし所望すれば、一九一四年に作った平パンを食べられたという。この博物館には、農民がパンを作る時、食物に混ぜた非常に細かく刻まれた麦わらの標本もある。それはもみ殻に非常によく似ている。

この家の少女は最初私たちを怖がっていた。私は一ペニイをこの子に差し出した。彼女はしばらくそれを見つめ、手にしようとしなかった。しかし、目の前のことが夢でないと分ると非常にかわいらしく「ありがとう」(many taks)[14]と言いながら、手を差し延べて私の手を握った。山地のあちこちに、三、四軒の農家が散らばっていた。私たちが訪ねた農家には小作人とその家族、つまり、彼自身の両親と彼の妻の両親とがいる(と聞いた)。

食事の後、私たちは完全農場を所有する地主のところへ行って話をした。この地主は、牛六〇頭、十二、三頭の馬、六人の小作人を養っている。牛は山の牧場へ行って今はいない。この牧場を人々はセーターース(Saaters)と呼んでいるようだ。[15]

マルサスは、この一節をポントピダンの書物から思い起したのかもしれない。「春になって聖霊降臨祭の季節がすぎると、家畜は谷間や山裾で草を食むことはない。というのは、種まきの季節が終わって人々が一息つくようになると、家畜は、山の斜面を追われて、サクターース(Sacters)またはこの地方の言葉でストルス(Stols)に行く。こういう場所はその季節の間十分のかいばを提供してくれる。草が出始めると、雪はすぐに消えてしまうが、草は雪の固まりの下でそれから暖気と水気をとって、十五センチの高さにも成長している。このような牧場が一ノルウェー・マイル以内であると、一日二回牛乳が家に運ばれる。しかし、牧場まで二、三マイルあると、セーターボー(Saeterboe)すなわち山小屋が作られ、そこにブーディ(Buedye)の名前で知られる女性の使用人を常時住まわせ、狼、熊、山猫、その他の野獣から家畜の安全を守ってやる。これらの野獣はたいていこのような弱い番人でも逃げていく。彼女は番人であると同時に、バターやチーズを作るために雇われているので、一週に一、二度それをもって主人の家に降りていく。山の入会地をめぐるこの一般的権利について、隣人や境界の人々との争いやけんかを防ぐ規定が、ノルウェーの法律書には記されている。」(*Natural History of Norway*, p. 109.)

家畜は八日ほど前に山へ行き、その世話のため二人の男と二人の女使用人、それに数匹の大きな犬が狼から家畜を守るためにその山へ行っている。そこの小作人は冬期には一日二ペンス、夏期には四ペンス支給されるが、これは現在法律で規定された額のようである。こんな小額で男子が一家をどうして養えるんですか、と私は質問した。そうすると、小作人たちは一般に五、六頭の牛と一、二頭の馬を飼う土地をもっており、また、困った時には農業者がいつでも彼らを援助してやるし、彼らが自分の土地を耕作できない時はそれを耕してやっている、と地主は答えた。

ノルウェーのこの地方には、農業者と小作人しかいないようである。小作人は、一定価格で小屋を支給してくれる農業者のために労働することを常に強いられている。農業者は他の誰にでも、自分がして欲しいことを頼むことができる。私たちが話した地主は、しばしば八ペンス支給すると言っている。じゃがいもが大いに消費され、大いに好まれている。私は朝、小作人は大体じゃがいもを作る土地を持っているんですかと聞いてみた。そうすると、そういう土地を必ずしも持ってはいないという答えであった。昨日路上で一人の男と話をしたが、彼の父は農場の四分の一を所有していた。この人は、十六頭の牛、一人の小作人を養い、年々約二五タンの穀物を取得する。農場の二分の一を所有する者は五〇タンの穀物を取得し、この割合はかなり規則正しいようである。私たちの従者は、一タンの穀物を生産するのに一エーカーの土地を耕作する勘定になると考えた。アンケル氏によれば、一タンは½クォーターであった。

午後私たちは再び水際へ下って行き、この地の美景と夕暮れを楽しんだ。水浴をしたが、水はたいへん冷たかった——水中に浸した温度計が六四度だったので私は少し驚いた。空気はそれほど暖かくなく、夕方七時に近かった。水浴後、船で河を下って、水から直接屹立している想像しうる限り見事な岩の下を通りすぎた。その岩のいくつかは水の上にかかるように突き出ていた。黒々とした岩の巨大な固まりは、明らかに項上から落ちたもののようだった。その二、三は、以前にそれがあった場所が分るので、それほど前ではない。岩はギザギザで、すばらしい形と色彩をもち、また非常に高かった。完全に垂直でない場所には至るところカバとモミの木が生えていて、これが岩壁に特別鮮やかな色調を添えていた。河の向こう岸は水際から直立しているが、こちらほど垂直ではなく、また美しい形もしていなかった。私たちはこの探索に大いに満足して帰った。

途中、一軒の農家に立ち寄った。そこで一人の少女がスカート用の紡毛糸を織っていた。そこにはすでに彼女がシュミーズや上衣用に織った若干の布があった。それはひどく粗製であったが、それほど堅くはなかった。その糸を織っている少女はシュミーズと一枚のスカートを身に付けているだけだった。女性のシュミーズは上着のように作ってあり、腕が長く、襟にはボタンが付いている。家屋は非常に快適に思われた。天井近くに板枠の囲いがあって、そこは非常に暖かいので、冬の寝室用小部屋に使うという。

大執事コックスもまた、ノルウエーの農婦は仕事をするとき、イギリスの農婦よりも身に着けるものが少ないことに気付いていた。彼は書いている。「家事をしている女性は、しばしば、スウェーデンと同じく、スカートとシュミーズしか身に着けておらず、その襟がのどまで届き、腰には黒い飾帯が付いている。彼女たちの亜麻布はたいへん美しく、また大がいよくできているので、こういう服装は彼女たちの容姿を最高に際立たせている。」(*Travels*, V, p.11.)

私たちが宿に帰り着いた時、その家の人たちはハダカ麦で作った即製プディングのようなものをすすっていた。彼らは、その少量にわずかのミルクとチーズで味をつけ、少量のビールと一緒に流しこんでいた。

九時頃にわか雨、その後晴れ。二時の気温六六度、四時半に六四度。(16)

七月十日［水曜日］

二泊の代金として四ドル払った。山へ登るための従者と男、それに船代として二シリング六ペンス。女性の使用人に六ペンス銀貨をやったところ、彼女たちは私に握手し、感謝の意を示した。男も同じことをした。コックスはノルウェー人が感謝の意を示すこのやり方に注意している。しかし、私たちは今までそれを一、二度経験しただけである。

マルサスが思い出した「コックス」の文章は次のようなものである。「ノルウェーの農民はその態度に非常な誠意と熱意がこもっていて、率直で開放的で物おじせず、それでいて非礼ではない。彼らは目上の人にへつらうことはけっしてないが、上長の人には適当な尊敬の念を示している。」

「彼らが主にする礼の仕方は自分の手を差出すことである。私たちが彼らにささいな物でも上げたり払ってやると、農民は言葉やお辞儀で感謝するのでなく、非常に率直に誠意を込めて手を握る。」

(Coxe, *Travels*, V, p. 10.)

フンドープ（Hundorp）まで1½マイル。渓谷はかなり広く、右側に非常に見事な岩山があり、底の水際は比較的平たく幾分湿地状である。そこの一部は、八年ほど前に起きた大洪水のため、大きな石が一杯ころがっている。ハダカ麦の立派な作物がちょうど穂を出していて、麻も良作であった。この土地の一部は非常に肥沃のように思われた。

馬を連れてきた男は、半分の農場をもつ農業者の息子であった。彼は、四、五頭の馬、十六頭の牛を所有し、普通で百タンの穀物を生産する。彼の牛はセータースに行っていた。エルスターの農業者は、春に家畜を買い、それを夏にはセータースで養い、そして秋にクリスチァニアで売り払うのが習慣であった。彼のセータースは三ノルウェー・マイルの距離にあった。

フンドープには、丈夫な瓦屋根の一際きれいな白い円形の教会があった(17)。村落は普通よりもやや大きいが、家々は一つとして隣接していなかった。多くの農場や家屋のかたまりが、山の斜面に散在していた。木造の家屋も古くなると、遠くからの眺めが少し暗すぎて、さもなければ形は大変美しく見えるはずだが、それを妨げていた。

コングスゴードン（Kongsgaaden）まで一マイル。渓谷はかなり広いまま続いた。右側の非常に美しい岩山が垂直の崖でさえぎられている。カバの木がたくさんあり、欧州赤松が少しいじけた形で、背が低く枝が一杯生えている。道路がしばしば河に接近し、その河はしだいに狭く急になっている。

ウィッグ（Wig）まで一マイル。渓谷は再び狭くなる。両側の山が非常に高い。しかし、若干の良好地が点々とし、多くの集落がある。ウイッグの右手で、山の崖が非常に美しい円形劇場の様相を呈していた。

ブレードン（Breedon）まで1¾マイル。洪水の多くの跡があり、渓谷は荒れ果て、耕地はしだいに少なくなる。私たちのいる谷間から別の谷が分岐する地点では、四方の山々が特に黒々として雄大で谷は狭い。ブレードンで食事をしたが、そこには美しい草地と見事な形の岩山があった。宿に行くために（馬車を後に残して）船で通った河は、リッチモンドのテムズ河ほどの広さであった。夕食代に二シリング六ペンス払った。

フォルモー（Formoe）まで1¼マイル。渓谷は初めのうちまったく狭く、道路は岩を切り開いて作ったもので、河にかぶさるようになっている。間もなく私たちは、河になっている二つの大きな流れが合流する地点にやってきた。そして小さい支流を辿って行った。まもなく、右手に美しい小滝が見えたが、大して水量はなかった。(18) 旅程の終わり近く、私たちは非常に高々とした懸崖があるところにきた。巨大な量のばらばらの石と岩が斜面の至るところに固まりとなって散在しており、モミの木がその間をぬって生えている。

さきほど食事をした場所で、私たちは、女性のシュミーズが腰のあたりまでしか届いていないことに初めて気付いた。それはスカートの上部にゆるくかかっていて、その人が少しでも動くと素肌が見えるのである。

ホウゲン（Haugen）まで1¾マイル。道はしばらく、私たちが崩れ山（crumbling mountain）と呼んだ同じような岩の絶壁の下を進んだ。巨大な量のばらばらの岩がその斜面を覆っていて、たくさんの石が道路の上に落ちていた。そのあるものは規則的な形をしていて、玄武岩柱に似たところもあったが、調べてみるとそうではなかった。河にかかった木橋を渡り、周囲を非常に野生的で荘厳な景観に囲まれた山の斜面のアルプス風高山道を進んで行った。森は主にモミの木で、カバの木は多くなかった。一時間半も歩いた後頂上に着くと、今までに見た最も高い山々の幾つかが見えた。この山々は他の山の頂上を裾にしていた。再び河の方へ下って行くと、またすばらしい深緑、畑地そしてカバの木があった。馬方の主人の農業者は六〇頭の牛、一五頭の馬を所有していた。彼は使用人の一人を私たちの案内人にしてくれ、道の途中で新しい馬二頭を連れて迎えてくれた。この山は他の人にはとても無理だと心配したのである。

トフテ（Tofte）まで1¼マイル。道は主に若いモミの木の間をぬう谷底に沿っていた。そこは緑一色で、郷士の邸園の中の道路にとても似ていた。山が私たちの四方に迫り、左方には雪が点々と残っていた。案内の男は小作人であったが、彼自身三頭の馬、六頭の牛、二頭の去勢牛を飼い、普通で二タンの穀物を生産すると聞いて驚いた。彼は自分の土地に年八ドルを支払う（一定の地代が普通である）。彼は去勢牛で耕作し、普通一年に一頭を売り払い、また時によって飼料がなくなると、冬の前あるいは春に牛を幾頭か売り払うという。

洪水の跡があるいくつかの場所を通り、再び河を渡って、トフテに通ずる険しい丘を登って行った。着いたのは十時ちょっと過ぎで、一家はすでに寝ていた。しかし、庭先で騒ぎ、一人の女使用人が眠っているところのドアを開けると、二、三分で五、六人の女たちが起きあがり庭先を歩き回った。彼女たちは私たちと話しながら、いかにも落着き払って短いシュミーズの下で手で体をこすっていた。間もなく火を焚いてもらって、いつものカスタードの夜食を台所で食べた。食器戸棚はじめ万事が非常に清潔であったし、使用人頭の作法が特に気持よく、私たちがノルウェー語を話そうとすると、その意味を一生懸命理解しようと努めとても親切であった。寝台もたいへん上等で、シーツもきれいであったから、手持ちのものを使わなくてよかった。[19]

私たちは、宿や路上で、色白で愛想のいい表情をした数多くのノルウェー美人に出会った。そして、ノルウェー女性がスウェーデン女性よりはるかにすばらしいことに強い印象を受けた。

ここまでの旅程を一緒にきた小作人は、じゃがいもは最近入ってきたばかりで、まだ一般に広まっていないと言った。彼自身はそれを好きだが、多くの人はそうでないという。じゃがいもは、ここ七、八年の間に、クリスチァニア周辺で一般に非常に多く消費されるようになり、現在はその地方の庶民階層の食料のかなりの部分を構成している。しかし、おそらく内陸部ではそれほど多くは消費されていない。

七月十一日 ［木曜日］

夕食、ベッド、コーヒーに一ドル払った。トフテの近辺は、谷間の普通のところよりは、全体として耕作が進んでいる。しかし、この地方の一般的景観はより荒涼として樹木が少なく、背後を見ると、かなり高い山の上が雪で多くの縞模様になっていた。渓谷にいる間は、その山の頂上を見ることができなかった。旅宿を目ざして丘を上っているうちに、ドーブレ山地を登り始めていた。旅宿の主人夫婦は結婚式に出かけていなかった。この地方の結婚式は、大祝宴とどんちゃん騒ぎが付き物で、それは普通に八日か十日も続くという。なるべく多くの小作人が花嫁にお供して教会に行く。

今までずっと通りすぎてきた谷間の農業者は、豊かで非常に善良な人たちだと思われている。この地方はまた、ノルウェーで一番背が高い人々で目立つと言われている。私たちは、彼らが一般に体格が良いことに気付いた。ブレードンで食事をした家の地主は、今まで見た人のなかで一番たくましく頑丈な一人であった。彼の髪はふさふさとして、オシアン伝説の勇士を思い起こさせるものがあった。一般に男性は非常に長い髪を大事にしている。これはおそらく、彼らが絶えず兵隊として召集されることを免れないためであろう。

丘を上って行って、私たちは慣れ親しんだ河をまったく離れることになった。その両岸は、ミンデで初めて渡ってから約一七〇イギリス・マイルもお付き合いしてきた。私は、世界中でこれほど美景が次々と現われてくる河があるのかどうか疑問に思う。主題はむずかしいかもしれないが、最も美しい景観を示す場所はいくらでも選びだすことができる。ただ距離感がないだけである。

フォクストゥーエン（Fockstuen）まで1½マイル。[20]最初の一ノルウェー・マイルはまったく険しい丘の連続で、荒涼とした景観であった。山の斜面にヒースは非常に少なく、そこに生えている主なものは、無数の草花の他、雑草、苔、杜松、矮性のヤナギの木、ツツジ、野生のヤマモモであった。オッターは、ここが今まで見たなかで植物採集にはずばぬけて最適の場所だといい、非常にたくさんの新しい植物、なかでもサクラソウを採集した。再びフォクストゥーエンのほうへ少し下って行くと、若干の低いカバの木が現われた。その葉も枝も異常に黒味を帯びていて、ほとんど黒バラのように見えた。フォクストゥーエン近くにはかなりの草地があった。フォクストゥーエンに下ってしまう前に、雪で覆われた砂糖の固まりのような山の美景が見られた。しかし、この山々には前景がなく、またそもそもが山塊である一帯からそびえていて、見かけの高さがほんとうの高さほどでないから、その景観は私たちが予想していたほど面白味がなく、雄大という点でも、今まで通ってきたすばらしい河岸の景色には比較すべくもなかった。

丘を上らなければならなかったので、私たちはトフテから三頭の馬を雇っていた。それらは驚くほど立派な馬であった。石ころ道もあったが、馬はどれも蹄鉄を付けていなかった。山の中でこんな大柄な馬を見るとは思わなかった。クリスチァニアを出てからずっと、馬の質と体格がしだいに良くなっていた。ノルウェーで一番ひどかったのは、クリスチァニアからの二頭立てであった。私たちは、一般にノルウェーの馬がスウェーデンの馬よりも大きく立派で、より良い状態にあることを発見していた。これは多分に夏季が早く来ることによるのだろうが、一般に住民も国もより豊かなように思われる。トフテでは、非常に薄いオートミール製ビスケットが、消費されている唯一の種類のパンであった。彼らが食べているハダカ麦は水気があって、即製プディングの形をしていた。

ネドリ・ヤルメン（Nedre Jarmen）まで2¼マイル。荒涼としていて、低いカバの木で囲まれたいくつかの小さな湖水のある山中の谷間を通って行った。何軒かの見すぼらしい家屋を見たが、これはセーターースに付属するものだという。[21] ドーヴレ山地の私たちが通った所にあるセーターースは、良くないに違いない。なぜなら、家畜に食べさせるものが非常に少ないようであった。もっとも、悪く見えないセーターースもあった。私たちがノルウェーで見た牛は、大体スコットランドの牛と同じくらいの大きさだったが、もっときれいで状態が良かった。ドーヴレ山地には沢山の雷鳥がいるが、遠方に送り出される冬期以外はけっして捕殺されないと聞いた。

ネドリ・ヤルメンで、魚、ベーコン、卵の食事をした。三シリング請求されたが、これは近頃払ったものより高かった。[22] 食卓、椅子、ベッドの枠が非常に白く清潔であった。私たちは、ほとんどいつもベッドが二つある部屋に案内され、一般にここには二人部屋しかない。四人一緒に旅行を続けていたら、しばしば途方に暮れていたに違いない。木造の家屋は、その多くが車寄せまたは一種の柱廊を作ってあり、年月が経て黒ずまないうちは、非常にきれいに見える。ドーヴレ山地一帯は、道路脇に、雪の中を旅行する人のため棒状の道しるべが立ててある。

コングスヴォル（Kongsvold）まで1¼マイル。荒涼とした原野に生気を与えるものは雪をいただく高い山々だけである。険しい丘を下って旅宿に行く。コングスヴォルではすでに頼んでおいた馬がひとりで旅宿の入口の方に駆けてきた。そこで馬は、大好物とおぼしき塩を与えられていた。ノルウェー人自身が馬と同じように食塩を好むようである。彼らは何かにつけ新鮮なものを食べようと考えない。バターは、牛乳攪拌器から出てくるや否や、塩を混ぜられる。一泊した家で一匹の見事なマスがとれ、それを夕食に食べようとすると、その家の主人が、まず塩漬けにしてから食べないのですかと当然のように私たちに尋ねた。

コングスヴォルの旅宿の一家はみんな色白で、肥って顔立ちがよく、子供はとくに丸々としていた。男の一人が、酸っぱい牛乳、オートミール製ビスケット、それにチーズとバターで、いかにもおいしそうに夕食をしていた。彼は、それらを口に入れる前に混ぜてしまうか、あるいは一つずつ口に運んでいた。私たちは、四ないし五旅程の間、ほとんどの男性が、同じ恰好に作られた同じ色の外套を着ていることに気付いていた。それは灰色の布地の仕着せ服のようなもので、緑色のボタン穴が作ってあった。外套は礼服の形で、長い胴衣、短い半ズボン、非常に長いポケットのふたが付いていて、下のほうに四つのボタンがあり、そのボタン穴が緑色になっていた(23)。

この服は特定職業の仕着せ服ではなく、この地方の流行であることが分った。私たちは、ペテルスブルクでの礼服に役立てるため、その服を二着借りようと思った。というのは、皇帝が、午前中でさえも他のいっさいの服を認めないと聞いたからである。

皇帝というのは、一七九六年に母のキャサリン大帝を継承し、一八〇一年三月十一日に暗殺された

狂人の皇帝ポール一世のことである。彼の妄想はリーヴン皇太子が次の一文で要約している。「フランス革命を起こしたのはチョッキだと皇帝が言ったために、チョッキは禁止された。」丸い帽子（三角帽でなしに）とフロック・コートはともにジャコバン的服装だとみなされていて、その任務のために派遣された三百人の特別警察は、町でそれを着ている人々から引き裂くように命令を受けていた。ポール一世はまた楽譜も含めて、すべての印刷物の輸入を禁止した。

クラークは、クリスチァニアにおけるコレット氏のパーティのことを次のように書いている。「私たちの陽気な楽しみのかなりの部分は、ロシアのポール皇帝についての逸話からきたものだった。当今ヨーロッパの大部分における一般的な話題の中心もそれであった。……ほとんど誰もが、種々の服装を禁止する皇帝の有名な勅令のことを聞いていた。」（*Travels*, VI, p. 18.）

マルサスとオッターは北欧旅行を終えてペテルスブルクに辿りついて、そこからイギリスに向かって船出した。しかし、途中ヴィーボルク（Viborg）で「足止め」された。

ドリブストゥーエン（Drivstuen）まで二マイル。

底をごうごう鳴り響く流れが走る雄大な谷間を下って行った。道は巨大な崖の斜面を非常に急勾配で上ったり下ったりする。下のほうの絶壁はしばしば胆を冷やすようであり、道は所々非常に急な悪路である。これは私たちが出会った最初の悪路であった。私たちは、旅宿で馬に乗って行くよう勧められていたが、徒歩で丘を越えてみると答えていた。しかし、馬車を三頭引きにしなければならなくなった。両側の巨大な崖は今まで見たこともないくらい高かった。北と北東に突き出ている山の尾根はいずれも雪をいただいていた。その上これらの斜面には頑丈なカバの木が生い茂り、麓のほうにはヤナギ、野桜の木が少し見え、ナナカマドが花を開いているが、モミの木はなかった。カバの木は、ドーヴレ山地以上に繁茂していたが、その葉も枝も黒ずんでいて、普通その特色とされている柔軟性を欠いていた。私たちはこの二マイルの旅程に五時間近くもかかった。ドリブストゥーエンの人々は親切であり、私たちはそこでカスタードの夜食をとり、持参のシーツを使ってかなり気持良く寝床についた。[24]

快晴。七時の気温五〇度、四時に五八度。南西の風。

七月十二日［金曜日］

初めて朝食で紅茶を飲んだ。夕食、ベッド、朝食代に三シリング払った。宿の主人は二シリングより少し高い額を請求しただけだった。私たちの使用人は自分で勘定する約束になっていたが、彼の食事代は全体の勘定のなかに入っているようだ。――非常に安あがりの生活で、パンと酒は自分で持っていた。

ドリブストゥーエンの料理場で、七人の男たちが、揚げたベーコンと子牛肉、魚のフライ、大きな器のミルク、オート麦のビスケットとバターでとてもおいしそうな朝食をしていた。各々がナイフとフォークとスプーンをもち、ミルクの容器は同じものであった。後で、宿の主人に、彼らは皆ここの使用人かどうか聞いてみると、そうですという返事であった。彼らはこの家に住み込み、他にもこういう使用人がいて、全部で二〇人の男たちがいると主人は言った。家の周囲には少しばかりの土地しかないが、高地のほうに農場があるという。住み込みの男たちは誰も結婚していない。彼らがどのように雇用されているのか分らなかった。主人の外見は、まったく普通の農民であった。この地方の農業者の家屋敷はイギリスのものよりもはるかに大きく見え、また小作人や小農業者の子供たちは、農業者の使用人となり、彼らが小作人の地位を得るまでは結婚しないということらしい。

ヒーエス（Hiess）まで1½マイル。両側に山がある岩の多い谷間の連続であった。北東に突き出ている左方の山の屋根には雪があった——右方には非常にすばらしい高い絶壁があり、それはカバの木で縁《ふち》どられた垂直な岩の段々になっている。カバの木は今までより柔らか味を増していた。住宅も農民の家もほとんどなかった。旅程の終わり頃に、谷間はより広々とし荒涼となった。旅宿の周辺に少し良さそうなハダカ麦とオート麦が生えているが、まだ穂が出ていない。旅宿は非常にきれいで、食卓、椅子、およびベッドの枠は、きれいにみがかれ白色であった。

オフネ（Oftne）まで一マイル。渓谷はもっと広くなり、谷底のモミの木の間をぬって道路がある。しかしモミの木は繁茂しているわけでなく、その枝の多くはまるで霜にやられたようだった。枯れた杜松も沢山あった。右手に非常に美しい丸い山があった。旅程が終わる前に、渓谷の終点に来たが、ここから谷が二つに分れ、私たちは北東に向う谷道に曲って行った。ドーヴレ山地から私たちの道連れになっていた河は北西方向の谷間に沿っている。オフネ近くの丘に教会があり、これは私たちがドーヴレ山地の麓のトフテを出てから初めてのものだった。[25] 近辺に多数の家屋が散在し、また多くの土地が耕作されていた。ハダカ麦とオート麦が非常に良好に見えちょうど穂が出ていた。石壁の囲い込みがある。たくさんのハコヤナギがあり、その小枝は冬期の家畜用である。ハコヤナギは、ノルウェーでは珍しくないが、その葉はイギリスのものより大きく美しいように思われる。山は遠くて緑が少なく、頂上にたくさんの雪をいただいている山もあった。

私たちは馬車の準備ができるのを台所ですわって待った。部屋の壁や天井の梁がさまざまな色に塗られていた。家屋も住民も、最近見たものほどきれいというわけではなかった。女性のシュミーズと髪の毛は両方とも長くなっていた。シュミーズはスカートに差し込まれ、髪の毛は、ちょっとした赤いヘリ地（list）かリボンで結んで、背中に長く垂れ下がっていた。[26]

ストゥーエン（Stuen）まで1¼マイル。渓谷を降りる間右手に見えた丸い山は、今度は形を変えて別の側面を私たちの前に現わした。そこを通りすぎると、渓谷はもっと開けて、丘もあまり垂直でなくなった。大きなモミの木の森を通りすぎたが、材質が節《ふし》くれ立っていて、真直ぐでなかった。カバの若木が交錯していた。私たちはまたも杜松がたくさん枯れているのを見た。連れの男にその理由を聞くと、この冬霜は非常に厳しかったが、雪は靴が隠れるほどではなかった。長年こんなに雪の少ない年はなく、橇を使用することも困難であった。泉は全部凍って、水不足で大いに難渋したという。

旅程の終わり近くで振り返ると山々の美しい景色があった。遠くにこれまで見たことのない山が全山を雪で覆われ他の山々の上に突きだし、そう低くない雲に接していた。ストゥーエンでは、卵四個とミルクの他は食べるものがなかった。しかし、持っていた少しばかりの干した牛肉、砂糖を入れたサワー・ミルク、それにラム酒の最後の残りで作った少々のポンチのお蔭で、非常においしい食事をすることができた。部屋は色取りされ、女性は皆長い裾のある衣服をつけていた。食事に一シリング六ペンス払った。

スンファット（Sundfat）まで1¼マイル。地方の様子がとても変った。丘はゆるやかに傾斜し、モミの木やカバの木で覆われている。カバの木は主にこちら側にあり、モミの木は谷間と反対側の丘にある。私たちは、カバの木や灌木が生え、草地の点々とした森のような平地を通りすぎて行った。この土地はセータースで、遠方の農場のものだということを知った。家畜を飼うには非常に好適な場所のように思われた。農業者は一般に、冬期よりも夏期にはるかに多くの家畜を飼養している。秋になると、それを業としている人々に家畜は買い取られ、大量にクリスチァニアに送られて屠殺され、冬期の食料用として塩漬けにされる。農業者自身およびその地方の人々も、当座の自分の消費に必要なものを屠殺する。この旅程とその前の旅程の間、道の両側の石は花崗岩であったが、しばらくそれを見ていなかった。旅程の終わり近くで、きれいなモミの木立の中に入ったが、そこを過ぎるとモミの木の生えた美しい谷間に出た。ここは谷底に流れがあり、とりわけ旅宿のある緩やかな丘の上には豊かな草地と耕地があった(27)。

ビルクハーゲン（Birkhagen）まで1⅛マイル。草地のカバの木を通り抜け、頂上近くの丘の斜面を通って行った。丘を越えると、トロンヘイムの方向にそびえる山々があり、美しい木の多い谷間にやってきた。ここには岩もなくはないが、最近見たものよりも柔らかい感じがした。河にかかった橋のほうに下る険しい丘の途中の景色はとくにすばらしかった。この上もなく見事な新緑の芝生が木々の間に見え隠れし、カバの木も本来の柔らかさを取り戻していた。私たちは橋を渡り、宿泊予定の旅宿を目指して、反対側の丘の道を上って行った。

馬の一頭は馬蹄をつけていなかったが、その馬の持主はお構いなくこれを駆って、石ころだらけの丘を全速で下って行った。二人の男が馬を駆る習慣はないが、これら二頭の馬は別々の人のもので、各人が自分の馬を連れ戻すために馬主は二人とも私たちに同行した。二人を馭車台にすわらせるわけにはいかなかったので、彼らの一人が馬を駆った。馬車の心棒が折れる心配が大いにあり、それは一時危険な状態になった。

私たちはとてもみすぼらしい旅宿に辿り着いたが、そこの人たちは私たちに構おうという気配をほとんど見せなかった。新鮮なミルクさえないという。しかし、幸いにも隣りの家に手桶を持った少女がいて、そこでカスタード用のミルクを少し手に入れた。家族の大部分はセーターースへ行った後のようで、残った者には牛がいなかったのである。持参のシーツでなんとかベッドを用意した。

快晴。六時半の気温五二度、十時に六八度、一時に七一度、夜の九時半に六〇度。

ベッドと夕食代に一シリング六ペンス払った。卵と砂糖以外には宿から何も出なかった。縁付き帽《ハット》ではなく、ウールの縁なし帽《キャップ》が普及している。(28)これは一般に赤い毛糸で織ったもので、コペンハーゲンから輸入したものらしい。これ以外の農民の服装の大部分は自家製であり、一般にとてもきれいで、体にぴったり合っている。思うに、わがイギリスの労働者の服装よりまさっている。

ポントピダン主教は、十八世紀中葉のノルウェー農民の自給自足について説明し、次のように書いている。農民はけっして、「帽子屋、靴屋、仕立屋、なめし業者、織工、大工、鍛冶屋、指物師を雇わないし、彼らは町で一つも品物を買わない。そうでなく、こういう仕事は全部各人の農場でやっている。……こうした多方面に実際的な農民の多くは、その仕事を非常に立派にやってのけるので、町で作られた製品とほとんど区別がつかないくらいである。」(*Natural History of Norway*, p. 245.)

七月十三日〔土曜日〕

ビルクハーゲンの旅宿の周辺および近郊のその他の場所に、ハダカ麦の非常に良好な畑地があった。土質は黒土で非常に肥沃のようであった。旅宿の傍に、刃の部分はえらく短く小さいが、把手の長い草刈り鎌があった。

ホフ（Hoff）まで二マイル。道路は間もなく私たちが宿泊した谷間を通り抜けて別の谷間に入った。そこは丘がもっと低く、森が多いが、それは主にカバの木であった。この谷の後半は、見事な岩壁があってより深く、そして木が大いに繁茂していた。私たちは別の非常に美しい谷に入って行ったが、そこの多くは良く耕され、土壌も肥沃であった。左方近くの丘の上に美しい山がそびえていた。小区画の草地が刈り取られ、素晴しい作物に見えたが、雑草が混じっていた――それは天然の草ではなかった。道は石ころだらけであったが、馬は二頭とも蹄鉄をしていなかった。当地では、馬が去勢されないまま普通に使われていて、ともすると蹴ったり嚙みついたりする。

ソックネス（Soknas）[29]まで一マイル。道路はまずはきわめて美しい渓谷を通って行く。そこは、岩、丘そして木々がまるで絵のように配置され、谷底には小川が流れている。あちこちに肥沃な耕作地とカバの木の生えた緑この上ない草地の斜面がある。馬はここでも蹄鉄がなく、去勢されていなかった。

フォス（Foss）まで一マイル。同じような岩の渓谷の連続だが、それは道のほぼ半ばで終わって河に出た。その河をロープで引っぱるある種の筏で越えた。水温は六〇度であった。谷間には作柄の良さそうなじゃがいもの小さな畑地がたくさんあった。ビィーエ（Bye）で食事に少し卵を食べ、パンとチーズにありついた。宿の主人は知らずにか故意にか、駅馬の事前通知（Feerboo）のために書いた紙を自分で持ったままで、当然そうすべきであったように、それを送っていなかった。[30] 彼は辻褄の合わない弁解をして、次の宿駅で必ず馬の準備ができていると私たちを納得させた。しかし、レール（Leer）に着いてみると、彼が嘘をついていて、送ってもいない通知の料金を私たちからせしめていたことが分った。そのうえ彼は、卵、パン、チーズ代として二シリング一〇ペンスを払わせた。今になって、それは高いと思い始めた。もっともスウェーデンではそれをたいへん安いと思ったに違いない。

レールまで一マイル。同じような岩の谷間の連続であるが、やや広くそれほど美景ではない。この谷間とくにその後半は、ミンデで大河を越えてから、私たちが全体として見たよりも耕地が多かった。道端で棒の先に突きさした熊の頭を見た――熊がたくさん徘徊するらしい。農民はしばしば、死んだ馬を餌にした落とし穴で熊を捕獲する。私たちは昨日、幾頭かの牛が犬を猛然と追いかけてすごい音をたてているのを見た。牛は大がい、おそらく犬を最大の敵である狼と見誤ってそうするのだという。ノルウェーには猪《いのしし》はいない。しかし、私たちが見た豚はちょっとそれに似ていて、非常に高い逆毛《さかげ》と長い足をしていた。

メールフス（Meelhus）まで一マイル。谷は比較的広く、谷底はより平坦であるが、岩山で囲まれている。この地方は、私たちが目を留めたスウェーデンの水鉢に似た渓谷を少し思い起こさせ、美しさははるかに優れていた。ハガタ麦とオート麦が穂を出していた――土壌は非常に良質のようで、作物は見事であった。赤く塗った家屋が二、三点々としている。梃子《てこ》を利用した井戸が普及していた。

これは私たちがホルシュタイン地方で見たもので、それ以来しばしば見かけている。それはとても速く容易に動く。井戸はそれほど深くないので、この考えはすばらしいと思う。

私たちはレールで馬のために二時間ほど待たされた。ビーの宿の主人が駅馬の事前通知を送らず通信もしていなかったので、その夜トロンヘイムに到着できない心配があった。しかし、メールフスで少し余分にお金を払って宿の主人の非番の馬を雇うことができたので、かなり早く旅路に着いた。

ウースト(Oust)まで¾マイル。この地方はより広々しているが、面白い所ではない。ウーストで、通りすぎてきた山々を振り返ると広大な景観であった。ウーストに着く前の左方に、トロンヘイム河の入江の景色が見えた。岩の多い岸壁だったが、特に美しいわけではない。

トロンヘイムまで1¾マイル。トロンヘイムに近づくにつれ、私たちは耕地が増えるものと期待していた。ところが、この最後の旅程は、ドーヴレ山地を除いて、今まで通ってきたどこよりも不毛の地であるのを見ていささか驚いた。この欠点を補なうような山もなかった。そこは主にヒースの多い地面で、ほとんど丘もなかった。赤い瓦葺きのしゃれた家屋が何軒か散在していた。トロンヘイムに向かって下って行くと、湾、市街、土地の形勢がどこかクリスチァニアに似ているように思えた。しかし、クリスチァニアに特有な柔らかい感じがなかった。湾がはるかに大きく、所々高い山に囲まれていた。それは湖と同じように見えるが、そんなにたくさんの島が点在しているわけではない。小さな島が一つあって、その上に要塞が作られ、港湾の入口を見下ろしている。

町の家屋は全部木造で、あるものは大きくかつ端麗であり、市街は広々として軽快な感じである。(31)かなり上等な旅宿をみつけ、二つのベッドがある大きく気持のいい部屋にありついた。寝室はどこでも眠るだけでなく食事のためにも使われる。

旅行の際、私たちはどの馬についても決まって、一ノルウェー・マイルにつき八ペンス払った。前もって事前通知を送った時は、馬三頭分を払わなければならなかった。それを送らずに旅をした時には二頭分であった。馬は普通牧場にいるし、しばしば宿駅から一ノルウェー・マイルも離れたところにいる。ノルウェー・マイルはスウェーデン・マイルよりも長いし、イギリス・マイルの6¾マイル近くある。馬を引き取りにきた男は、一マイルにつき約四ペンス、その馬の予約をした宿駅の主人は、一頭につき一ペニイを受け取った。私たちはある日、事前通知なしに約四〇イギリス・マイルの旅をしたが、生活費と駅馬代とを合計すると約十四シリング六ペンス、各々七シリング三ペンスかかった。宿駅が1½マイルから二マイル毎にある時は、急がなければ、事前通知なしに十分やってゆける。しかし、宿駅がしばしばそうであるように、一マイル、¼マイル、¾マイルの時には、事前通知を送らなければならない。なぜなら、宿駅で馬を変えるたびに、二、三時間、時には四時間も待たなければならないからである。

私たちは、クリスチァニアとドロンヘイム（Drontheim）間の道路の多くが、ほとんど草で覆われ、めったに使われていないように見えたのに驚いた。[32] ミンデからドロンヘイム近くの二、三の宿駅に来るまで、一人の旅行者にも会わなかった。道の所々は非常に立派で、イギリスの滑らかなターンパイク道路のように打ち固められていた。そして、草で覆われた部分も概して良好であった。ドロンヘイムの近く三、四の宿駅内の道路は、レーロース（Rorraas）からの銅を運ぶ荷車の轍《わだち》の跡が少しついていた。私たちはたくさんの荷車を追いこした。荷車はどれも小型で、一頭引きのものであった。こうしたあらゆる種類の小型車を利用する習慣が、スウェーデンやノルウェーの道路は一旦作ってしまうと、常時多くの補修を必要としないで長い間持ちこたえる理由なのであろう。

午前中ずっと快晴。夕方八時頃少し降雨。六時の温度五八度、十二時に七二度――四時に曇り空で七一度。南西寄りのやや強い風。

ドロンヘイムに入るとまず、堡塁の上の草がまぐさ用に刈り取られているのに気付いた。ドロンヘイムをこの地方の人々は必らずトロンヘイム（Trondheim）と呼ぶし、ポントピダンの地図にもそのように綴られている。それが一体どうしてドロンヘイム（Drondheim）と呼ばれるようになったのか分らない。

旅行中、私たちの使用人が馬を駆り立て、馬の持主である農夫は後ろに乗っていたが、これが一般の慣行である。農民たちは異常なほど自分の馬に気をつかい、馬を速く走らせるのを嫌う。彼らはしばしば、馬の引く重量が増えないようにと、全行程を自分で走って行く。馬が二人の別々の人のものである場合、しばしば彼らは二人とも馬車に同行する。しかし、彼らがたまたま怠け者でないかぎり、馬に多く乗ることはめったにない。ドロンヘイムまでの最後の五、六の宿駅の間、馬を連れてきた農民はきわめて背が高く太っていた。私は北に行くにつれて、人々の発育がいくらか妨げられるものと考えていたが、むしろ反対の事象が現れた。

トロンヘイムの中世名はニーダロス（Nidaros）で、Trondheim（Trondhjem）は当時その周辺地域を呼ぶ名であった。ドロンヘイムはドイツ的である。

クラークは彼のスカンジナビア旅行記の第一部への前書きで、この名称の問題を酷評しつつ、次のように記している。「Trönyem の代りに、Drontheim または Dronton というのは、ロンドンの代

りに *Lunnun* と書くよりもっと低俗で粗野な野蛮である。」「このことが、できることならDrontheim および Dronton という呼名の廃棄を目的にして、イギリス国民に向かって正式に言われるべきだということこそ、そこの真の住民の多くの願いであった。Drontheim または Dronton という名称はアイルランド人によってこの都市に与えられたもので、彼らはノルウェー人との接触からこういう名称を初めて与えたのである。」(*Travels*, V, p. ix.)

また、ポントピダン主教の『自然史』の「イギリス版の巻頭に付された」地図で、トロンヘイムはドロンヘイムと呼ばれているが、本文ではトロンヘイムとドロンヘイムの両方が用いられている。クラークはこれを「地理にまったく不名誉な地図」と言っており、彼に同意せざるをえない。しかし私の考えでは、マルサスがここで言及している「ポントピダンの地図」というのは、クリスチャン・ヨッフム・ポントピダン (Christian Jochum Pontoppidan)(一七三九―一八〇七年)によって作られ、一七八五年に印刷された非常に立派なもので、マルサスとオッターがよく使ったものである。一八二五年の大陸旅行および一八二六年のスコットランドの休日での叙述から、マルサスは地図や案内書を買うことを好んだことが知られる。C・J・ポントピダンの地図では、トロンヘイムはトロンヘイムとされている。

七月十四日 [日曜日]

日曜日で、人々が皆着飾って教会に行くのを見た。立派な人々の三、四台の馬車はたいへん重々しく旧式で、目に留まった。アンケル氏の手紙をモルク伯に届けると、十二時と一時の間に訪ねてほしいということであった。[33] わずかの時間、教会をのぞいてみた。私たちを家族席に案内するといって旅宿の子供が同行した。しかし、彼は鍵をこわして、入ることができず、私たちはしばらく側廊に立っていた。牧師は、非常に熱心にかつ体を少し動かし、かん高い調子で説教をしていた。私たちはキリストの名前が言われるのを何度も聞いた。大がいの人々は説教中立っているようであった。彼らはその後、とても大きな音のするオルガンで賛美歌を合唱した。一人の婦人が聖餐台の傍の小さなテーブルのところに立っていた。そのテーブルの上に白布が掛けられ、二、三人の子供たちがその周囲にいた。賛美歌の後牧師はそこに行き、人々が退出する間、低い調子でなにか読んでいた。私たちはその儀式の説明をまだ聞いていない。産後感謝式（churching）だろうと思ったが、そうではない。[34]

後でモルク伯を訪問したが、彼は私たちをたいへん丁重に迎え、もし用事がなければ、町から少し離れた別荘に住んでいるある婦人と一緒の食事に招待したいと言った。[35] 私たちはその招待に応じ、一時半に再び彼を訪問した。彼は夫人を紹介し、私たちは一緒に立派な四頭馬の索くホルシュタイン型馬車に乗って、午餐会の家に出発した。夫人はとても陽気な色白の美人であった。[36] 彼女はフランス語を流暢に話したが、発音が非常に分りにくく、特に馬車が石ころ道をがたがた行く時にはそうであった。

大きなパーティで、二二、三人が食事の席に着いたが、その他隣りの部屋にもテーブルがあった。食事は今までのうちで最も充実したものの一つで、スープ、とり肉、ハム、魚、半焼きの子牛肉、そしてその他に若干の料理があった。デザートはたくさんの木いちごと山盛りのクリームであった。この家の女主人――私はその左側に座った――は非常に気持のいい老婦人で、まあまあのフランス語でよくしゃべった。もちろん、彼女の話は女主人としての接待のためにしばしば中断された。私の左に一人の老婦人がいたが、この人がシュミトウ伯爵夫人であることを後で知った。[37]彼女は恐ろしく不快な口（une bouche affreuse）をしていて、これが彼女との会話を妨げてしまった。この家の女主人は、いちごは十日前にここで摘んだもので、クリスチァニアで人々が食べるのと同じくらい早いと話した。彼女は、一般に六月二七日頃が最初の盛りの時期で、ある年だけ二〇日頃にもう食べたことがあると言った。

午餐会の終わりに、女主人が何か合図をしたのだと思うが、同席の人々は彼女に身をかがめてお辞儀をし彼女の健康を祝福した。そしてにわかに立ちあがって、大きな音を立てて椅子を部屋の両脇に押しやった。それから彼らはわずかの間黙って立っていて、感謝の祈りをしているかのようであった。その後相互に会釈をし、婦人たちは男の腕に助けられて部屋を出て行った。私たちは、一同が席を立ち、椅子を一斉に動かす儀式を以前に見たことがあるし、コングスベリのブルンニック教授のところで感謝の祈りを見ていた。しかし、ここでの全過程はもっと熱がはいっていて、その物々しい騒ぎは、ほとんどミルトンの作品に出てくる大会議の起座を思い起こさせるものだった。[38]

午餐の後モルク伯から聞いた話によると、三年ほど前彼が初めてこの管区に着任した当時は、農民の間に不満が多く、フランス人を支持する傾向が強かった。しかし、フランスの下層階級の人々が革命によって何も得るところがなかったと聞いてから、この気持はほとんど消え去っているという。彼ら農民は、今はイギリス人の勝利を喜んでいる。当時はまた穀物の作柄も少し悪く、人々は徒党を組んで集まり、多少のいざこざもあったが、これを説得して解散させた。モルク伯は終始きわめて穏健な方策をとってきたようで、彼はこのやり方を力づくよりもいい効果を収めるといつも考えてきた。人々は今、彼を非常に信頼している。――彼はドロンヘイム行政管区内の大執行官（Grand Bailiff）

である。

この管区で最近人口が著しく増大したと彼は言った。これは一つには軍事規則による結婚への障害がより少ないためであった。耕作がまた非常に急速に進行していて、大変豊作の年があった。しかし、不作の年がきて人口増加の結果、人々が極端な困窮に陥るという懸念を彼は抱いていた。彼は農業者に一種の布告を発して、彼ら全員が年々の消費を越える一定のストックを貯えることを望み、それを実行しない者は、凶作の年に公共の貯えから何ら恩恵を得られないと宣言した。この布告の結果、農業者の大半が、さもなければスウェーデンに売っていたストックを自ら貯えるようになったと思われている。

ドロンヘイムが遠隔地であるため、穀物不作の場合に輸入によって時宜に適した救済をすることはきわめて困難である。気候が不安定であるため表面はいかに順調なようでも、穀物の不作がつねに起こる可能性がある。八月末と九月初めの特に恐れられている三夜があり、鉄の夜と呼ばれるということだったように思う。それはしばしば最良の豊作の期待をたちまちのうちに粉砕してしまう。しかし、ドロンヘイム管内に実際の飢饉があってから、もう十五年になる。[39] ドロンヘイムへの年々の穀物輸入は約三〇万タンである。近年人口は大いに増加したが、輸入は増加していない。これは耕作が急速に進歩している証拠である。

海岸の住民がもっとも貧困で生活に苦しい。彼らは一般に非常に早婚で、家族を漁業で養うという望みのもとに大家族をもつ。そして漁業が不振な凶年には、極端な貧困に追いこまれる。内陸部の住民は、家族を養える地位を獲得するまではめったに結婚しないが、それは彼らが非常に若いうちであるとは限らない。彼らはまた身を固める前に兵役をすませてしまいたいと一般に望んでいるから、特にそうである。しかし、役人の許可をとる必要がなくなってからは、早期に結婚する者が多くなったし、モルク伯はこの影響を幾分恐れていると言った。二、三の確かな筋から聞いた話によると、この地方の少女たちは一般に、結婚する前のかなりの期間恋人をもつという。しかし、子供が生まれそうにならなければ、めったに結婚にはいたらない。

ノルウェーの耕作と人口の障害であると正当に考えられてきたオーデルス権 (Odels right) はまだ廃止されていない。期限が短縮されただけである。

オーデルス法は土地の相続と売却に関するものであるが、十八世紀にこの法律に払われた強烈な関心を理解することは、今日の都会の読者にはおそらく困難である。ポントピダン主教の『ノルウェー自然史』はこの問題を論じて終っているし、大執事コックスもそれについて次のような要約をしている。「ノルウェーにはオーデルス権と呼ばれる奇妙な慣習が普及している。これは相続権で、それによれば、一定の自由保有地の所有者は、もし彼が自分の家族の権利を証明できれば、本人またはその子孫が売却した地所を買戻すことができる。しかし、この要求を強行するためには、彼の子孫または本人が、十年毎に法廷で自分たちは地所に対する権利を主張する、しかしそれを回復する資金がないということを宣言しておかなければならない。もし本人またはその相続人が十分な金額を獲得することができれば、地所の所有者はこのお金を受け取ると同時に、オーデルス権所有者に対してこの地所を手放さなければならない。この理由のために、自由保有地をもつ農民は彼らの系図の厳密な証書を保存する。この慣習には長所と短所がある。長所についていえば、農民をしてその出生地に対する愛着心を強固にし、農民は、かくも強く自分に保障された所有地を喜んで改良する。それは重要性を増

し、所有者の家族の勤勉を刺激する。反対に、土地財産が他人に売却された場合には、その価値を失う。なぜなら、この人は、多分手放さなければならない不確かな土地をもっているに過ぎず、まったくそれが自分自身のものである場合のように、その土地を改良する気にならないからである。」(*Travels*, V, p. 9.)

現在もしある農場が売られても、元の所有者の直系子孫は誰でも(長男がいつも優先権をもっている)、十年以内であれば売却時の価格でこの農場を買い戻すことができる。以前はこの期限は二〇年であった。これはノルウェーからの移民があった時に制度化されたもので、外国で財産を獲得した人々の帰国を奨励することを目的とし、また、ある年の農業者の窮状から農場をほとんどただで購入する便宜が利用されるのを防ぐためであった。この法律は、現在多くの支持者を持ち、モルク伯も決定的に反対ではない。五、六年前、この法律の廃止問題について人々の意見を求める努力が政府によってなされ、一件は存続することで落着したという。しかし、人々の意見が本当に存続に賛成であったかどうかは疑問であった。予想されるように、二つの立場があった――土地財産を買った人々と旧くからの所有者とである。

この法律の全面的な廃止について依然として議論されている。これは他のいかなる問題の論争よりも多くの訴訟を引き起こし、このことがその廃止を是とする一つの理由だと考えられている。各教区の調停委員会がこのような訴訟問題、および他の大がいの問題に終始符を打つのに大いに貢献し、きわめて有用な機関であることが分かっている。法律家はそのために困っているが、彼らは一般にあまり正直な人種とは考えられていないし、それだから深く同情もされていない。

相続に関するデンマークとノルウェーの一般法では、男子が均分相続権をもち、女子の二倍の権利を与えられている。ノルウェーの農場がもっと細分されなかった理由は、人口が最近まで非常に緩慢にしか増加しなかったこと、および長男が、弟や姉妹には金を払い、土地を保持するという選択権をたえず持っている——これを彼は大がい債務契約によってなしうる——ためである。しかしながら、最近、耕作が進展し人口が増大したため、農場そのものを分割する慣行が多くなった。私たちが旅行中に、たくさんの二分の一農場、四分の一農場のことを耳にしたのはこのためである。しかし、今では、完全農場という特定量の土地はないと聞いている。

小作人や小農業者の息子たちは、家を出て農場や郷士のところで奉公するが、やがて小作人の地位を確保するようになると結婚できる。農業者はしばしば、旅行中に見てきたように、たくさんの未婚の奉公人をかかえている。

農業者の年下の子供たちは、長兄から自分の相続分を受け取ると、それで農場の一部を買い求めるか、それを貸して利子を取得する。法定貨幣利子は土地が抵当の場合四パーセント、公債が抵当の場合五パーセントである。

こういった情報の一部は、モルク伯以外の幾人かの郷士との会話から得たものであった。コーヒーの後、お茶の時間まで、そしてその後また夕食の時間まで、私たちはさまざまな人々と一緒に庭園を散歩した。夕食は午餐会と同じ形式で、また同じような起立の際の音を立てて行なわれた。この場所はそれほど美しくないが、入江の景色はすばらしかった。私たちは十一時頃帰ったが、モルク伯はこの日の夕方親切にもイギリスの新聞をいくつか届けてくれた。私はその一つを夜中にくつろいで読んだ。空はとても曇っていた。夜十二時の温度六〇度。

晴れ。正午の温度六九度。夜少し降雨があった。やや強い南の風(40)。

七月十五日［月曜日］

ひどく雨の降る午前中で、その大半は書き物で過した。食事の前に町の周辺を散歩し、とてもきれいな牧草地と昨夜の風で倒れたハダカ麦の穂盛りの大豊作を見た。ある牧草地は刈り取り中であった。ドロンヘイムでリンゴは熟すが、クリスチァニアでかなりよく熟すと聞いたアンズはだめであった。しかし、全体として私が予期したほどの気候の相違はない。これはおそらく、ドロンヘイムが海に非常に近いためであろう。

ドロンヘイム湾はけっして凍結しない。ここの寒さは、ずっと南のレーロースのひどい寒さに遠く及ばない。昨冬レーロースでは、温度計の水銀も晴雨計も当然のように凍ってしまった。しかし、この厳しい凍結も三日位しか続かなかったし、ノルウェーの北部では一般に温和な冬だったと考えられている。しかし、積雪が少なかったため、何もかもやられるのではないかと非常に心配された。人々は夏期の天候が不安定だと大いにこぼす。おそらくある日が極端に暑いかと思えばその翌日はとても冷える。その転変が時には一時間の間に起こる。冬期には気候ははるかに安定していて、一般にからりとした空になる。

旅宿で食事をし、午後散歩した。入江と反対側の山がこの場所の主な美景をなしている。すぐ近辺には木がなく、岩の丘も冷やかで荒涼とした感じがする。しかし、近所の耕作地の様相には冷やかなところがなく、格別豊かに見える。今までハダカ麦とオート麦のこんな大豊作は見たことがないように思う。ライ麦の花が満開であった。花が開いているのを初めて見たのはエルスターであった。
午前中はほとんど雨。午後は軽い降雨のほか晴れ。三時の温度五四度。北の風。

七月十六日［火曜日］

モルク伯が午前中私たちを訪ね、会話を交わしているうちに、同じ問題について以前に得た知識よりも正確であると考えてよい若干の情報を得た。オーデルス権の制定は非常に昔のことであるが、その正確な時期について伯は知らなかった。当初はまったく制限がなく、直系子孫でも、傍系子孫でも、いつでもある地所の請求をなしえた。後にその期限が二〇年になったが、そうなった時期について伯は知らなかった。一七七一年にこの期限は十年に制限され、傍系の子孫はみな除外された。(41)しかし、それは中断されずに十年間所有されなければならない。というのは、もし十年の満了以前に、オーデルス法に基づく請求権者が所有者に対して自分の権利を放棄しない旨を通告する時には、たとえその時彼が買い戻すことができる状態でなくとも、所有者はさらに六年待たなければ完全に自分の所有とすることができないからである。直系中の長兄は弟がすでに買い戻した地所を再請求することができる。

伯は、この法律に関する自分の管区の人々の感情を調べることに骨折っていた。彼によれば、人々は適当な制限付きでそれに賛成だと考えている。しかし、賛成の理由として伯が私たちに語ったこと――その主な点はすでに述べた――は説得的に思えなかった。

財産相続について彼が教えてくれたことによると、現在父親は、長子にその家族を養育しうるに十分な農場の一部を残しておけば、彼の生存中自分の好きなように子供たちに彼の財産を分割してやる権利をもっている。もし父親がそうしなければ、長子は法によってその権利を主張する力がある。父親がその財産を処分しないまま死亡すると、その地区で一種の委員会が開かれ、農場を穏当な価格で評価する。長子は農場をその価格で取得する選択権をもっており、その金額が弟姉妹の間に配分される――姉妹は男兄弟の半分を取得する。農場を分割する慣行が最近多くなり、もし息子が結婚を希望すれば、父親は農場の所有権を彼にゆずって、その管理に干渉することなく一緒に生活するのが非常に一般化している。(42)

裁判所について聞いたことによると、陪審員は現在四名だけで構成され、しかも、行政区(Bailliage)の下級法廷に限られている。上級裁判所には陪審員はいないで、一人の判事と二人の陪席判事だけがいる。大執行官(High Bailiff)または行政長官(Governor)はそこで発言権をもっていない。下級裁判所の陪審員は彼らの判決を記録する権限をもっており、もし判事と陪審員との間に意見の相違があった場合、当事者が望めば陪審員の判決に従うことができる。刑事事件は別で、こんな不一致が起こると、事件の解決は上級裁判所に委ねなければならない。以前は陪審員は八人で構成されていた。(彼らの無能についての話)。

伯は、普通の人々から聖者とみられている一人の農民と一緒に調停を任せられている。当事者の一方が相手に調停委員会に出てくることを要求して相手がこれを拒んだ時には、その当事者は、たとえ訴訟に勝っても、訴訟費用を全額支払わなければならない。しかし、事件が委員会に陳述された後には、どちらの当事者もその決定に従うことを拒み、法廷に持ちこむことがまったく自由である。委員会に訴訟を持ちこむ時の費用は各々一シリング四ペンスにすぎない。この制度はノルウェーで三年、デンマークで約五年経過したところで、最高に有用だと思われている。

私たちが手紙を出していた商人が後で私たちを訪問した。彼はドロンヘイムに三〇年以上住んでいるが、ここの大がいの商人と同じく、フレンスブルクの近くからきた。彼らはほとんどがドイツ系である。彼の話によると、ここへきてから著しい変化があり、冬は昔ほど寒くなく、夏はそれほど暖かくなくなった。彼が最初にきた当時は、ドロンヘイム付近の土地は未開発で、ほとんどが森で囲まれていた。クリスチァニアまでの道路も、どんな種類の馬車を使ってもなかなか越えることができなかった。ドロンヘイムは内陸地方ほど寒さが厳しくない。この冬彼が覚えている温度の最低は十八度であり、今夏の最高は十八度であった。しかし、しばしばそれは二一度まで高くなる。[43] レーロース鉱山だけで三〇万シップポンド（shippund）の銅がドロンヘイムから輸出される。[44] 魚、木材、銅が主要な輸出品となっている。

午後私たちは、小島の要塞に行ったが、そこは見物するようなものが多くなかった。[45] そこに八〇門の砲が置かれたのはそれほど昔のことではない。しかし、その大部分はもう取り除かれていて、他の砲で置き替えられることになっている。この要塞は港の主要な防禦であるが、現在二五人の兵しかいない。しかし、必要な場合にはすぐにもっと召集できる。紙幣偽造のかどでここに十一年も閉じこめられている一人の男がいた。さらに二人の男が家族に追われてここに住んでいた。その一人は最近連れ去られ、もう一人は、もう四八年もこの島に住んでいて島を出ることを拒んだ。この男たちは、フランスの場合とまったく同じく、国王の命令書によって島に送られてきたようであった。しかし、こういうことは今はもうなくなっている。

要塞の司令官は、快活で心暖かいノルウェーの老人であったが、暑さで息を切らしふうふうしながら、温度計は二三度ですよと言った。私のは六二度だったので、いささか驚いた。しかし後で、彼の温度計は日に当っていることが分った。

紙幣偽造で幽閉されている男は、自分の好きなようにこの島で生活を楽しむ自由を与えられていた。ここを出ることを拒んだ老人を見ることはできなかった。

町から島までの入江の広さは1¼ノルウェー・マイルである。島からの帰途、水はきわめて静かに滑らかであり、水平線上の黒雲は遠い入江の岸辺を真に山らしい青の薄色にし、これが非常に見事であった。岸辺から要塞までの距離は約1½イギリス・マイルである。

その夜私たちはモルク伯家の大夜会に行った。そこに着いたのは六時ちょっと過ぎで、もう人々はみな集まっていた。ウイスト（whist）やオンブル（Ombre）などたくさんのトランプ遊びのテーブルがあった。私はトランプがあまり好きでなかったので、チェスをやらないかという伯の提案を受けた。最初の勝負に負けたが、次の勝負は二回とも勝った。四回目はきわめて内容豊かな食事で中断された。料理の一つは子牛の四つ切りであった。子牛肉、とり肉、ハム、魚が次々と出てきた。ハムはとり肉や子牛肉と一緒には食べない。食事の間に、子牛肉の価格は五ないし六ペンスであり、牛肉と羊肉の価格はそれぞれ三ペンスおよび六ペンスであることを知った。食事を支給される小作人は夏に一シリング、冬には八ペンス受けとる。バターは一ポンドに付き六ペンス、しばしば八ペンスである。

快晴、三時の温度六二度。真夜中に五四度。

市街の周辺にはじゃがいもを植えた土地がたくさんあるが、このいもは最近十年間庶民に大いに愛好されるようになっている。小麦はなく、ライ麦もたくさんは蒔かれていない。しかしハダカ麦とオート麦は非常に良く育つ。ライ麦は主要な輸入穀物である。農民の最も普通の食料はオートミール製ビスケットである。概してその消費に十分な量がこの地方で生産され、ハガタ麦もオート麦も大量に輸入する必要はほとんどない。

七月十七日［水曜日］

伯は私たちを訪ね、貧民のための公共施設を案内してくれた。部屋も人々もとてもきれいな様子であったが、同じ部屋に多くの人々が入りすぎていた。老人や幼児のための養護施設（hospital）もある。作業所（house of industry）があり、誰でも働いてよく、その仕事に対して適当な報酬を受けとる。作業所ではまた、一定数の青年たちが織物、靴下編などの訓練を受けていて、一週一ドル支給されている。作業所を維持するのに年間約八百ないし千ドルかかる。伯の方針では、誰でも作業所で二年間何かしたか、または少なくもしようとしなければ、老人および幼児のための養護施設に入ることを認めていない。私たちが作業所でみた人々は皆、紡糸、織物、および靴下編に従事していて、養護施設の老婦人はたいてい糸を紡いでいた(46)。

このような諸施設は、主としてその目的のために残された大きな遺産によって維持され、任意の寄付で補助されている。ドロンへイムの貧民の数は、こういう施設の結果、大いに増加した。ドロンへイムの人口は約一万人で、千二百人が援助を受けているという。しかしながら、公共施設は非常に良く監督され、真の慈善目的以外は養護施設に入ることが許されないよう細心の注意が払われているようである。養護施設の人々の服装はイギリスの救貧院よりもきれいであった。私たちはまた感化院

(house of correction) のようなものを見たが、そこには小さな罪を犯した人々が収容され、働かされていた。この感化院は半年前に建てられたばかりであった。伯はこれが目的にかなうとは考えていなかった。なぜなら、全員が同じ部屋にいて、相互に駄目にし合うからであった。伯は何かもっといい考えを思いつかないものかと願っていた。彼はフィラデルフィアの監獄が模範的な施設だと話した。(47)

どの教区でも貧民のための任意寄付がある。誰もが毎年寄付したいと思う金額を申告するし、基金はその目的のために任命された人によって管理されている。これは少しばかりスコットランドの貧民管理の構想に基づいているように思われる。

ホルステーン (Holsteen) の〔空白〕将軍閣下のところへモルク伯夫妻と一緒に夕食に行ったが、(48) そこにはたくさんの人がいて、例によってとても内容豊かな食事がかなりの間続いた。コーヒーの後、将軍の屋敷にある非常に美しい二つの滝を見物したが、将軍はそれらを少なからず自慢しているようであった。あたりの景色は美しいが、雄大ではなく、昨年の異常に少ない降雪のため、いつもの年の二〇分の一の水量もないと彼は私たちを納得させた。しかしそれらは、現在の状態でも大いに見物の価値がある。一方が八〇フィート、他方が九八フィートで、高い方が幅も広く、水が満ちた時には、この上なく雄大に違いない。しかしそれは低い方ほど垂直ではない。将軍は低い方の滝をほめちぎるが、確かにそれがもつ大きな長所はそこに製材所がないことである。田園風で絵のように美しい上の滝のところにある製材所のテーブルでポンチを飲んだ。

この地方は奇妙に入り組んでいて、それは旧い壕のためであるかのようだが、ある程度は水路によって作られたのであろう。景色は非常に快適なところもあり、遠方の山の一つは雄大であるが、一般に森が少ない。

家屋の部屋部屋は大きくて立派だが、壁はむき出しの丸太だけであった。将軍は私が少し驚いた表情であたりを見回しているのを見て、もしも誰かが最高に豪華なつづれ織りをくれるといっても、それを貰わないだろうと言った。ここの人々は木造家屋の保温性と乾燥性を誇っている。

将軍は非常にやさしく、感じのいい紳士らしい人物で、六八歳にしては、その容貌が今まで会った人の中で一番若く見えた。彼の話によると、昨年は二月一日まで温度計がけっして十度以下に下らなかった――三月初めに二一度に下った日が二日あった。彼は必ずしも規則正しく記録しているわけではなかった。

コーヒーとお茶、お茶と晩餐の合間に、私たちはいろいろな人々と屋敷の中を散歩した。どの出会いどの挨拶にも余計なほどの儀礼がある。人々はあらゆる場合に深々と頭を下げ、帽子をとってかなりの時間立っている。おそらく十分も前に一緒に話をしていた二人が屋敷内で会った時でもそうする。ドロンヘイムの市街を通る時、モルク伯は彼にお辞儀をする人全員にことごとく帽子を脱いで挨拶をするので、彼の帽子はどうしてもいろいろな恰好にねじ曲ってしまう。

十時頃とても内容豊かな晩餐の席についたが、私はほとんど盛りだくさんのいちごとクリームだけにした。行き帰りの馬車の中でモルク伯から聞いたことによると、人の生死にかかわる訴訟はすべてコペンハーゲンに持っていかなければならず、また、死刑の判決は国王の断固たる確認なしにはけっして有効でない。統治者は彼の行為のあらゆる特定事項について責任を負うのであり、もし彼が十分な理由もなく人を逮捕すると、その人は法廷に彼を訴えることができるし、不法監禁の損害賠償を取ることができる。

ドロンヘイム行政管区内に四つの小行政区（bailliage）がある。それぞれの町役人（Bailiff）は法廷には権限をもたず、裁判事務が適正に行なわれているかどうかを観察し、下級裁判所の判決が正当でないと考えた場合に訴訟を上級裁判所にもちこむことだけをする。これは彼らがいつでも執行できることで、たとえ犯人が判決に服している時でもそうである。

ノルウェーの他の行政管区内には、一般に六ないし七の小行政区がある。

私はノルウェーの幾つかの山の標高を知ろうと努めたが、一つの山の標高しか分らなかった。しかし、これはノルウェーの最高峰の一つとみられている山で、ドロンヘイムとベルゲンの間の海岸にあるほとんど垂直な岩である。この山の標高は六千六百ノルウェー・エルであり、一エルはイギリスの二フィートである。(49)

快晴。一時の温度六六度。夜中に六〇度。

将軍と古代文化の話をしていた時、彼は、スノリ・ストゥールソンが記している島で少し前から土を掘り起こしていて、そこで二人のノルウェー人の族長と兄弟――ハロルド、その他についての物語の不思議な確証を発見した、(50)と話した。

クラークも、三カ月ほど後にフォン・クローグ将軍の発掘の話を聞いている。しかし、彼は、レーケエ島（Lekoe）の古墳で将軍が発見した頭蓋骨や他の遺物の身元を幾分疑っている。（Clarke, *Travels*, V, p. 645.）

スノリ・ストゥールソン（Snorri Sturluson）は、一一七八年に生まれ一二四一年に死んだアイスランドの歴史家で、ノルウェー諸王の年代記を書いた。この書はゲルハルト・シェーニング（Gerhard Schöning）によってラテン語とデンマーク語に翻訳、編集され（三巻本、一七七一―八三年）、また大執事コックスによって引用されている。（Coxe, *Travels*, V. pp. 188-98.）

七月十八日［木曜日］

海岸を散歩し、水浴をした――水の温度五七度。ここには海水浴用の脱衣場がない。海水浴の習慣が、上流階層にも下層階層にも普及していないようである。[51]

宿で食事をとり、午後六時頃、商人のクヌーツォン氏という人のところへ行ってお茶と晩餐をご馳走になった。[52] そこで私たちはモルク伯夫妻および前に会った多くの人々と一緒になった。集まりが少し小さいというだけであった。伯爵夫人によれば、ドロンヘイムにはひとつの社交界しかなく、一般にこういう大きなパーティが開かれるのは、全員を招待しないと人々が感情を害するからであった。夫人はパーティの始まる時間が夕方早いのは困ったことだといった。三年前に夫人がはじめてドロンヘイムに来た時は、それは五時に始まった。現在は六時頃である。夫人はトランプ遊びを好まないので、五時から十一時まで一つのパーティで過ごすのは長すぎるという。

晩餐では、三品のスープの後、とり肉、ハム、魚、エビ、等々が出され、その上、子牛の四半分が出てきたのには驚いた。しかし、私たちは賞賛するだけで、もう食べる元気がなかった。

クヌーツォン氏ともう一人の紳士の話によると、現在タン当たりのライ麦価格は六ドルで、ハダカ麦は四ドル、オート麦が三ドルである。これは高い価格だとされている。一般に、ライ麦は四ドル、ハダカ麦が三ドル、オート麦は二ドルで、時に1½ドルである。一タン半がイギリスの一クォーターに等しい。クヌーツォン氏の話では、ライ麦よりもハダカ麦のほうが多く輸入され、ライ麦はバルト諸国から、ハダカ麦とオート麦はイギリスとスコットランドから輸入されている。スコットランドが豊作の年にはオートミールがたくさん輸入され、とても重宝がられ、この地で競って買い占めが行なわれる。

モルク伯ともう一人の紳士から、この地方のある場所、ある年における促生栽培の珍しい二つの例を聞いた。ドロンヘイムの少し南にある農場で、農業者が同じ年にハダカ麦の二毛作に成功した。同様の例が昨年ドロンヘイムから十ノルウェー・マイル南の一農場であった。ハダカ麦が種を蒔いてから六週間で実るのはそう珍しいことではない。谷間のあるところは非常に肥沃で、風当たりがまったくないので、保温性がきわめて高いのである。また、太陽が地平線上に非常に長く留まっていて、短かい夜の温度はしばしば六〇度以下にならないので、植物が霜に妨げられることがなければ、いかに早く生育するかは容易に想像しうる。

午後六時頃雨が少し降ったほかは快晴。三時の温度七〇度。夜中に六〇度。

旅宿で食べたバターには、雹粒ほどもある塩の固まりがはいっていて、まったくひどいものであった。しかし、この町では良質のものは入手できないのだと思う。上層の人々は冬用にホルシュタイン地方のバターを求める。彼らは、夏には自分で新鮮なバターを作るが、この新鮮なバターにはどれもかなりの塩がはいっている。

使用人や下層階級の人々はこぎれいな服装をしているし、婦人の多くは美しい。彼女らの帽子は、一般に後頭部と前頭部を覆う袋型帽子であって、黒のハンカチまたは幅のある髪ひもを額と後頭部の下のほうにぴったり巻いている。(53) この髪ひもは時に細いピンクのリボンに結ばれている。
市街地には、多くはないがぼろをまとった若干の人々がいる。保塁上にはいつも鎖でつながれたまま働いている数人の奴隷がいたが、概してひどくみじめな服装であった。彼らは犯した罪によって、ある者は一定年数、ある者は終生この種の奴隷の刑に処せられる。馬泥棒は終身奴隷であった。軽い窃盗の場合二犯または三犯までは、保塁上の労役に処せられることはめったにない。三、四回脱走した者はこの種の刑罰に処される。

七月十九日［金曜日］

モルク伯の配慮でひとりの男が私たちを訪ね、自然史会館と教会に案内してくれた。自然史のコレクションは数が少なく、貧弱で、あまり意を用いられているようではなかった。協会は三〇年ほど前、ある主教――その名を忘れたが――によって基礎をおかれ、コペンハーゲンのスーム氏という人によって維持され、この人が現在の蔵書を寄付した。各会員は選ばれる時に若干の図書を提供しているが、年々決まった寄贈はない。協会は約四〇名から成り、文学者だとみられている現在の主教が会長である。彼はあいにく不在で、珍らしい蒐集品やまだ残っている古代北欧人の碑文などについて何ら知識を得る機会がなかった。というのは、私たちを案内してくれた人がこういう問題について何も知らないと明言していたからである。

「自然史会館」というのはトロンヘイム科学協会（Trondheim Scientific Society）である。これは、イエナの機関をモデルにして、一七六〇年にヨハン・エルンスト・グネールス（Johan Ernst Gunnerus）が築いたものである。グネールスはハレ、イエナ、およびコペンハーゲン大学で学び、一七五八年にトロンヘイムの主教になった。

この協会の仕事は、「デンマーク史からの独立性を示すようにノルウェー史を書くことから、ノルウェーの土質を肥沃にする科学的農業改良の宣伝にいたる」まで、その範囲は広い。「この協会は五〇年の間、この地方で、旧い聖堂学校の水準を越えた教育をする唯一の場所であった。」（T. K. Derry, *A Short History of Norway*, p. 115.）

ペーター・フレデリック・スーム（Peter Frederick Suhm）は歴史家で、一七二八年に生まれ、一七九八年に死んだ。彼の出生地はコペンハーゲンであるが、一七五一年から一七六五年までトロンヘイムに住み、そこでカレン・アンゲル（Karen Angell）と結婚した。

マルサスが訪問した当時のトロンヘイムの主教はヨハン・クリスチャン・シェーンヘイダー（Johan Christian Shönheyder）（一七四二―一八〇三年）であった。彼は学識豊かで活力に満ちていたが、おそらく教会の問題に熱心でありすぎたため、科学協会にさく時間はあまりなかった。

協会の経費は遺産による基金で賄われている。まだ存命している老紳士がいて、この人が彼の死後、この協会の経費にと二万ドルを寄託した。協会の部屋は煉瓦作りの建物のなかの大きくきれいなもので、建物は十年か十二年前に、アンゲル氏という商人の大きな遺産で、いろいろな目的をもつ公学校として作られた。部屋には主教とスーム氏の肖像の傍に、非常によくできたティッコ・ブラーエの肖像がある。(54)

その後私たちは教会を見に行ったが、これは十世紀に建てられたもので、ゴシック建築とサクソン建築の混合物であった。中央部は主としてゴシック式、両翼がサクソン式で、しばしば建物の同じ部分で両者が交錯しているところもある。私たちは聖オーラフの泉と呼ばれる泉を見せてもらったが、この人はキリスト教をはじめてノルウェーに導入した主教である。いささか貧弱に見える記念碑はポントピダン主教の事跡と旅行にまつわるものであった。彼の生年は一六一六年、没年は一六八八年であった。

マルサスはここの事情にあまり詳しくなかったようである。キリスト教がはじめてノルウェーに入ってきたのは十世紀の終わりになってからであった。これを導入したのはオーラフ・トリグヴァソン王（Olav Tryggvason）で、彼はシリー諸島（Scilly Isles）で洗礼を、またアンドーバー（Andover）で堅信礼を受け、九九七年にトロンヘイムの町を建設したと考えられている。聖オーラフは主教ではなく、オーラフ二世王で、彼は一〇三〇年のスティクルスタット（Stiklestad）の戦争で異教徒の臣下に殺された。泉は治療効果のある鉱泉が噴き出している遺跡の上に作られていて、そこにこの聖者の骨が埋められている。一部はノルマン式、一部はゴシック式の大聖堂が、一一五〇年から一三二〇年にかけ長い期間かかって建設された。ノルウェーの諸王はそこで戴冠式を行ない、また埋葬された。

共同墓地の中に、莫大な財産を慈善目的のために遺贈したアンゲル氏の納骨所があった。(55) 彼は一七六七年に死んだ。彼の遺産は二〇万ドルを越えたが、それは当時年々五百ドルを産出したレーロース銅山の株の一部であった。それは現在は三百ドル以上を生産しない。遺産の一部は、私たちがモルク伯と一緒に見た建物に、一部は公共施設に使われ、さらに別の一部は下層階級以上の老婦人たちの集まりを維持するのに当てられ[56]、その集まりは、家屋、燃料代等の他、一年に五〇ドルを与えられている。

同行した紳士と話している間に、ドロンヘイムには上流階級のための二つの学校の他に、庶民の子供のための二つの無月謝の学校があることを知った。この地方の教区には正規の学校はない。しかし、巡回教師が各地に行って、近隣の農業者の援助を受けながら各村落に二、三カ月間滞在する慣習があり、このためほとんどすべての庶民が読むことができ、また彼らのほとんどは書くこともできる[57]。

ドロンヘイムには宗教の分派はない。宗教上の問題については大いに無関心のように思われ、また教会はけっして親しまれていないことを私たちは確信した。しかし、サクラメントの儀式は一週に二度、金曜日と日曜日に行なわれている。

クリスチアニアでもここでも、日曜日があらゆる種類の会合の大吉日になっていることを知った。アンケル氏の舞踏会はいつも日曜日にあるし、大々的な祝祭もこの日である。

旅宿で食事をとり、午後、コペンハーゲンからやってきた錬金術師と手品師を見に行った。そこでまた、モルク伯夫妻およびお馴染の例のパーティの一行と会った。何か食物があたって、オッターはベッドに伏し、この集まりに出席できなかった。錬金術も手品もまったくひどいものであった。最初の日に食事をともにしたリスホルム夫人と一緒に夕食をした。それは家族だけの小さな集まりであった。

ここで私が得た唯一の情報は、ノルウェーの牛は優良で、一頭が夏の間つまり三カ月間に――これを彼らは同義だと考えている――三六ポンドのバターのためのクリームを生産するということであった。

リスホルム夫人の娘はバター作りのために十五頭の牛を飼っているが、一週間に三六ポンドしか作らなかった。彼女は四人の子供と、二〇人もいる屋敷をかかえている。ノルウェー・ポンドのイギリス・ポンドに対する割合は、一〇〇対一一二である。

早朝は快晴。その後軽いにわか雨。十二時の温度六八度、夜の十一時に五七度。

牧草はだいたい先がとがっている。今朝、積荷二駄が行くのを見た。天気がぐずつき地面が湿っている時には、乾燥のためしばしばそれを竿や柵に掛けておく。


リスホルム夫人（Madame Lisholm）の娘は、カテリーヌ・サラ・マリーエ（Catherine Sara Marie）で、一七八二年、十八の年にトロンヘイム生まれのカーシュテン・ゲルハート・バング（Carsten Gerhard Bang）と結婚した。彼がまだ学生で彼女が少女にすぎなかった頃、この二人は恋に陥ったという意味の伝説がある。マルサスとオッターがこの夫婦にあった時、彼女はおそらく三五歳、彼女の夫は四三歳であった。彼は一七八八年にレーロースで義勇連隊をつくり、一七九七年に陸軍中佐になった。

一八〇二年四月十日、クラークはイギリスへの帰途、ハムス山からオッターに宛てて次のように書いている。「僕の最大の望みは結婚することです……もし貴君が同意するなら、二人でヨーロッパ中の新聞に妻を求める広告を出してはどうかと思う。僕たちの要望、資格および僕たちの立場などを明らかにして。僕のトルコでの冒険は広告に入れない方がいいと思う。そして貴君の宣伝文にはトロンヘイムのバンクス夫人のことは一言も書かない方がいいと思う。野蛮になるなかれ！　文章を比べてみようとはいうまい。」

ここにバンクス夫人というのは、おそらくバング夫人のことであるが、オッターがいかに通常の恋愛遊戯以上のことをなしえたのかは分らない。あるいは彼は、本当にちょっとした恋愛に陥って、「家族だけの小さな集まり」を避けるために、ベッドに伏したのだろうか。これについては推測の域を出ないが、バング夫人をめぐって恋愛の発露があったのかもしれない。約十五年後にオッターが、彼の夫人に対し日記のコピーをクラークのためにとることを躊躇したのは、このためだと考えることもできる。

七月二〇日［土曜日］

後ろの河の向こう岸を散歩し、旧い邸宅の近くにある岩の上から入江と周辺の山々の美しい景観を見た。[58]この邸宅は何人かのノルウェー国王の旧い館であったと言われている。朝、雨が降ったが、この日はドロンヘイムで経験した最も蒸し暑い一日であった。

柴のなかにツグミがいた。以前にも一、二羽見たことがある。海岸に群生し、ちょうど花が開いているイグサムギ（Triticum Junceum）を大量に発見した。

旅宿で食事をし、ある紳士と一緒に夕方を過ごした。この人は入江が美しく眺められる海岸の裸岩の下に家をもっていた。後で聞いた話によると、春になるとこの岩の上にしばしば二〇万匹もの魚が干され、その魚の世話をする婦人や子供のために、各処に小屋掛けがされるという。魚の船荷はしばしば三万ドルか四万ドルするし、魚と銅の船荷は五万ドルもすることがよくある。

パーティは私たちが前に経験したのとほとんど同じであり、晩餐も同じように長く、かつ充実していた。婦人たちは一般にその役割りをきわめて立派に果している。

朝十時まで降雨。その後晴れ。裏庭で三時の温度七一度。狭い日陰の西窓で七八度。夜の十二時に五九度。

軍隊のことで私たちが聞いた結果は次の通りである。

ドロンヘイム行政管区内には歩兵二個連隊と騎兵一個連隊があり、各連隊は十八中隊から成り、中隊はまた一二〇名で構成されている。これは国民軍の一部で、毎年一定期間一部隊に編成され、演習を行なっている。しかし、歩兵連隊のうち二個中隊は常時編成されていて、この中隊を構成する兵は定期的に募集されているが、それを選択しない者は誰もこの中隊で兵役を行なう義務がない。農業者の子供をこの中隊の兵籍に入れるのは違法である。騎兵連隊には常時編成されている部隊はない。しかし、兵隊も馬も最も厳格な正規軍とほとんど同じように訓練が行き届いている、と言われている。兵隊は彼らの馬を維持するため一定の手当を支給されている。しかし、それは些少で、一年に五ドルを上回ることはないと思う。

右の三個連隊の他に、約千名から成る比較的小規模の追撃連隊がある。この連隊はドロンヘイム管区内では必ずしも常備軍ではない。

歩兵二個連隊のうち片方はF・ドゥ・クローグ将軍が、他方はシュミトウ伯が指揮をとっている。[59]

ドロンヘイムの大執行官または行政長官はシュティフトアムトマン（Stiftamptman）と呼ばれ、その下の執行官はアムトマンという。[60] これは四人から成り、モルク伯——彼はドロンヘイムの直接行政区のアムトマンである——の他に三人の執行官がいる。各アムトマンの下には、管轄区の範囲に応じて三人または四人の地方裁判官(Sonescrivers)がいる。[61] 彼らは裁判官であり、陪審員の援助を受けるけれども、第一審の訴訟はすべて彼らのところに持ち込まれる。陪席判事の話によれば、民事裁判では陪審員は主として裁判の証人として陪席し、オーデルス権についての事件および監禁以外には自分の意見を述べない。当該事件の時彼らは一般に八人で構成され、彼らの意見に大きな重みがおかれる。陪審員の意見が裁判官の意見を左右するのはおそらくこういう場合である。刑事事件では陪審員は四人で構成される。被告人が判決に不満な場合はいつでも上級裁判に持ちこまれるし、また、刑が二ヵ月の投獄を越えるすべての場合も同様である。判決はすべて上級裁判所で確認されなければならない。もっとも、両当事者が判決に異議がなければ、訴訟を再度申し立てることはない。[62]

七月二一日 [日曜日]

教会に行き、ポントピダン主教の墓碑銘を写す機会にめぐまれた。その上には、主教自身、彼の夫人、息子、若い娘の肖像のはいった絵がある。[63]

最も善にして最も偉大な神に。最も高貴で、最も著名な牧師、哲学博士、神学博士、エリック・エリクスン・ポントピダンは、かつて十六年間、アントボスコビエンの宮廷の説教師であった。その後、七年九カ月にわたってラムソンの主教およびコアギエンの牧師を勤めた。最後には五年の間、トロンヘイム、ノーランドおよびフィンマルクの主教、ノルウェーの大聖堂参事会の長であった。敬虔で、賢明で、公平で、清廉潔白であり、国内のアカデミー、教会、学校においてのみならず、国外でもヨーロッパの貴顕の間で、多様な訪問、遍歴、すぐれた著作に自ら進んで専念した。ポントピダンは一六一六年一月二一日ブリンゴアに貴族として生まれ、一六七八年七月十二日ニダロスに没した。この銘板に刻み、石に名を、墓に灰を、後世に名声をゆだねる。残された未亡人カタリナ・ヴァレンティン・コーラー、残された息子ヴァレンティン・エリクスン。

D. O. M. S.

Nobilissimi celeberrimi admodum reverendi DN. Erici Ericii Pantopidani P. L. C. Philosophiae & SS. Theologiae doctoris olim 16 annorrum [*sic*] spatio Regia Aulae Antboschoviensis Concionatoris hinc 7 annorum et 9 mensium decursu prepositi Ramsoensis et pastoris Coagiensis tandem 5 annorum curriculo Trondhiae Norlandiae et Finmarkiae Episcopi Capituli Nodrasienses Decani Pietate Prudentia Justitia Integritate Singularique Inserviendi voluntate non domi minus in Academia Ecclesiis et Scholiis quam foris in meliori orbe Europeo variis obitis peregrinationibus et monumentis editis nobilitati Pantopidan in Bringaard 21 Jany. anno 1616. nati Nidrosiae 12 July 1678 denati effigium huic tabulae, nomen saxo,cineres conditorio famam posteritati commendarum Vidua relicta Catherina Valentina Koler et filius superstes Valentinus Ericius.

流行遅れの服装をしたたくさんの人々が小さな一頭立ての馬車に乗って教会を出て行くのを見たが、まったく無格好なものであった。老婦人たちは非常に大きな薄織りの縁なし帽子をかぶっていて、まるで一世紀も流行遅れに見えた。旧式な一頭立ての馬車が非常に普及していて、訪問などに使われている。

二時にモルク伯邸に食事に行ったが、男性だけのいつもより小さなパーティであった。その中に、コペンハーゲンからきた妙に小男の学者がいたが、彼は食事の半ば過ぎに姿を現わし、服装といえば、青の上着に青い絹の肩帯をつけ、前にふさで飾った青いレースのついた皮のズボンをはいていた。彼の長い髪の毛は上衣に巻きこんでいて、全体の様子がいかにも女性に似ていた。(64)

モルク伯の話によると、この学者は、コペンハーゲンの王立図書館のために、ノーランドおよびフィンマルクの植物採集をするよう植物学者として雇われていた。彼は昨年このためにフィンマルクに行ったが、季節が遅すぎてほとんど採集できなかった。二回目の採集旅行も、同じような状況になる可能性がある。この男は後でオッターを訪問したが、オッターがドーヴレ山地で発見した植物をほとんど知っているようであった。そして彼が知らない植物を断りもなく手にとり、いかにも冷やかに、かつこの上なく無造作にテーブルの上の私たちの本を全部開いていた。

この男はラヴェンクロス伯からモルク伯に紹介されていたが、モルク伯はこの男があまりに無遠慮でわずらわしいので、接待に心から嫌気がさしていた。彼は旅行の費用に年二百ドルしか受けとっていない。オッターの元を去る時、彼はオッターにキスしようとしたが、幸いにもオッターの背が高くそのままでは届かなかった。こうしてオッターは気がすすまないことを表わす時間を得たが、これに対して小男の学者は、「貴方はイギリス流にやってくれない」とフランス語で言った。

食事の時の会話で、北部に住む一士官が、ドロンヘイムからわずか十三マイルのところで、まる二四時間に続いて二、三夜太陽が水平線上に見られると話すのを聞いた。彼がそれを見た場所は、いくつかの高い山々の頂上近くの谷間にある大農場であった。この農場の地面が深い雪に覆われている時、下界の地方はしばしば緑一色になる。雪解けを促進するため灰を雪に投げこむ習慣がある。草は雪の下で生育する。二カ月の間に、土地が整備され、種子が蒔かれ、収穫が行なわれるというのが一般的である。

モルク伯ともう一人の紳士の話では、庶民の間に結婚前のひどい不品行が横行し、地域によっては両親もこれを許し是認さえしているという。しかし通常は、同時に一人以上の恋人をもつことが名誉なことだとは思われていない。(65)

町から約半マイルのシュミトウ伯の別荘でコーヒーをごちそうになるため、私たちは早々と食卓を立った。しかし、出かける前に、伯は、私たちが初めて訪問した時に見た二匹のジャルー（Jaloux）をもう一度見せてくれた。この動物は猫と豹の間の子のようなもので、たくさんはいないが、ノルウエーの森林に生息している。シュミトウ伯の別荘は、私たちがドロンヘイム周辺で見たなかで断然景色のいいところにあった。森に不足することはないし、私たちが訪ねた他の場所よりも、人込みから離れていて、前景がすぐれ入江や山々の眺めもずっとすばらしい。ただ、庭園づくりの趣味はどこにも見られなかった。

シュミトウ伯は大農業者で、彼が立ち向かわなければならない農民たちの偏見について多くを語った。しかし、現在は農民たちの一部は自分の意見に従ってくれるようになりつつあると述べていた。伯は自分の邸宅と地所を、大きな自己満足と多少の見栄をもって見せてくれた。彼の牛は一年のうちほとんど八カ月近くは牛舎で飼われていて、それはノルウェーではほとんどどこでも同じだという。彼はたくさんのじゃがいもとえんどうを植えつけ、たいていの人造草を試み、今は砂糖を作るためにかぶらに没頭しようとしている。

私たちは庭園の中の荒地のようなところで、大勢の婦人方と一緒に、コーヒーと紅茶を飲んだ。日中はきわめて暖かく穏やかであった——ドロンヘイムで感じた最高の暖かさだと思う——。しかし、残念なことに寒暖計を調べる機会がなかった。私はここで、非常に物わかりがよく知的に思われる紳士と話しこんでしまった。彼は、寒暖計を見るのを常とし、今年最高の暑さは六月下旬で、その時彼の寒暖計（列氏）は二〇度に達したと話した。彼は、それが二一度および二二度の高さになるのを見ていたし、何年か前に二四度になったと聞いていた。彼は、寒暖計をいつも深い日陰に置くと念を押した。今日は適当な時間にそれを見なかったが、おそらく二〇度位だという。昨日は、彼の寒暖計は十八度だったが、私のは深い日陰で七一度であった。冬の最高の寒さは通例十七度か十八度位で、昨年は二日間二〇度であった。レーロースでは水銀も凍ってしまうと彼は考えていた。

この人は皇太子の統治を非常にほめていた。彼自身いくらかデモクラートのように見え、ノルウェーの耕作と人口は急速に増加しており、数年のうちに過去のノルウェーとまったく違う国になるだろうと言った。彼はまた新しい軍制度を非常にほめた。彼の話によると、以前には自分の家族を扶養できる保障がなければ、牧師は若い二人の結婚を禁ずる権限をもっていた。男が兵籍にない場合でもそうであった。また兵籍に入れられた者は、牧師や役人の許可が必要なため——これは賄賂なしに得られるとは限らなかった——、結婚が非常に費用がかかるので、若者は兵役が終わるまで結婚をほとんど考えもしなかったという。ノルウェーでは、今、人手不足で労働賃金は高く、農民は豊かで非常に余裕をもって生活していると彼は言った。

この人は、イギリスには現在あまり自由がないと思っているらしく、デンマーク領内で認められてきた出版の自由こそ政府に最も役立ったと話した。

八時半頃、町の反対側にあるシュミトウ伯のもうひとつの別荘に向かった。そこで食事をすることになっていた。途中旅宿に立ち寄り、駅馬の事前通知を送って明朝の出発に備えた。伯のもうひとつの別荘は市街地に非常に近いところにあり、きれいではなかった。兵隊が教練する場所に近いというだけの理由で、彼はそこに住んでいた。

晩餐はいつもと同じスタイルであった。私は追撃隊の少佐の隣にすわったが、彼は、私が会った中で、たえず最年少者から採用するという新しい軍制度に賛成する唯一人の士官であった。この制度は国家にとって有益であり、軍隊にとっても悪くないと彼は考えているようであった。追撃兵連隊は六百人から成り、その一大隊だけがドロンヘイム管区内に駐屯している。各大隊は三百人から構成され、夏期八日、冬期四日の演習を行なう。冬期にはいつも雪スケート（snow skaits）をつけて演習をする。それは長い木片で、兵隊はそれですべったり、深雪の中で身を支えたりする。

マルサスはスキー（ski）を表現する英語に苦心し、最初「木靴」（pattens）と書いて、後で「雪スケート」（snow skaits）と書き改めた。彼はポントピダンの『自然史』の記述を思い起こしたのかも知れない。それによれば、「人々は遠くへ行く時、足幅と同じほどのスケートをはくが、それは六フィートか八フィートの長さで先がとがっている。それは下があざらしの毛皮で覆われていて、すべすべした毛が踵の後ろになびいている。この雪スケート（smow-scates）をはいて、人々は雪の上で

も氷の上でも、どんな馬よりも速く走ることができる。」(Pontoppidan, *Natural History of Norway*. p. 274.)

この少佐は皇太子の政府をひどくほめあげ、ウォロンツォフ伯の内閣によって大改革が行なわれたと言った。しかし、私はこの名前についてあまり確かでない。

シュミトウ伯夫人は大変優雅な人で、お客に非常に気を配っている様子であった。私たちはモルク伯および大勢の人々と一緒に帰った。伯は非常に親切にも、私たちがペテルスブルクに着いたら手紙を下さいとしきりに希望し、帰途コペンハーゲンで再会しようと言った。伯はおよそ一カ月後にはドロンヘイムを離れ、おそらく戻ってこないという。(66) 聞いたことのすべてから判断して、伯は大変惜しまれると思う。誰もが伯を最大限にほめているし、三年間の在任中彼が非常な善政を行なったことはあまねく認められている。収入は二千ドルにすぎないが、彼が使う私財は六千ドルだという。私たちは、彼を非常に賢明で気取ることのない物柔らかな人だと思い、彼の丁重なもてなしに心から感謝したい。伯爵夫人もまた大変親切でかつ陽気であったが、ただ彼女の非常に流暢なフランス語が理解できずに困ることが時々あった。

晴れ、非常に暖かい。夜十二時の温度五七度。

シュミトウ伯邸で話をした紳士は、庶民の教育について私が見聞きしたことを確認してくれた。すなわち、庶民は誰でも読むことができ、ほとんどは書くこともできる。また、各教区にはその広さに応じて二人または三人の学校教師がいる。彼らは農民のなかで最も学問のある者から牧師が選出し主教が承認を与えるのであった。(67) 農業者は新聞を読み、政治問題を論ずる。彼らは現在は満足している。しかし、フランス革命が始まった当初は必ずしもそうではなかった。

この紳士の考えによると、この地方の現在の繁栄の最も大きな理由のひとつは、人々が漁業に依存することと少なく、土地の生産物により多く依存していることであった。ノーランドでは、今なお耕作がほとんど行なわれていない。そして人々は漁期には内陸部から海岸に出かけていく。

註

（1）「ここ」というのは、ローホルト（Raaholt）のことで、オスロから約三八マイルのところにある。それはリレハンメルとグドブランスダール河（Gudbrandsdal）を通ってトロンヘイムへ行く途中にある。
（2）この山は二、一八一フィートのミストベルギット山（Mistberget）かもしれない。大きくて美しい河はミォーサ湖（Mjösa）で、長さ六二マイル、ある所は十マイルの幅がある。その周囲の土地は、ノルウェーでも最も肥沃でかつ耕作の行き届いたところの一つである。
（3）ビーラムはおそらくイエルム（Hjellum）であろう。
（4）モーエルフ（Moelv）は現在、オスロから一〇二マイル、人口二千人の小さな工業の町である。
（5）ポントピダン主教も書いている。「世界のどこの国の人も、ノルウェー人のように、思いやりがあって、寛大で外国人に親切かついんぎんな国民はいないと思う。」（*Natural History of Norway*, p. 256.）このことは、一九六五年においても同様に真実であった。
（6）'Straks' は、「直ちに」「すぐに」という意味である。
（7）マルサスはこの後一ページを空白にしている。
（8）オールヘン（これは後でもっと多く出てくる）を、ポントピダンの『ノルウェー自然史』の英訳者は 'urhane' と綴っている。彼はそれを、Aarfugl, Urogallus, Tetrao Minor, および Growse とも呼んでいる。それは「普通の鶏に似た形をしているが、黒色か濃い褐色で、目の縁が赤い。めん鳥はもっと薄い褐色で黒い斑点がある。……その肉は健康によく味もいいので、運動をする人に大いに求められている。」(p. 64.)

デリー博士 (Dr. Derry) の説明によれば、'Aarfugl' は黒雷鳥、'Lyrurus tetrix' であり、'Aarhane' は黒のおん鳥、'Aarhöne' はねずみ色のめん鳥である。(七七ページの朝食の記述も参照。)

(9) リレハンメルは、ミォーサ湖の北端に位置し、現在ではノルウェーの観光センターの一つになっている。

グドブランスダール河はリレハンメルから始まる。この渓谷は約一二五マイルの長さで、建築、木彫り、織物、および景観の美で知られている。マルサスが踏破したこのグドブランスダール渓谷の公道は、ノルウェーで最も重要なものの一つであった。それは多年にわたって徒歩か馬でようやく通れる道で、トロンヘイムの聖オーラフ (St Olaf) の墓をたずねる巡礼たちの通るところであった。

河というのはローゲン河 (Laagen) またはロスナ河 (Losna) である。「ローゲン」というのは「水」を意味し、それゆえ、コングスベリでも同じ名の河がある。

(10) これは Balbergkampen で、一九四〇年四月イギリス＝ノルウェー軍のグドブランスダール渓谷の撤退作戦中、イギリス軍がドイツ軍に喫したいくつかの敗戦の最初の地である。

(11) ロフトネースは、おそらくレースネス (Lösnaes) である。

(12) マルサスはこの後一ページを空白にしている。

(13) Doverfield は、ドーブレフィエル (Dovrefjell) をマルサスが英語化したもので、およそ三千三百フィートの高さの山地で、それは、北ノルウェーと南ノルウェーとを分ける山岳地帯全体を漠然と示す言葉としても用いられている。

(14) 'many taks' は 'mange takk' である。

(15) ノルウェーの夏期の牧場は、現在英語の地図張で 'seters' と綴られている。

(16) マルサスはここでまた一ページ空白にしている。

(17) フンドープはリンゲブ（Ringebu）とハルペフォス（Harpefoss）との間にあり、ここの八角形の石造の教会は一七八七年に建立された。

(18) 小滝というのは、おそらくハルペフォスにあるローゲン河の八二フィートの滝であろう。

(19) トフテの旅宿は、ハロルド美髪王（Harold Fair-Hair）（八八〇-九四〇年）の時代以来有名である。ノルウェーのほとんどすべての国王がこの古代の農場で一夜を明かしている。十八世紀初めに、ここの広間はポール・ヴェッグム（Paal Veggum）によって装飾された。マルサスとオッターが調理室にいたのは残念に思われる。

(20) フォクストゥア（Fokstua）は海抜三、一二〇フィートである。またドーヴレ山地のフォクストミュレーネ（Fokstumyrene）（沼沢地）は、旅行案内書に鳥類学者や植物学者の楽園と書かれている。

(21) セータースにある木造の「小屋」は、芝土で屋根を葺いていて、その上に草花が生えている。それは外見上、今でも一七九九年と同じようである。

(22) マルサスは、ここから ‘charged’ を ‘chardged’ と書いている。

(23) 口絵5を参照。

(24) フォクストゥア、コングスヴォルおよびドリヴストゥア（Drivstua）の旅宿は、北欧伝説の時代からあったドーヴレ避難所の三つを受け継いだものである。今日、それらは国有となっている。伝説によれば、エーステン王（Öystein）がこの避難所を維持するために財産を提供したという。その後それらは教会に受け継がれ、宗教改革の後、土地は農業者に与えられたが、旅宿を営なみ旅人に荷馬を供するという条件付きであった。

(25) この教会はおそらく一六五〇年に建立されたオップダール（Oppdal）の教会であろう。この小さな町は現在冬期スポーツの中心になっている。

(26) *O.E.D.* によれば、‘list’ は素材は何であれ、帯状のもの（band）、あるいは細長い布きれ（strip）である。
(27) ここでマルサスは、一インチほど紙を残して、一冊目の皮表紙の手帳を書き終え、二冊目を始めている。
(28) マルサスは最初'Nightcaps'と書いたが、後で別のインクで訂正した。
(29) C・J・ポントピダンの一七八五年の地図では、'Sognaes'となっていて、クラークもそう呼んでいる。
(30) 「フォルブード」(Forbud) は、必要とされる駅馬の事前通知で、これを宿駅から宿駅に送っていた。こうすることによって、必要な馬を遠方の牧場等々から連れてくるのに大きな遅れがないようにしたのである。
(31) トロンヘイムの広く快適な市街は、一六八一年の大火の後にシシニョン将軍 (General Cicignon) という人が行なった現代の都市計画というものの結果であった。現代の旅行案内書によれば、オスロとトロンヘイムとの道路距離は、グドブランスダール河沿いで三四八マイルである。
(32) 道路が「滅多に使われていない」のは、聖オーラフ寺院詣が宗教改革後に停止してしまったためであり、またそれは半世紀以上もの間、軍事目的のために必要とされていなかった。普通の用事でトロンヘイムへ行く人たちは海路によっていた。
(33) ゲルハルト・モルトケ伯 (Count Gerhard Moltke) は、一七六四年コペンハーゲンに生れた。彼は、一七九六年から一八〇二年まで、トロンヘイムの行政長官 (Stiftamtmann) の地位にあり、一八五一年に死んだ。
(34) 「二人の婦人が」からの文章は、後に別のインクで、かなりていねいに消された。おそらくマルサスは、クラークがその文章を彼の本に入れるのを好まなかったのであろう。
(35) マルサスは、午餐会を開いてくれた婦人をリスホルム夫人 (Madame Lisholm) と呼んでいる。一九二ページをみよ。彼女はトロンヘイムの商人ブローダー・ブローダセン・リスホルム (Broder Brodersen

Lysholm）の未亡人である。彼は一七三四年にフレンスブルクに生まれ、結婚後わずか九年目の一七七二年に死んだ。リスホルム夫人は、やはりトロンヘイムの商人の娘で、カテリーヌ・メインケ（Catherine Meincke）といった。マルサスが彼女に会って、「非常に気持のいい老婦人」だと書いた時、彼女はおそらく五五歳であり、そして一八一五年に死んだ。一七九九年に彼女はビィオーセン（Byaasen）のハーブステーン（Havsteen）に住んでいた。口絵7を見よ。

（36） 伯爵夫人は、以前はベルタ・ソフィー・ビル-ブラーエ（Bertha Sophie Bille-Brahe）といい、オーデンセの出身である。彼女はこの時二五歳であり、十七歳の時モルク伯と結婚した。彼女は一八三三年まで生きた。

（37） この老婦人はおそらく七一歳になっていた。彼女の幼名はエレノーア・フレデリカ・フォン・バセヴィッツ（Eleonore Frederica von Bassewitz）で、彼女は当時トロンヘイムの陸軍中佐であったシュミトウ伯爵（Count Gottfried Wilhelm Christian Schmettau）（一七五二―一八二三年）の母で未亡人であった。彼女は息子よりも長生きをし、一八三〇年に百二歳で死んだ。

（38） クラークは、この食事後の儀式をもう少し詳しく記述している。「この家の主人にお辞儀をし、そして相互にお辞儀をし、また主人と握手を交わし、女主人の手に接吻をする。そして婦人たちは男の腕に助けられて部屋を出て行く。」(*Travels*, V, p. 663.)

（39） 一七七二年と一七八四年にひどい飢饉があった。

（40） ここでマルサスは、一ページを空白にする彼の慣行を繰り返している。

（41） マルサスはこの点について必ずしも明瞭ではない。一七七一年のストルーエンセの勅令は、それ以前の調査にもとづいて、最小限十年間の所有によってすでにオーデルス権が確立されている地所を請求しうる一五年の期限を直系子孫に与えている。

（42） 民族博物館に行くと、いくつかの大農場の中に、「老人の部屋」を見ることができる。

（43） 冬の最低気温とマルサスがいうのは、−18°R（−8.5°F）の意である。18°R＝72.5°F また 21°R＝79°F

である。

(44) *O.E.D.*によれば、'shippound'(一五四五年)というのは、「バルト海貿易で使われている重さの単位で、三百—四百ポンドの重さ」である。

(45) これはムンクホルム島(Munkholm)で、ここにカヌート(Canute)が一〇二八年に修道院を建てた。

(46) 美しく老いた人々の家が今でもそこにある。外観はほとんど同じだが、一九六五年に紡糸は編物に代っていた。

(47) フィラデルフィアでは、一七九〇年に、クエーカー教徒の影響下で、長期的な矯正策として独房制が導入されていた。

(48) 将軍はゲオルグ・フレデリック・フォン・クローグ(Georg Frederik von Krogh)で、トロンヘイムの司令官であった。彼は一七三二年に生まれ、一八一八年に死んだ。マルサスが彼に会った時はおそらく六七歳で、北ノルウェーの事実上の総督であった。ここに出てくる別荘はおそらくベークランド(Bakland)にあったもので、そこに将軍は瓦製作所をもっていた。口絵8を参照。

(49) ほとんど垂直な岩は確認できないが、マルサスはひどく誤解していた。ノルウェーで一番高い山は八、〇九〇フィートにすぎない。この種のもう一つの例について二四六ページを見よ。一八世紀の旅行が今日の旅行といかに違っていたかを示している。

(50) マルサスはここで、おそらく「ハロルド——その他」の物語のために三ページを空白にしている。

(51) 大執事コックスの言うことが正しければ、ノルウェー人もしばしば海水浴をしたに違いない。ノルウェーの漁業について書きながら、彼は次のように述べている。「鯖の群がしばしば海水浴をしている人間に襲いかかって喰い殺すという奇妙な観念から、ノルウェー人の多くがそれを食べることを仮に嫌がらないとしても、やはり鯖は大量に捕獲されたのかもしれない。」(*Travels*, V, p. 19.)

(52) ハンス・カール・クヌーツォン(Hans Carl Knudtzon)(一七五一—一八二三年)は、シュレースヴィヒ生れであった。彼の息子のブローダー・リスホルム・クヌーツォン(Broder Lysholm Knudtzon)

は、マルサスの訪問時にはおそらく十一歳であった。この息子は一八〇八年から一八一四年までイギリスに滞在し、後のダラム卿およびバイロンの友人になった。

(53) *O.E.D.* は、生物学における「極」(pole)という語の最初の用例を一八三四年とし、「あらゆる機関の主軸、あるいは幾分球形または卵形をしたものの両極」であるとしている。

(54) ティッコ・ブラーエ(Tycho Brahe)はデンマークの著名な天文学者で、一五四六年に生まれ一六〇一年に死んだ。彼はジーランドから六マイル離れたフューエン島(Huen)にウラニボリ天文台(Uraniborg)をつくって、そこでフレデリック二世擁護の下に長い間研究生活を送った。マルサスはコックスの旅行記の中で彼についての長い説明を読んだのであろう。そこには、ブラーエが決闘で鼻を切り落されて、その代りに付けていた金の鼻の叙述もある。(Coxe, *Travels*, V, pp. 237-61.)

(55) トマス・アンゲル(Thomas Angell)は一六九二年にトロンヘイムに生まれ、一七六七年に死んだ。彼は、十五万ポンドの遺産を残したが、その利子の三分の二は直接貧民のために使われ、三分の一は元本の補強に繰り入れられた。

(56) マルサスは、はじめ「下層階級より多少上の老婦人たち」と書いた。

(57) (イギリス式礼拝にもとづく)賢信礼(Confirmation)の儀式は、一七三六年に法的に確立した。これは成人、就職、結婚、および相続権の前提として認められるにいたった。子供たちは、教区の牧師が指導するルッターの教義問答を習う過程において読むことを学んだ。ここから巡回教師(itinerant schoolmaster)の役割が出てくる。二〇二―三ページも参照。

(58) 「後ろの河」とはニード河(Nid)である。トロンヘイムの旧市街は一種の半島の上にあり、一方にはニーデルフ河(Nidelv)があり、他方にフィヨルドがある。「岩」は、現在「民族博物館」の所有地にある。

(59) 注(37)参照。

(60) 「アムトマン」(Amtmann)というのは地方長官で地域の役人の長である。これが確立したのは一六六〇年からである。

(61)　「ソレンスクリーバル」(Sorenskriver) というのは、地方の裁判官または地区判事である。
(62)　マルサスは追加するために一ページ空白にしているが、追加はしなかった。
(63)　マルサスはおそらく、トロンヘイムの主教エリック・エリクスン・ポントピダン (Erik Erikssön Pontoppidan)（一六一六-七八年）を、一七五一年に出版された『ノルウェー自然史』の著者と混同している。この著者はベルゲンの主教エリック・ルードヴィクセン・ポントピダン (Erik Ludvigsen Pontoppidan)（一六九八-一七六四年）で、「ドロンヘイムの主教区は私がまだ行ったことのないたった一つの教区である」(*Natural History of Norway*, p. xviii) と書いている。
　この絵と記念牌は、今もトロンヘイムの大聖堂の南袖廊の西天上高くにある。それは判読に困難であるが、‘annorrum’ が正しく綴られていることを私は知った。これに加えて、マルサスは筆写の際に他の書き誤りをしている。原文の六～七行目は、‘non domi minus in Academis Ecclesiis et Scholis...’ と読むのが正しく、九～一〇行目は ‘famam posteritati commendarunt’ とすべきである。主教の息子は、‘filius supertis’ であった。マルサスはまた日付をすべて英語化している。
(64)　この学者がマーティン・フリードリヒ・アレント (Martin Friedrich Arendt)（一七七三—一八二三年）であることを確認したことについて、私はコペンハーゲンのアルバート・ファブリティウス博士 (Dr. Albert Fabritius) に感謝しなければならない。彼はアルトーナのタバコ商人の息子で、ゲッチンゲンとストラスブルクで植物学を研究したが、その後ノルウェーの鋳貨や古代北欧人の碑文などにより関心をもつようになり、さまよえる好古家 (Wandering Antiquary) として知られていた。デンマークの詩人エーレンシュレーゲ (Oehlenschläger) は、彼の外観は「風変りなほどだらしなく」、態度もぞんざいで、かつ思慮がないと書いている。
(65)　マルサスは、「同時に一人以上の恋人をもつことが正当だとは思われていない」と書いた。「名誉なこと」という言葉は、後で考えられ、別のインクでつけ加えられた。
(66)　モルトケ伯は *Trondhjemske Tidender* 紙の七月十二日号に、自分は近々コペンハーゲンに行くので、請求書はすべて八月一日以前に彼に送って欲しい、その日以後のものは支払わない、という意味の広告を出している。しかし、実際には彼はトロンヘイムに帰って、一八〇二年までトロンヘイムの行政長官を勤めた。

(67) ポントピダン主教はほほえましい偏愛をもって書いている。ノルウェーの子供たちは、「きわめて早く読み書きを習得し、非常に短期間に本を暗記し、その意味を理解することができる。とりわけありがたいことに、学校が非常にすぐれた基礎の上にあり、私は毎年どこの学校を訪ねても、同じように楽しみと驚きをもってそれらを眺めるのである。」(*Natural History of Norway*, p. 248.)

第四部　トロンヘイムからマグノルへ

七月二二日［月曜日］

八時頃ドロンへイムを去り、途中、リスホルム夫人の義理の息子であるバング大佐を訪問して、朝食をとった。大佐は、私たちのために道中図を作っておくと約束し、必ず立ち寄るようにと言っていた。リスホルム夫人と大佐の夫人および家族が私たちを喜んで迎えてくれた。彼らは屋敷を案内してくれたが、それはシュミトウ伯のものに次いですばらしかった。盛りだくさんの肉料理をご馳走になり、ありとあらゆる丁重さに圧倒された。約束の道中図と若干の書状を受けとり、少し名残り惜しかったが、重ねて振舞いを受けて迷惑をかけないように立ち去った。

はじめの五旅程近くの間、道は今までと同じであった。やがてまた、ドロンへイム周辺で見たのとは比較にならないような渓谷の美に打たれた。

ハダカ麦とオート麦は、私たちがドロンへイムにいる間に、大いに生育が進んだ。干し草がどこでも作られていて、そのために景色が非常に快適で美しさを増していた。

ビィーエ、というよりもフォスで、私たちはまた馬のことで足留めされた。メールフース（Mel-huus）の男が、事前通知をそのための馬で送らないで、途中の荷馬車を引いた男に渡して頼んだが、この男は私たちがフォスに着いた時まだそこにいなかった。それでも私たちは、事前通知の馬賃をメールフースで払っていた。どこの宿駅にも、そこの主人への苦情を書きこめる手帳があるが、もう犯人を二駅も逃がしていたので、訴えを申し出る機会がなかった。

フォスと次の宿駅の間で、来るときに通過した河をまた渡った。水の温度は62½度であった。ソックネスへ着く前に少しわき道にそれたが、そこは二つの渓谷が一緒になる非常に美しいところであった。近くに大きな農場があり、農民はとても忙しそうに干し草作りをしていた。干し草は全部橇で運ばれ、ただちに家の中に貯蔵される。馬が一種の台の上を橇で引いて屋根裏か納屋に運び込む(1)。干し草や穀草の山はまったく見られなかった。刈り取りをする農民は、ほとんど直立の姿勢で、非常に短かく細く刈り取っている。農民は穀草に極端に近づいて刈っているが、作物の実りが軽い場合にはとくにそうである。というのは、高地では、穀草のなかに灌木や木々が点々と生えていることがよくあるからである。

刈り取りをする地面に生えているこういう木々を掘り返す努力を農民はもうしないのかと思った。しかし、それは美観からするとよくないのだろう。というのは、ノルウェーの渓谷は、木々と緑の草々が混じり合って確かにその美しさを大いに増しているからである。私たちは馬のために（わき道にそれたところから程遠からぬ）ストゥーレモー（Storermoe）で二時間半近くも待ちぼうけを食い、とうとうソックネスまで馬を迎えにやらなければならなかった。フォスからストゥーレモーまでの距離は1¼マイルであった。

ボーゲン（Bogen）まで1½マイルあり、迫った岩の渓谷の河のほとりを通って行った。そこは河床は広いけれども水量は多くなかった。道は所々険しく石ころだらけで、河の上に差しかかっている。しかし、馬が驚いてとびあがった時に岩が落下するのを防ぐ防御物はほとんどなかった。丘の形は変化に富み、モミの木がたくさん生えている。その一つ二つは完全な円錐形をしている。

ヒールケヴォル（Kirekevold）まで1¼マイルあり、ここは同じ谷間の連続でまったく同様の景色である。道は所々非常な悪路で、馬のため非常に長く足留めを食って、一時半までヒールケヴォルに到着できなかった。私たちはノルウェーに来てから、きわめて暑い日の後にしばしば続くという寒夜を一度も経験していないことに気付いていた。しかし、今夜は気温が四五度で、寒さのため幾分困った。なにしろ、昼間の温度が七三度であった。

ヒールケヴォルでは、貧相な宿だったが、夕食に少し暖めたミルクを飲んでからかなりよく眠った。それをカスタードにする余裕はなかった。

晴れ。深い日陰で二時の気温七三度。馬車の中の狭い日陰で七八度。夜十二時と一時の間が四五度。風は東風。

七月二三日［火曜日］

干し草作りが宿の回り中で進んでいた。作物が重い時は、農民はいつもそれを十字架状の棒に掛けて乾燥させる。それが軽い時には地面の上で乾燥させている。私たちは朝食用に持参したお茶とビスケットを食べた。ミルク、ベッドおよび世話代として三シリング払った。

ゴール（Gaare）まで2½マイル。道は同じ谷間の主にモミの木の森を通って走っている。しかし谷間は前ほど狭くなく、丘もそれほど屹立していなかった。馬を連れてきた男は小さな農場をもっていて、国王にその農場の地代を支払っていた。彼は二頭の馬と十一頭の牛を飼っていた。近隣の森林は全部国王のものであるが、農場の所有者は私的な使用に必要なものは好きなだけ木材を切ることを許されていた。ドロンヘイムで聞いたことだが、王領地と教会領を除いて、ノルウェーでは賃貸農場は非常に少ないという。ほとんどすべての農業者は土地所有者である。若干の王領地が売りに出されている。私たちがクリスチァニアにいた時、ペーター・アンケル氏はその用事で当地に出かけていた。使用人の話では、私たちが一日を過したグドブランスダールの宿の近くに住む地区判事は、そこの三つの農場の売却を委任され、二千ドルの賄賂をとって買手に非常に安い価格で入手させた。[2] また、役人が富裕な農民から賄賂をとって兵役を免除していることも、公然の秘密である。以前彼らは心付けをとって結婚の許可を与えていた。こういうことが、役人が現制度に反対する理由の一つだと言われている。こんな情報からすると、ノルウェーにも他の地方と同じように、多くの不正あるいはそれ以上の中傷非難があることは明らかなようである。

この旅程の道路は、多くの場所がロシアと同じく材木を横にして作ってあり、一般に非常に悪かった。二マイル半進むのに五時間近くもかかった。道路の最初のほうに、いちごが非常にたくさんあった。

ホフ（Hof）まで二マイル。渓谷の初めのほうは比較的広くかつ耕作が行なわれていた。干し草作りが盛んであった。その後モミの木が生える険しい丘を上って行くと、今まで渓谷のより近くの崖や丘に隠れて見えなかった周囲の山々を眺めることができた。丘を下り、溶鉱炉の傍で河を渡ったが、この周辺は大変不毛で荒涼としていた。道中の後半は再び広々した景色となり、干し草作りで賑わっていた。刈り取られる草の一部は非常に軽くかつ細い。そしてそれはほとんど手がかからないように見える。しかし、長い冬の間の家畜用にできるだけ多くの干し草を刈り取っておく必要がある。道の所々が前の旅程と同じく材木で作られていた。

クラークはちょうど二カ月後に、彼とクリップスがホフの宿駅帳にマルサスとオッターの名前を見いだした様子を、旅行記に書いている。クラークはこの機会をとらえてマルサスに独特の賛辞を呈し、「二人の友人」について次のように書いている。「二人のうち一人は、ノルウェーのあちこちで事実を収集し、ある著書の意味を明瞭にしている。その著書は、愚かな著作家たちから反論を受けた後、とうとう彼を哲学者として、その偉大な能力によって正当にそれに値いする高貴な地位においた。」尊師マルサス教授の名前と、その本のタイトルは脚注に書かれている（*Travels*, V, p. 617.）

ホフからレーロース（Rorass）まで3½マイル。この非常に長い旅程で、私たちの馬は最初ほとんど進むことができず、半マイルもするとまったく立ち止まってしまった。幸いにも、近くの農場で元気な馬を調達でき、それでようやくレーロースに辿り着いた。しかしもう一時半を過ぎていた。この道は主として家畜が夏期に放牧される高地にあり、それはセータースと呼ばれている。幾匹かの牛が小さな柵の中で一緒に横たわり、そのまん中で火を燃やしている所を通りすぎた。これは熊を遠ざけるためということで、この地方で一般的である。どの馬も首に鈴をつけているが、これも同じ目的に役立つのだと思われる。

レーロースに着く半マイルほど前に、私たちは山の谷間にある河を通りすぎた。後で分ったのだが、それはグロンメン河（Glommen）の源に非常に近いところであった。河の近くの谷間の底は、非常に濃く冷たい霧でおおわれ、そこを通りすぎるのはまったく不愉快であった。この河は少し高いところにあるいくつかの湖から流れ出ているが、霧のため見ることができなかった。この濃霧から脱出した後の気温はわずか三八度であった。日の当るところは七一度だった。この変化はあまり気持のいいものでなかった。

レーロースでは幾分冷淡な歓迎を受けた。住民が生活を乱されるのを好まないからで、夕食用のミルクを少し手に入れるのにひどく苦労した。それも、私たちが何も持っていないことを二度も三度も念を押された後のことであった。宿の主人は八〇歳の老人で、やや不機嫌であった。不幸にも町の人々が彼に宿を頼んだのであった。

晴れ。深い日陰の温度七一度。馬車のなかで七五度。午前一時に三八度。東の風。(3)

レーロースはトロンヘイムから約九七マイル離れたところにあり、海抜約二、〇六〇フィートの高さにある。この町は、銅鉱山が始まったばかりの一六四六年に建設され、一六七八年、一六七九年および一七一八年の三回、スウェーデン人によって焼き打ちされた。鉱山は、現在一つしか稼働していないが、鉱山だけでなく鉱夫がスレッグヴェイエン(Sleggveien)で住んでいた家を案内する旅行が今もある。旧い建物はすべて木造で、ただひとつの例外は一七八〇年に作られた教会である。レーロースはすばらしい場所で、もっと知られて良いところである。というのは、ここは現存する十八世紀の都市の見本のようなところだからである。舗装されていない二本のまっすぐな大通りには、優雅な木造の家屋が隣接し、その背後に(同じく美しい)庭や納屋が並んでいて、そこで家畜や羊は冬をすごす。もし雪解けが遅れると、五月の終わりまでそこにいる。

クラークは九月二〇日に宿に着いて、次のように書いている。「私たちは、八四歳の高齢になった聡明な老薬店主の世話になった。彼は大変立派な人で妻が若く、その家は長い間、旅行者に最良の宿を提供してきた。……外国人名簿の中に、二人の友人マルサスとオッターの名前を見いだして大いに喜んだ。スウェーデンにはじめて足を踏み入れ、ヴェーネル湖の岸辺で彼らと別れたが、それ以降の安否の第一報をここの主人から聞いた。……善良な老薬店主と彼の家族から受けたこのような音信と歓待のために、この家がまるで家庭のように思えた。……この家にはまとまった図書が所蔵されていたが、それは老薬店主が売る薬、食料品等の紙包み用に使われる運命になっていた。それはハモンドという名のイギリス人の所有物で、彼はこの地で死んだが、それ以上に彼の経歴は分らなかった。」
(*Travels*, V, pp. 601, 602.)

七月二四日〔水曜日〕

今朝になってみると、宿の老人の様子が穏やかで、家族全体の気持が和らいでいた。私たちは朝食に、きわめて上等のコーヒー、若干の白パンのラスク(rusk)、悪くないバターを食べた。その人宛に手紙を書いてもらった鉱山の管理者が地方の友人のところに行っていて、返事をもらうまで午前中待たなければならなかった。その返事がきた時、彼は自国語以外のいかなる言語も話せないこと、翌日の夕方まで家にいないこと、そして部下の監督に命じて、彼自身がするのと同じように私たちを案内するように言い残していたことを知った。

そこはきれいな旅宿だったが、夕食には、保存用サクランボで作った一種の悪くないスープの他は、塩魚とじゃがいもが出ただけであった。旅宿の主人は、お金をいくら出してもレーロースでは肉を少しも買えないと言った。しかし、確かにここは、ノルウェーで見たなかでクリスチァニア、トロンヘイム、そしておそらくコングスベリを除いて最もすばらしいところである。

午後、監督と一緒に溶鉱所を見に行った。鉱石はそれが銅となって一般に輸出される状態になるまで、五つの過程を経なければならない。最初の工程では単純に木材で焼き、残りの工程は繰り返し木炭で溶解が行なわれる。溶剤は少しも用いられる様子がない。私たちは最後の工程を見学したが、それは興味をそそるものであった。銅が十分溶解して、溶鉱炉の中で全体が完全な液状になるまで煮沸した時、溶鉱炉の労働者が液状の銅の上に手桶の水を一杯投げかける。そうすると、この銅の表面が一インチか二インチほどの厚さに固まり、まだ赤いホット・ケーキのようではあるが、固形の銅を取りだすことができる。それをすかさず傍の水槽に流しこむ。それがすむと、輸出のためトロンヘイムに運搬できる状態になる。私たちは待ってこの最後の工程を見学したが、労働者には少しも迷惑をかけなかったと思う。だから、労働者に何かやった方がいいですかと監督にたずねた時、二ドルを要求されてたいへん驚いた。

私たちは通訳である使用人を通じてだけ情報を得ることができ、鉱山が年に約三シップ・ポンドの銅を生産することを知った。従業員は約六百人で、そのうちおよそ四百人が鉱山で働き、残りは溶鉱炉で働いている。賃金は仕事の内容と、鉱夫として働いた時間に応じてそれぞれ違う。一人前の賃金を稼ぐには十年間の徒弟期間を経なければならない。通常の賃金の最高額は一日一シリングである。労働者に食料を供給するために、穀物その他種々の必需品の公共倉庫があるが、労働者はそこから便利だという以外にはたいした利益を受けていない。あらゆる物品の価格は、その時の平均価格を基準にしてトロンヘイムの事業主によって一年に二回固定される。そして彼らは常に半年間同じ価格を継続する。この規制によって公共の倉庫はしばしば利益も損失も受けることになる。ここ半年間の穀物価格は、ライ麦タン当たり六ドルで、ハダカ麦は五ドルであった。オート麦の消費量は非常に少ない。労働者が受け取る賃金以外の唯一の恩恵は、住宅と一般に二頭の牛を飼えるだけの地代のいらない土地である。レーロースの町は、散在する多数の貧相な農家から成り、家々の周囲には干し草用の小さな柵がある。夏になると牛は共同地に行く。ただ一軒の家にも庭らしいものがない。

夕方、¼ノルウェー・マイル離れたグロンメン河に行ってみたが、途中あやうく泥沼にはまりこむところであった。レーロースの町とその周辺はひどく荒涼とした貧しそうなところで、一帯がまったく不毛のヒースから成り、一部は乾いた土地、一部は泥沼であった。ノルウェーとスウェーデンの国境の山は遠からずに見えるが、レーロースの町自体が非常に高いところにあるため、それほど高くは見えない。ノルウェーとスウェーデンとを分つこれらの山岳地帯には、多数の流浪のラップランド人(Laplanders)がいて、ある時はスウェーデン側の山に、ある時はノルウェー側の山に住むという。冬になると、彼らはしばしば村に降りてきて、毛皮を売り、少しばかりの穀物を買う。しかし、夏にはセーターースで家畜を飼う農民でなければ、彼らを見ることもその噂を聞くこともない。

快晴。一時の温度六四度。

レーロースの周辺を歩き回って、私たちは、数多くの窓のない小さな木造家屋が別々の囲い込み地のなかに散在しているのを見た。これらの囲込み地は全部干し草用地で、その所有主が違うこと、また、あるひとつの囲い込み地で見た家屋の多くはどれも非常に多数の人々の間に分割された土地にあることを知った。これらの区画は、その時は草のために見えなかった石を目印にしていた。

七月二五日［木曜日］

六時に監督と一緒に、¾マイル離れた鉱山に出発した。馬車に三頭の馬が必要だと言われたが、その後二頭で十分なように思われた。同行した監督はけっして小男ではなかったけれども。私たちは右手の下の方に小湖沼が続いている荒涼とした石の多い荒れ地を通って行った。これがグロンメン河に注ぐ小川のひとつとなっている。

レーロース鉱山の入口は、他の鉱山がどこでもそうであるように竪坑を降りて行くのではなく、馬も車もたいして困難なく上下できる道路を通って、丸天井の下をだんだん降りて行く。私たちはかなりの時間降りて行ったが、鉱道は、今掘っている鉱脈の大小によって、高くなったり低くなったり、あるいは広くなったり狭くなったりしている。直降約五〇ノルウェー・ヤードのところで、鉱石が爆発する音を三度聞いて立ち止まった。これはものすごい音で、長い間耳の上で振動し続けた。あとで岩が破裂した場所を調べてみた。掘り出している鉱石は非常に豊度が高いように思われた。それはすべて黄銅鉱である。ここには、一般にもっとも豊度が高いとみられる黒鉱はない。

私たちが降りてきた段々道は、なにか特定の目的で作られたのではなく、頂上からその方向に延び、所々で四方八方に広がり、層の厚さも方向もまったく不規則な鉱脈を追い求めて作られたにすぎない。私たちは後で下のほうに降りて行って、あちこちの坑道を歩き回った。そこは、まるで悪魔のように見える男たちが持っている、割ったモミの木の束で作った松明《たいまつ》で照らされていた。爆薬用の穴堀作業をしている鉱夫のなかには、ヴァルカン神話にでてくるような幾人かの非常に立派な大男がいたけれども、顔が真黒になっていて、彼らが健康的なのかどうか見分けることができなかった。[4] しかし、監督の話では、彼らが働いている丸天井の中はひどく湿気が多いにもかかわらず、鉱夫が病気になることはほとんどなく、しばしば風邪をひくことさえないという。私たちに同行した一人の鉱夫は七〇歳であったが、やつれはてていた。

私たちがその作業を見学した鉱夫たちは、爆薬用の穴堀りと爆薬の装塡作業だけをしていた。この穴は一ノルウェー・ヤード（二イギリス・フィート）の深さで、七オンスの爆薬が穴ごとに装塡され、乾燥した粘土で密封してこれを強く押しこめる。十時から十二時までが爆破の時間であり、この作業部分にどうしても必要でない鉱夫たちは、この二時間は地上で待機してよいことになっている。爆発の前に、監督の一人が穴を全部検査し、もしそれが適当な深さでない場合には、もう一度やり直し、それを掘った鉱夫は別の穴を掘らなければならない。各人の決まった仕事は一日に穴を二つ掘ることである。それに対して、鉱山に十年間の徒弟期間勤めあげた鉱夫は、一カ月五ドルの報酬を受ける。十年に満たないものは、まったく同量の作業をした場合でも、四ドルまたは四・五ドルを受け取るだけである。

決まった仕事の他に、労働者がその収入を増す奇妙な仕事がある。鉱夫たちは月曜日の朝から金曜の正午まで働く。この間、彼らは鉱山の傍の住宅に泊っているが、金曜になるとレーロースの妻と家族のところに行く。しばしば、約束の仕事を頑張って時間前に仕上げると、彼らは早く家庭に帰ることが許される。彼らは普通、食事時間と十時から十二時までの二時間を除いて、午前四時から午後五時まで働く。

鉱山にいる間、爆発が絶え間なく続いたが、それは離れた所でもちょうど雷のように響くので、それと区別がつかないくらいだった。一般に爆破時間中に一五〇の爆発がある。鉱石は小さな馬車で鉱山の下の方に運び、竪坑まで持っていって引上げる。私たちが見た竪坑は五〇ヤードの深さにすぎなかったが、ほかに約百ヤードのものもあるという。この竪坑は新鮮な空気を鉱山に送りこむ役目もするし、ここを通して水が機械で汲み上げられる。鉱山の最深部分は一五〇ヤード、すなわち三百イギリス・フィートであったが、私たちは六〇ヤードより深いところには行かなかった。鉱山は直線で約千五百ヤードも延びているが、他の方角にもかなり広がっている。

鉱山の中から出た後、鉱夫が労働期間中寝起きする小屋を見に行ったが、そこは今まで見たこともないようなひどいところであった。八ヤードか九ヤード四方もないような部屋に百人ほどの鉱夫が群居していた。彼らは、壁中に作られた一種の枠のなかの狭い板の上に寝ている。この板の幅は二フィートもないようだし、私たちが見たものにはベッドも毛布もなかった。鉱夫の多くは、私たちが部屋にいる間も寝ていた。彼らは月曜から金曜まで衣服をけっして脱がないのである。夏の二カ月間は、鉱夫の子供たちが非常に多数仕事に駆りだされ、鉱石の細片を水洗いして一日四ペンスから五ペンスを稼ぐ。

鉱山は一七二の株式に分けられ、昨年は各株が正味四百ドルを生んだ。以前は一株が五百ドルまたは六百ドルを生んだ。最大の株主は十八株を所有している。ドロンヘイムでその財産を貧民に遺贈したアンゲル氏はそれと同数の株をもち、現在もう一、二の人がこれと同じ株数を所有している。

私たちは食事を一緒にするよう監督を宿に案内した。宿の主人はちょうど脂がのった子牛をつぶして、その肉を少しばかり分けてくれた。午後、鉱山管理者のクヌープ氏（Mr Knoph）(5)が私たちを訪問したが、彼はフランス語をほんのわずかしか話さず、また英語をまったく話さなかったので、彼との会話から期待した通りの情報を得ることはできなかった。しかし、彼は夕方のうちに鉱山の説明を少し書いて届けてくれると約束し、また質問にも幾つか答えてくれるということであった。

使用人を通じて私は昨年の冬、水銀が凍った話をクヌープ氏に尋ねてみた。新聞に載った説明は、レーロースから七マイルほど離れたところに住むドラム中尉（Lieutenant Dram）という人の話だという。(6) 凍った水銀というのは寒暖計のものでも、晴雨計のものでもなく、ドラム中尉がコップの中に出した少しばかりのもので、クヌープ氏はその純度に疑問をもっていた。今年二月五日に、クヌープ氏の寒暖計の水銀は球のところに沈んでしまったが、ガラスが割れてみると、水銀は液状であった。クヌープ氏は親切にもこわれた寒暖計を取りにやって、それをみせてくれた。それには列氏で零下三〇度まで目盛りがついていて、球の上に目盛りのない部分があった。そこにはさらに十五度の目盛りをつけることができるようであったから、いずれにしても寒さは過度に厳しかったに違いない。(7)

クヌープ氏に宛てた手紙で、ラップランド人を是非見たいという希望を伝え、彼に私たちの目的をかなえる最善の方法を考えてくれるように頼んでおいた。彼はレーロースから四マイルほど離れたトルゲン（Tolgen）の地主に紹介状を書いてあげると言ったが、この人はおそらくラップランド人のいる所に私たちを案内できるということであった。しかし、ラップランド人は夏には同じ場所にほんの短期間しか住まないから、彼らを見つけるのは困難だという。

クヌープ氏の話によれば、レーロースの人口は一、七五〇人から一、八〇〇人の間だという。(8) 緯度六二度、三四分、四〇秒。

レーロースには多数の貧民がいて、救貧院が一軒しかないが、その施設がどんな内容のものか聞かなかった。住居にも、人々にも、確かに貧しそうな様子が見えていた。

必要な材木は河を流して運び、木炭は冬の間に橇で運搬される。

快晴。二時の温度六五度。北寄りの風。

クヌープ氏は約束の説明書を送ってくれたが、それによれば、鉱山の年毎の生産物は次のよう［であった］。

一七九六年　二、二九五シップポンド。一シップポンド　八ペンスで[9]一八三、〇〇〇ドル。
一七九七年　二、五三〇シップポンド。一シップポンド八〇ペンスで二〇二、四〇〇ドル。
一七九八年　二、五八三シップポンド。一シップポンド八四ペンスで二一六、九七二ドル。

鉱山の経費は一〇七、〇〇〇ドルから一二〇、〇〇〇ドルの間である。

鉱山で働いている成年男子および児童　四三〇人
溶鉱炉で働いている成年男子および児童　二二〇人
総計　六五〇人

銅に混ざっている物質は黄鉄鉱、角閃石、雲母である。

レーロース、トルゲン、ドラゴース（Dragaas）およびフレミンズ・ミッター（Fremінds Mitter）の四つの溶鉱炉で、年々、一二、五〇〇トンから一三、〇〇〇トンの銅が製錬され、二四、〇〇〇から二六、〇〇〇荷駄の木炭が使われる。

七月二六日［金曜日］

三泊の部屋代、朝食、夕食、コーヒーなどの代金として六ドル払った。もっと容赦なくとられると思っていたので、それは妥当だと思った。最初はひどく不機嫌だった老人も、後になると非常に親切な人に変っていた。

八時頃レーロースを後にした。出発時の温度四五度。グロンメン河を渡って間もなくカバの木の森に入ったが、殺風景なレーロースの後でもあり多少の救いであった。ウーストまでの道は二マイルで非常に良く、全道下り坂である。[10] 遠くの山々は広大な雪の肌をみせ、ドーヴレ山地に少し似ている。旅程の後半はまたモミの木の森に変った。ウーストはこの辺の村としては大きな村である。家々の屋根が草茫々としているので、時にも草刈りをしなかったのかと聞くと、そうだという答えであった。

ウーストからトルゲンまで二マイル。道はグロンメン河に沿って初めはカバの木、後にモミの木の森を通っている。反対側の岸は美しい山で半ばまで森で覆われ、残りは禿山になっている。非常に豊かな牧草地のある農場をいくつか通って行った。最良の土地でもその表面が極端にでこぼこなことがよくあり、ほとんど全面にわたってもぐら塚と小さなくぼみがある。この土地の草の刈り取り方にはまったく驚いた。もぐら塚はすぐ傍まで刈り取られ、くぼんだところも見事な穴に刈り抜かれている。作物が重い場合は、だいたいその一部を地面に薄く広げ、残りは横木にかけ、時にはその全部を横木にかけることもある。干し草は上手に作られているようで、その色が変る前に良好な状態で運び込まれる。

二時頃、溶鉱炉のあるトルゲンに着いたが、[11] 旅宿には誰もいなかった。手紙を溶鉱所の監督に届け、彼の家に入りこんで、すばやく若干のベーコンとタマゴを食べた。

溶鉱炉の監督――クヌープ氏の紹介状はこの人に宛てられ、私たちはその人の家にいた――は、すぐに乗用馬を三頭雇い、約一ノルウェー・マイル離れた山の中の農家に行くように勧めてくれた。そこで私たちは、ラップランド人――あるいはラップフィン人（Lap fins）と呼ばれている――の消息をつかめるだろうし、そこで眠って明朝彼らを探しにいけばよいとのことだった。この指示に従うことにして、四時頃出発した。私たちの使用人は通訳として第三の馬に乗り、一人の農民が道案内人として徒歩で同行した。

道を半ばすぎたところでグロンメン河の木橋を渡った。その橋は馬を支えられないように見えたが、道案内人はそうは思わないようだった。橋を渡って私たちは、モミとカバの木が生えた険しい丘の岩の多い小道を上って行った。頂上に出るとセータースとして使われている土地――セーターマーク（Satermark）と呼ばれている――があった。あちこちにまあまあの牧草が生えていたが、大部分は極端な不毛地で、主にトナカイ苔で覆われている。それでもそこには、繁茂はしていないが、カバの木の森があった。カバの木々の向こうにはむき出しの丘や山があり、それらはノルウェーの高地地方の典型的な印象を与えてくれ、また美しく豊富な渓谷ときわだった対照をなしていた。この高地地方の下のほうには多数の小湖があった。

全部の道のりを徒歩の早さではあったが、快適な馬の旅をして、宿泊予定の農業者の家に到着した。その家は、離れ屋や小作人の家々とともに小さな村落を成していたが、あまりに荒涼とした場所で陽気には見えなかった。家の回りの畑地、とくに家の屋根にはかなり多くの草が生えていた――一般に周辺はひどい不毛地であった。家々の屋根には干し草が円錐形の山になっていた。こんな人里離れた未開の地で熊や狼はでないかと聞いてみた。狼の被害は大きいが、熊は小さな種類のもので、めったに動物を殺すことはないとのことであった。牛、羊、山羊が毎晩連れ去られるので、家に入れるか、家の近くの柵の中に入れておく。白夜の間は狼も家の近くにめったに近寄らないし、家の柵が十分な防御物となるが、十月前から全部の家畜を毎晩家の中に入れなければならない。たくさんの山羊がいたが、これは乳牛と一緒に規則的に搾乳し、それからチーズを作る。農業者はたいていセータースに牛と山羊を飼っている。

私たちは、非常に粗末なオートミール製ビスケットと牛乳以外は何も食べることができなかった。タマゴも入手できなかった。寝台一つ、シーツ一枚、それに牛皮で作ったキルトがあるだけであった。オッターのほうが寝付きが悪いので、彼に寝台をゆずり、私は料理台の上に牛皮を敷き、その上に大きな外套を広げ、何か別のものを枕にしてまあまあ心地よく身を横たえ、三時半過ぎまでうとうとしていた――。

七月二七日［土曜日］

私たちは目がさめると、牛乳とオートミール製ビスケットの朝食をとり、四時にラップフィン人を探すため馬に乗った。最初に通った地方は非常に不毛の土地で、多くはトナカイ苔に覆われ、全体は低い灌木様のカバの木の森のなかにあった。左手の下の方には連鎖状に湖が続き、その一、二は相当に大きい。そのそばでフィン人の最後の消息が聞かれたという山の麓に着くと、カバの木の森に入った。その森と森との間には非常に豊かな牧草がいっぱい生え、農業者のために家畜番をする人々が夏の間住む五、六軒の家を通りすぎた。しかし残念なことに、しかるべく住まわれている家は一軒もなかった。というのは、この辺のセータースの牧草は遅く、家畜番の主人である農業者はだいたいその家畜を最初どこか他のセータースに送るということであった。

しかし、いくつかのセータースには少数の人がいて、家畜が来るのに先だって、小屋の周囲の草刈りをしていた。一般にどのセーター小屋の近くにも干し草のために囲い込んだ一画がある。しかし、ここの小屋の回りには囲い込み地がなく、家畜が来る前に草刈りをしておかなければならなかった。セータースで作られる干し草は冬に橇で家に運ばれる。一般に、セーター小屋には牛の世話をする女性がいるだけで、この辺鄙なところにいる彼女たちを恋人が頻繁に慰めに行くのが習慣になっている。

ここの小屋で会った二、三の人々に、ラップフィン人のことを何か聞いていないかどうか尋ねてみた。というのも、ラップフィン人はちょうど立ち去ったばかりで、私たちが山のなかを四、五日彷徨《さまよ》っても彼らを見つけることができないかも知れないという一昨夜の情報にひどく驚いたからである。あるセータースで草刈りをしていた男がとうとう、昨夜ラップ人を見かけ、彼らはセーターマークから遠からぬ山の斜面に座っていたと教えてくれた。この情報に大いに喜んで先に進んで行った。森を抜けて、ラップ人を見つけるべく目を皿のようにして周囲を見回した――最初に発見した者は六ペンス貰うことになっていた。彼らに近づいた最初の徴候は犬の鳴声であった。その後すぐに私は仮小屋を見た。しかし、その仮小屋を二度目に見た後、女のラップ人が現われるのを見るまでは賞金を要求するわけにいかなかった。

彼女は仲間一行の母親役であることが分った。彼女はノルウェー語をかなりうまく話し、いくつかの質問をした後、中に入るように言った。もっとも、仲間は今朝遅くに寝たので、誰もまだ起きていないということだった。餌を食べに出ている鹿は、一時間以内に戻ることはないと彼女は言った。私は、小さな入口でドアの役をしている帆布の一片を上げて、彼らがほとんど衣服もつけずに仮小屋に敷かれた毛皮に座っているのを見た。中にいる男から二度目の招きを受けて、私たちは中に入った。年老いた女は私たちを座らせようと毛皮など何枚か広げた。

私たちはそこに一時間半近くも座っていたが、焚火のため臭いはほとんど気にならなかった。また小屋のてっぺんは煙りを抜くために開いていた。彼らの仲間は最初、老婦人、三人の子持ちの既婚の娘、主な話し手となった彼女の夫、および息子と二人の未婚の娘とから成っていた。彼らは、私たちがそこにいる間に無造作に衣服を着終わった。女たちは足首まで届くトナカイ皮の靴下をはき、ただ厚いだけで同じ素材で作った高い靴をこれに合わせている。シュミーズは、私たちがノルウェーの一部で見た腰までしか届かない短かいものであった。その他粗末な毛織りのスカートと毛織りのジャケットを身につけていた。男たちはトナカイ皮のズボンをはき、靴はそれに合わせ、女たちと同じく足首のところで縛っている。その他普通の粗末なシャツと粗末な毛織りのジャケットあるいは上衣を身につけている。一人の女はシュミーズを着ておらず、子供たちは皆、トナカイ皮の上掛けの下でほとんど裸で眠っていた。

小屋はカバの木の大枝を地面に突き刺し、それらをてっぺんで組み合わせて作られていて、明りと換気、煙り抜きの穴が残されていた。この大枝の上にカバの小枝や葉を隙間なく組み合わせ、風がまったく入らないようになっていた。また、床の上にもカバの小枝がいっぱい敷きつめられ、その上に小屋の側面に丸くトナカイ皮が敷かれてベッドになっていた。真ん中には炉があって、その上に横木に掛けた真鍮の鍋が下がっていた。小屋の床の広さはおよそ三ヤード半位で、かなり上等そうなやかん、鍋、木製の皿、茶わんなどがたくさんあちこちの隅のほうに散らばっていた。

老婦人や彼女の義理の息子と少し話していると、まだ会っていなかった家長が小屋に入ってきた。

彼は全員の父だという。彼は仲間のなかでいちばん背が低いが、いちばん完全な人格であった。しかし、彼らは皆背が低く、ラップランド人特有の高い頬、突きでたあご、小さく平たい目をしていた。老人は四フィート十インチ位に見えた。他の男たちはそれよりも二、三インチ高かった。

老人が入ってきた時、朝食が用意された。朝食は、私たちが来る前から煮ていた実に見事なマス、トナカイのミルクで作った二種類のチーズ——一方は白色、他方は黄色で柔らかい——であった。老婦人はこの魚を適当な大きさの切り身にし、骨を取り除き、頭《かしら》とひれを切り離し、木皿の上にとてもきれいに並べた。確かにそれは大変おいしそうで見事な魚だったので、それが主に指先で調理され、その指が時々口の中でなめてきれいにされるという料理法を見なかったら、少し食べてみようという気持になったに違いない。オッターは少し食べて大層おいしかったと言ったけれども、後でそのことを思い起こしてほとんど病気気味になった。私は好奇心から、トナカイのチーズを二種類とも少し食べた。しかし、それは書き留めるほどのすばらしい味ではなかった。魚は配られると、細かくひき裂かれ、彼らはそれを手で食べた。彼らはまた、魚を煮ていた湯の中にとても上等そうなオートミールを混ぜていた。これは彼ら自身が食べる混合食だと思った。しかし、それはトナカイを駆りたてるために飼っておかなければならない犬に食べさせるものであった。

老人の話によれば、彼は六二歳で、(12) 十三人の子供をもうけ、そのうち七人が死に六人は生きているという。四人は娘、二人は息子で皆一緒に生活し、その他、娘の一人と結婚した義理の息子とその三人の子供がいる。搾乳の仕事とトナカイの世話は息子と娘たちが引受け、一人の使用人がそれを助けている。老人は以前は兄弟と一緒に暮らしていたが、ここ三、四年の間に家族が増えたので、分れて住むようになった。

彼ら相互の親族関係は妙に入り混っている。義理の息子はもともとスウェーデン系のラップ人であった。しかし、彼の母とこの老人の父は兄妹の関係であった。また彼の母はここの老婦人（彼の妻の母）と異母姉妹であった。老人の弟はまた義理の息子の妹と結婚した。私たちはレーロースで聞いたラップ人の話をしたが、ここのラップ人は彼らを知っており、親戚関係にあるという。これから考えると、彼らの数はそんなに増えているわけではないし、一般に相互に血族結婚をしているように思われる。レーロースで聞いた話では、ラップ人は高地のノルウェー側またはスウェーデン側の斜面を気ままに放浪して歩くということだった。しかしこの義理の息子の話では、ノルウェー系ラップ人はスウェーデンに入ってはならず、またスウェーデン系ラップ人はノルウェーに入ってはならないという。

老婦人はまだ五二歳であったが、顔付きはもっとはるかに老けていた。しかし、彼女の歯並みは非常に立派であった。義理の息子は三三歳であった。老人は多少老衰していて、六二歳よりも老けて見えた。老婦人の名前を聞いてみたが、マリア・ソフィア・アンダース（Maria Sophia Anders）の娘だといって話をそらされてしまった。老人の名はヨーノス・アンダースン（Jonas Anderson）であった。

一時間半も小屋にいたので、そこで行なわれることをつぶさに見たのだが、母親が子供たちの顔を洗ってやり、まして男が自分の顔を洗うのを見て少し驚いた。これは確かにノルウェーの多くの女使用人の水準以上であった。しかし、これはおそらく私たちへのお愛想でしたことだった。これがノルウェーの農家の寝室なら、この半分の人数でも、はるかに多くの不都合を感じないでこれほど長く座っていることはできなかったに違いない。しかし、これはラップ人の清潔さというよりも、どうやら焚火の煙と天上の隙間のせいである。

座っているのがほとんど嫌になったので戸外に出た。幸運にもちょうどその時トナカイが帰ってきた。木の枝のように分岐した角は動く林のように見えた。[13] トナカイが囲いの中に入るまで近寄らないように言われた。私たちめがけて飛びかかったり、逃げ戻ったりするかも知れないからであった。トナカイが囲いの中に――この囲いは直径十五ないし二〇ヤード以上はない円形のもので、カバの小枝や大枝で作られていた――追いこまれたので、私たちはそれに続けて、一時間以上も搾乳の仕事を見ていた。これはかなりの時間と手数のかかる仕事である。老人の話では、囲いの中に六百頭ほどいるというが、義理の息子は数えたことがないと言っていた。トナカイはどれも囲いに入るとすぐに横になりたい様子であった。囲いの中の地面はほとんど身動きができないくらいトナカイで一杯になった。こんなにたくさんの大きな枝のようになった角の間を歩くのは最初恐いように思われ、また進むためにしばしば角をかき分けなければならなかった。しかし、トナカイはまったくおとなしく、角で突きかかるような気配を少しも示さなかった。それらは太って、均整がとれ、赤鹿ほどの大きさに見えた。私は一番大きいのを二頭ステッキで測ってみたが、約三フィート六インチの背丈はあると思われた。それらの角はこの集団の上に頭から約一ヤードも高くそびえている。それらは非常に新奇な外観をした毛皮と柔らかい毛で覆われ、前頭部のすぐ上の枝角はほとんど一頭ごとに違っていた。

トナカイと一緒に、その見張りに出かけていた二人の娘と一人の息子が帰ってきた。搾乳作業がすぐに始まったが、それは主に女性が行ない、男たちは雌のトナカイを捕まえて囲いの中の二、三の小さなカバの木にそれらをくくりつける仕事をしていた。トナカイは捕まえられるのをとても嫌がっているようで、とくに今年まだ搾乳されたことのない若いのはそうであった。時々男たちは、パッと跳びかかって、彼らの脚か首の回りを捕まえた。しかし普通は、角に綱を投げかけて捕まえなければならなかった。これを彼らは少し離れたところから見事にやってのけた。捕まえられてからも、若いトナカイは、連れていかれカバの木に結びつけられることにしばしば大いに抵抗していた。

女たちは木製の厚い丸椀に乳を搾るのだが、時に乳房を後ろ脚の間で強く打って乳を搾りだしていた。後で義理の息子が搾乳の手伝いに出てきて、この仕事のために充分な数の女性がいないので、男が手伝わなければならないと言った。たくさんの毛がミルクの中によく混入するので、これを取り除くため、ほんの一握りの干し草を敷いた木製の漉《こ》し器でそれをこして、囲いの反対側に立ててある大きな容器に注ぎこむ。最近子を生んだ雌トナカイは約一パイントの乳を出すが、この量はすぐに減る。六百頭のトナカイのうち乳を出すのは約百頭で、平均しておそらく一頭につき半パイントである。

彼らが搾乳を始めたのは九時であった。トナカイは昨夜の十二時から牧場の苔の上にいたが、子トナカイの口には親の乳を吸わないように小さな木のくつわがはめられていた。トナカイは囲いの中に五時間近くいて、その後、子トナカイの口からくつわがはずされ再び追い出される。七時か八時にはまた連れ戻されるが、その時にコーヒーや紅茶に必要なだけのミルクを搾ると老婦人が言うのを聞いて、幾分注意をそらされた。十二時にそれらは追い出されて夜を明かす。トナカイが出る時にはいつも二、三人の人と二、三匹の犬が付いて行く。これだけ付いていくと、狼からの危険はそれほどない。しかし、見張りが不注意だと、特に冬にはたくさん見失うことがある。それらは、冬でも夏でも同じやり方で追い出されるが、山の上には自分で見つけるもの以外は何もなく、冬には地衣類のランギフェリムス（Rangiferimus）しかない。夏にはしばしば牧草を少し食べるけれども、農業者はそれらがセータースに近づくことに用心深い。老人の言によれば、トナカイが一片の土地を肥やすと、農業者はすぐにその土地からトナカイを追い出すという。ラップ人は現在国王に税金を（一ドル）払っているが、これは以前には払っていなかったと思われるし、彼らの権利はもっとよく保障されるようになってほしいものである。

先日、地区判事がトナカイの数を調査にきたが、老人が全部は見せなかったようである。実際私たちの案内人も、この老人は私たちにも全部は見せなかったと言い、千頭以上いることは確実だと思うと言っていた。冬になると、しばしばではないが、時に彼らはトナカイを殺しその肉を売る——極上の脚肉は六シリングで売れる。トナカイの皮で作り、腱《けん》を糸にして縫い合わせた大きな外套は、十五ないし十六ドルで売れる。近所の農業者の話だと、彼らは大変金持で、山の峰にお金を隠しているという。実際老婦人の話では、農業者の息子たちがたくさん彼女の娘に結婚を申し込んできて、どの財産をくれるつもりかと聞くのだが、彼女は彼らの好奇心を満足させることも、彼らの申し出を受け入れることもせずに追い払ってしまうという。

トナカイは九月以降になると搾乳しない。その後、角から毛と皮が腐れ落ち始め、ろうそく祭(Candlemas) にはそれらを切って落とす。橇に使うトナカイは全部角が切り取られ、だいたい一番大きく成長するが、同時に一頭以上つなぐことはけっしてない。夏にはトナカイの背に、カバの木で作った小さな長円形の箱をのせ、子供と移動する時の道具とを運ぶためのカバ木のえんちこ (bark) をそれにとりつけて次から次へと移動する。

一時間以上も搾乳を見た後、再び小屋のなかに入った。降ってきた小雨を避けるためであったが、老婦人は親切にも虫干していた二、三枚の一番きれいな毛皮を取りに行って、ベッドを作ってくれた。彼女は一眠りしてはどうかと言った。私たちはこの一家に二ポンドのタバコとブランディ二本をやっていた。その一本を彼らはすぐに飲み、もう一本は私たちがちょうど出かけようとした時に飲み終わった。これは瓶を私たちが持ち帰るのではないかと思ったからであった。私たちが瓶をとるのを拒むと、老婦人はたいへん喜んで、帰りに私たちが泥沼に落ちてはいけないと、道の途中まで一緒に来てくれた。立ち去るために小屋を出た時、囲いのところで角笛を非常にうまく吹いているのが聞こえた。再び下り坂にかかった時、一人の少女が三つの音孔のある小さな角笛を吹いているのを見た。これは彼らがトナカイを小屋の囲いに追いこもうと、それらを一カ所に集めるために使う。彼女は私たちが彼女にやったスタイヴァ貨に対して、音楽以上のものを与えてくれた。搾乳はまだ続いていたが、始まってからもう二時間も経っていた。十一時頃彼らのところを去って、着いたのは七時頃であった。

もっと聞きたいことがたくさんあったが、私たちの使用人は当然にも、非常に多くの質問が些細なことでまた馬鹿馬鹿しいと考え、それらを繰り返すのを少し嫌がった。しかし全体からすれば、私たちは彼に満足していた。クヌープ氏から聞いたり、トルゲンでも聞いたことだが、この辺の山にいるフィン人の数は長年ほとんど変化がないという。クヌープ氏にフィン人の子供たちはどうなるのかと聞いてみると、彼らはトナカイがいなくなれば他のフィン人の使用人になり、また非常にしばしばその地方を物乞いしながら放浪するという。トナカイが八頭か十頭しかいないフィン人は、時に四、五家族が一緒になって、相当数のトナカイを飼養することがある。例の老人の兄弟も彼とほぼ同数のトナカイを飼っており、約二、三マイル離れたところに小屋を立てている。このフィン人の集団がここの山に最初に住み着いた時期を知ろうとしたけれども、満足な返事を得ることができなかった。義理の息子によれば、老人の父はこの山で生まれたが、それしか知らないという。クヌープ氏の話によると、フィン人は、レーロースが知られる以前からこの山に住んでいるという。

フィン人の所から帰る途中、私たちはワシの巣がある方へ上って行った。来る時にそれを取ろうという多少の野心をもって遠くから眺めていた。ところが、その木がひどく腐っているのを知って、危険を冒す気になれなかった。親鳥が私たちの上を飛んでいったが、大きな種類のものではないようだった。来る途中で、リナエウス類の大シギだと思われる鳥を見ていたが、それは私たちの上を飛び回り、大きな羽音を立ててどこか近くに巣があるかのように時々木の上に降りていた。私たちは猟銃がないのを悔やんだ。ちなみに、ラップ人と一緒にいて銃を見た時、それを借りてワシを打とうかと思ったが、彼らはこの鳥はしばしば復讐する鳥だといって、銃を貸してくれなかった。

帰途、この大シギを二、三羽見かけた。この鳥は長い首のある山シギほどの大きさで、色合いと飛び方は普通のシギとまったく同じである。だが、木の上を傾いて飛ぶ様子はその種の習性とかなり違っている。農業者の家に着いたが、牛乳とオート麦のパン以外に何もなく、おいしく食べることができなかったので、できるだけ早くトルゲンに着きたいと思った。ところが、案内人の農民が馬をどうしても一時間休ませたいと言い張った。しかし、私たちは四時に朝食をとってからほとんど何も食べていなかったし、牛乳より何かもっと食べがいのあるものをしきりに求める食欲は、トルゲンの宿で癒してもらう以外に仕方がなかった。私たちは五時頃やっとトルゲンに着いて、すぐに回りに何か食べ物を探した。その時、宿の主人が私たちの夕食に子牛の肉を準備していると聞いた。彼をがっかりさせたくないので、もう一度我慢することに意を決し、あせる気持を何とか押さえて、夕食時まで食事を延ばすことにした。

七時半に食卓に着いて、マスと一片のトナカイ肉にありついた。これはラップ人探しの日の非常に幸運な結末だと思った。この肉はとても軟らかく、味付けも悪くなかったが、脂身はなく、非常にいいとか際だった味ではなかった。これは子トナカイ肉のようであった。宿の主人はこの肉を冷凍にして翌日持って行くように言ったが、私たちは長い探索で非常に空腹を感じていたので、ほんのわずかしか残さなかった。ベッドもたいへん快適で、それはご馳走の後のもてなしであった。

朝のうち晴れ、十時から五時まで軽い雨、午後晴れ。午前四時の温度四二度、二時に五〇度。

午後トルゲンの町を散歩して、草を刈り取ったある家の上で小羊が草を食べているのを見た。ノルウェーでは家の上の草を刈り取り、その二番生えに家畜を追い込むといって差支えないだろう。

七月二八日［日曜日］

朝のコーヒーがたいへんおいしく、七時頃出発した。トルゲンの宿の主人には何もやれなかったが、妻君に三ドルやると不満そうではなかった。私たちは非常に手厚く丁重に扱われたし、万事一番いいものが出された。

トンセット（Tonset）まで2½マイル(14)。モミの木の森を通り、左側に河を、反対側に美しい丘を、遠くには所々に雪のある山々が見えた。トンセットのちょっと手前で、良く耕された広く豊かな谷間に入ったが、そう遠くないところに見事に雪をいただいた山が見えた。トルゲン［トンセット］で、時計を忘れてきたことに気付いた。それをトルゲンまで取りにやらなければならなかった。寝台もなく、もう食べるものもないと聞いたので、今夜ここに泊まって翌朝早く出発することに決めた。私はここのかなり居ごこちのいい部屋で、寝る前に日記をちょうど書き終えるところである。

食事の前にグロンメン河でとても気持のいい水浴をした後、丘の上のきれいなところにある教会に歩いて行った。それは全部木造の新しい建て物である。屋根も瓦様の木材で葺いている。内部には大きな木の柱があり、全部ほとんど新しい白木のモミ材なので、不思議な効果を与えている。残念なことに礼拝はなかったが、私たちはそれに参列できたらと思っていた。しかし、牧師が来ない日曜日には、教会の書記が代わりに礼拝の一部を音読することが分った。教会と教区は非常に大きいようであるが、牧師は二週間に一度しか来ない。男の人は皆青色の刺繡のはいった灰色の上着を付け、女の人は青の毛織りジャケットと縞またはチェック模様のスカートを付け、青のチェックのスカーフを首の回りにぴったり巻いたり、ゆるく掛けたりしている。どの人もほとんど同様である。

快晴。七時の温度五〇度。二時に六七度。河で五六度。北西の風。

トルゲンとトンセットの間で通ったモミの木の森に、見事な赤モミ材が積まれていた。「スカンジナビア植物誌」(Flora Scandinavia) には二種類のモミの木しか記されていない——ピヌス・アビエス (Pinus abies) とピヌス・シルヴェスタア (Pinus sylvester) とである。ピヌス・アビエスはもちろん普通の針モミである。しかし、それは非常に高くなるとかなり違った外観を呈し、「スカンジナビア植物誌」に記されているその一変種サムリス・ペンデンティブス (samulis pendentibus) は特にそうである。

ピヌス・シルヴェスタアはスコットランド・モミの木のように見える。少くも若木の時、あるいは広がるままにしておいた時にはそっくりである。しかし、それが密生したノルウェーの森に生えると、イギリスで見たどんなスコットランド・モミの木よりも小さい枝を横に出し、またより先のとがった頂芽のような芽をつける。赤モミはピヌス・シルヴェスタアの亜種であるが、全部が同じ赤色ではない。赤モミ材をつくるピネス（Pines）は外側の樹皮がはるかに赤くかつ暗く見える――その他の点ではまったく同じように生育する。(15)

七月二九日［月曜日］

一昼夜の宿泊費および二日間の食事に出された冷たい子羊と子牛の肉――これは新しく予期しないもてなしだった――の料金として二ドル払った。ノルウェーの旅行中に新鮮な肉の類にありつこうとは思いもしなかった。(16)しかし、トンセットの宿の主人はイギリスに行ったことがあり、日曜日の晩餐の準備は心得ていた。

モー（Moe）まで二マイル。すぐにグロンメン河を渡って、しばらくの間それに別れを告げた。私たちは約半ノルウェー・マイルもモミの木の丘を上って行ったが、右手には雪で縞模様になった大トロンス・フィエル（Trons fiel）がそびえていた。このフィエルは、私たちが丘を上っても低く見えることはなかった。トロンス・フィエルはオスターダール（Osterdale）の最高峰とされている。(17)丘の頂上で、私たちはトンセットで泊まった農業者のセータースにやってきた。この農業者は牛四三頭、山羊の一群を所有し、三人の少女と二人の少年をセータースに置いている。未開で荒々しい渓谷に沿ってこの丘を下って行った。モーに着くまで両側は丘と峰であった。モーはトンセットの牧師が二週間ごとに説教に来るもうひとつの村であった。教会の屋根も同じで、瓦の形をした木製であった。旧い木造の教会は薄暗く物寂しく見えた――木造でなかったら、もっと美しい形に建てられきれいな尖塔もあったと思う。

ミッズカウ（Midskaw）まで2½マイル。緑の道が渓谷のなかのモミの木の森を通っている。右手に見事な岩の山、左手には白地衣類で覆われた岩のある崩れそうな崖がある。崖にあるモミの木の多くは枯れている。

ベルセット（Berset）まで2¾マイル。両側に断崖のある原生的な森の渓谷が続いている。モミの木の大部分が枯れて台なしになっているので、その理由を聞いてみると、四〇年程前に大きな山火事があって、その影響がまだ完全に消え去っていないとのことであった。ほとんどの土地にセーターマークがあり、旅程の後半は比較的耕作が進んでいた。ベルセットで冷肉の食事をし、部屋の使用料として六ペンス払った。

アグレ（Agre）まで2¾マイル。ここも同じような原生的な森の渓谷だが、所々に山から流れる奔流の猛威の跡が目につく。これが渓谷の広い範囲に砂や石ころを撒き散らしていた。アグレで私たちは馬のことで足留めされ、宿駅の主人は事前通知の覚え書に日付が記されていないからだと言った。しかし、それは彼がその晩私たちをそこに宿泊させようとしたか、あるいは自分の持馬を高く貸付けようとしたためであったと思う。馬二頭をすぐに連れにやるように頼むと、彼はこの旅程は丘が非常に多いので三頭なければだめだと言った。仕方がないからこれに承服すると、彼は早速自分の馬二頭を馬車につけ、この馬は三頭分の働きをするので三頭分の料金を払ってくれと言った。これは不当だと思ったが、二、三時間ぐずぐずするよりはましだからそれに同意した。後でこの旅程は、彼が断言したように丘が多いことを知った。

アグレで立往生している間に、ある少女をいちごとりにやったが、彼女は小さなお皿一杯のいちごをすぐに持ち帰った。これに少しクリームをかけると気のきいたおやつになった。ドロンヘイムで聞いた話では、あらかじめ事前通知と一緒に送る覚え書に、「ユーレバル・メ・フレーテ」(Iorebar med Flödde) ――すなわち、「いちごとクリーム」――と書いておけば、旅行中それをたくさん食べられるということだった。しかし、この実験を一、二度やってみたが成功していなかった。今回がそれらしいものの最初であったが、事前通知の助けによるものではなかった。

台所で五週間位の赤ん坊をむつきに入れて、ほとんどミイラのように動けなくしているのを見た。母親が言うには、彼女は赤ん坊を一年近くこんな風にして育てるという。それだから、彼女が十二人の子供を生み、そのうち九人が生きていると聞いてまったく驚いた。

アグレ周辺では、干し草はたいてい中に入れてあった。幼い雷鳥を四ペンスで買った。ヴェストゴール (Westgaard) まで三マイル。モミの木の森のある非常に長く高い丘を一マイル半も上って行った。馬を連れ戻すため私たちに同行した若者は農業者の息子で、母親は彼にそれらしくあか抜けした服装をさせていた。彼はそれほどの年齢に見えないが、二四歳の活発で聡明な青年で、いろいろ教えてくれた。それによれば、私たちが通りすぎたレインダール (Reindale) の渓谷一帯にはとてもたくさんの狼がいて、農業者は毎晩セータースの家畜を家の中に入れなければならないという。もっとも高地では、家の近くに囲いが一つあればそれで十分だと考えられていることを彼は知っていた。熊は小さな種類で、たいした被害はなかった。雷鳥とオールヘンがたくさんいた。オールファウル (Orefowl) は主にフィエルの山頂近くに住んでいた。野生の七面鳥は約一シリングで売られ、冬には一羽一シリング四ペンスする。七面鳥はその季節以外にはほとんどあるいはまったく捕獲されない。

丘を上って行って馬車の少し前を歩いていた時、十五ヤードか二〇ヤードのところで非常に美しい黒雷鳥が起き上がるのを見た。猟銃がなくて大変残念であったが、それを利用する機会はこれまでほとんどなかったし、持ち歩くと面倒な事になる怖れもあり、注意も必要だと思われた。今日通りすぎたモミの木の森は、まったく無視ないし悪用されていた。たくさんの木が伐採され、腐ちたまま地面に放置されていた。樹皮をむかれた木も多く、そのため枯れたり枯れかかっていた。中途で切られたままにされている木も多く、半焼きにされているものも多かった。森がこんな状態になっているのを見てから、この丘や渓谷の後半の森林はローセンクランツ氏の所有だと聞いてたいへん驚いた。彼はノルウェー第一の資産家で、しかもそれは主に木材であった。(18)

農業者の息子の話では、この辺には野生のトナカイとたくさんの大鹿がいるという。私たちはラップ人を見に行った時、左方の高いフィエルにたくさんの野生のトナカイがいると聞いた。これはラップ人のトナカイの群から逃げ、その近辺の山で繁殖したものだと言われている。今まで大鹿のことは聞いたことがなかった。ローセンクランツ氏は大鹿の子を捕えたら十ポンドやると言ったことがあるが、一頭も捕えられなかった。農業者の話では、それらは夏には一番高いフィエルの麓の森にいて、大鹿の子は生まれるとすぐ親の後について行くので、捕えるのがたいへん難しいという。冬になると、渓谷の下のほうに降りてくるので、時々その姿も見られ、銃で打たれることもある。

私たちが少しづつ登って行ったフィエルは非常に高く、頂上もあまりに不毛でセーターースはなかった。ここは主として苔とくに地衣類のランギフェリムスで覆われ、モミの木が点々としていた。頂上では後ろに非常に高い山の美しい眺めを見ることができた。この山は視界の大きな部分を占め、雪で縞模様になり雲がかかっていた。農業者にその名を聞いてみると、ソーネ・フィエル (Sone Fiel) という名でノルウェーの最高峰とのことだった。(19) それはドーヴレ山地ほどの高さがあるかと聞くと、いやもっと高いと彼は言った。今までノルウェーの山の話をした際に、この山の話は聞いたことがなかった。それは六ノルウェー・マイル離れたところにあり、確かに今まで見た中で最高のように思われた。

徐々に山を降りたが、グロンメン河まで非常に粗末な道路であった。この河を朝出発間際に渡り、今また夕方、十三ノルウェー・マイル――八〇イギリス・マイルを越える――の旅の後に再び渡った。途中二度、それぞれ一時間と三〇分間足留めされたけれども、九時ちょっと過ぎに宿に入った。最後の旅程は非常に丘が多く、道路も悪かった。一日の費用は、船の料金二シリングと一旅程の割増し馬代二シリングを含めて、一ポンド十六シリングであった。昼夜の生活費と八〇マイルの旅費として、十八シリングは高くない金額である。食事とベッドの費用は三シリング十ペンスにすぎなかった。ヴェストゴールではまあまあの旅宿と清潔なベッドにありついた。グロンメン河は、私たちがそれを離れている間にいくつかの支流を加えて、リッチモンドのテムズ河程度の河幅になっていた。一つの村と二、三の集落がその岸辺にあり、干し草はすでに刈り取られ牧草地に運ばれていた。

旅宿ではおいしい牛乳もクリームも入手できなかった。牛は全部二、三マイル離れたセータースに行ってしまって、家にはただの一頭も残っていない。セータースから送られてくるサワー・ミルクとクリームはいくらでも入手できたけれども、いまだにそれがおいしいとは思えなかった。旅宿の主人や宿駅の主人は皆農業者である。彼らは職業として旅宿を経営しても得るところはほとんどまたはまったくないが、ある特権を認められるので、それがある人々に魅力となっている。その特権というのは、主に強い酒類をつくる自由と何でも好きなものを販売する自由のように思う。旅宿の主人の多くは農場だけでなく店も持っている。

四時の温度四四度。午前十一時までは快晴。その後ずっと小雨。一時の温度五四度。フィエルの上で夕方七時半に40½度。北の風。

ヴェストゴールで焚火があったことをとても喜んだ。火がストーブの中になかったので余計にそうであった。

七月三一日［火曜日　七月三〇日］

夕食とベッドの料金として三シリング払う。七時ごろ出発——非常によく晴れた朝。ミックルビイ(Mycklebye)まで1¼マイル。こちら側には美しい牧草地のある高い丘があり、反対側はアンケル氏のものだという一帯の森林がある平坦な渓谷であった。牧草は、オスターダールに入る前に通った牧草地ほどきれいでなく、進んでいない——。

クローゲン(Krogen)まで二マイル。渓谷はいっそう狭くなり、耕作も進んでいない。森林が河に迫っていて、かなりの場所がかろうじて耕作のために確保されている。このためにモミの木が伐採されると、カバとハコヤナギの木はその葉を家畜の飼料用とするために一般に残しておかれる。小ガラスほどの大きさの黒キツツキを二、三羽見た。

クローゲンでのことだが、農業者の雇人や子供たちが台所で食事をしていた。彼らはいつもバターやチーズをたらふく食べているようで、普通これを二枚のオートミール製ビスケットにはさんで食べる。私たちが見た雇人たちはこれを二種類のスープで流しこんでいた。片方のスープは、以前に一、二度見たことがあるもので、黄色に見えるチーズとバターの混合物のようなものから作られ、他方は黒く見えるエンドウのスープであった。農業者の家庭では一般に一日に六回食べるという。私たちはいつもそういった光景を見ていたし、雇人たちが決まった食事をとらないにしても、パンとバターとチーズがふんだんにあるので、彼らは空腹を感じた時はいつでも口一杯ほおばれる。一般にノルウェー人は栄養がいいように見える。女性は顔の周りが円くふっくらしているし、馬を連れ戻すため私たちに同行していた少年の大半は、非常に体格のいい若者でイギリスの同年輩の若者よりもたくましく立派なふくらはぎを見せていた。

おいしい牛乳はまったく入手できなかった。牛は全部セータースに行っていた。

サートレ（Satre）まで二マイル。右手の森は火事のため無惨にも荒れ果て、むきだしの木以外はほとんど残っていない。聞いてみると、火事は二〇年前にセータースの少女の不注意から起ったという。それは二日間燃え、木を切り倒してようやく消し止めた。この旅程の大がいのところは、森が河の淵《ふち》まで届き耕作地は多くない。丘はこの渓谷の最初の部分よりも低くなっている。

子牛や羊や山羊の皮は一般にベッドの上掛けに用いられている。シーツは来客以外にはほとんど用いられず、これまでに泊った旅宿の幾つかはまったく用意していなかった。谷間の大抵の家には炉はあったが、ストーブはなかった。これはおそらく木材が豊富だからである。サートレで私たちは、トンセットの友人が用意してくれた冷肉で二回目の食事をした。三度のすばらしい食事、コーヒー、夜食、ベッドおよび朝食を二ドルで提供してくれたこの友人に大いに感謝したいと思った。サートレで一組の雪スケートを見た。片方は長さ七フィート近くで、他方が約六フィートあり、下はトナカイの皮で覆われていた。一方が他方よりも長いのが普通だと思う。

ソークネス（Sorknas）まで一マイル。主にモミの木の森で、下はヒースでトナカイ苔が生えている——丘は比較的低い。

ナブサット（Navsat）まで一マイル。谷間が耕作されていて、河の畔りは広々とした牧草地だが、牧草はそれほど豊かでない。たくさんの立派な家々がある。ナヴサットの旅宿はきわめて清潔かつ良好であった。向こう側の丘は青々と見事に耕作されているが、森も少ないわけではない——ここは私たちが見た渓谷のうちで最も豊かで美しいところである。

ブルンセット（Brunset）まで二マイル。河はリッチモンド辺のテムズ河よりも広い——モミの木と不毛のヒース地を通る砂土の道路、最近開拓された土地もある。モミの木の根株はいつも一、二フィート、またはそれ以上の高さに切り残され、ハコヤナギとカバの木も保存されている。高々としたモミの木、主に針モミの木の森を幾つか通りすぎた。私たちは同行した農業者にその高さはどれくらいだろうかと聞いてみた——約四〇エル、すなわち八〇イギリス・フィートを少し上回るだろうという返事であった。しかし、彼はおよそ八〇オーネス（aunes）、すなわち一六〇イギリス・フィートもある高い木を見たことがあると言った。[20] それは針モミの木であった。

オスターダールは、予想以上に農耕が進んでおらず、土地も豊かでなかった。オスターダールにはノルウェーでも指折りの富裕な農業者がいる、と私たちは聞いていた。なるほど、非常に見映えのするたくさんの家が見えたし、私たちが休んだ家には普通の家よりはるかに立派なものがあった。しかし、農業者の富は農耕よりも、森林の利益から生じているに違いない。というのは、ここの土地は確かに貧しいし、私たちが見た他の多くの地方よりも未開発の土地が多いからである。耕作地でも、住宅の周囲以外に囲込みはほとんど見られないし、一般に牧草と穀物を区画するための柵もない。これがノルウェーのたいていの地方の実情である。

快晴。七時の温度51½度。二時半に56½度。北寄りの風。

ブルンセットにはたいへんいい旅宿があり、ベッドもまあまあであった。私たちは雷鳥の若鳥を夕食のご馳走にするつもりでいたが、残念なことにそれはうじが涌いていたので、例のカスタードで満足しなければならなかった。宿駅の主人はローセンクランツ氏の執事の一人であった。

アンケル氏とローセンクランツ氏はグロンメン河の両岸に広大な森林を所有し、その他にも農業者の所有林をたくさん購入している。国王もまたグロンメン河の畔りに材木用の森林を所有しており、その材木の一部を農業者が管理人に小額の賄賂をやってしばしば借用するという話である。しかし、これは単に中傷的な話かもしれない。農業者も広い森林を所有し、それが彼らの富の主要な源泉になっている。それは春に雪解けを待って河に流して運ばれる。グロンメン河の水位は現在は低く、木材を流す時にじゃまになる岩場や浅瀬が多い。しかし、春になるとこういう場所は水に隠れる――それでもなお木材の多くは岩や岸にひっかかるので、[21]一定期間、河の両岸を見回って歩く人がきまって雇われ、ひっかかった材木をもう一度浮かせてやる。

七月三一日［水曜日］

ベッドと夕食代に一ドル払い、七時頃ウーネ（Oone）に向かって出発した。そこはたった一マイル先だと聞いたが、確かに一マイル半以上はあった。モミの木の森を進むこと半マイルでグロンメン河に着いた。五ペンス払って渡し船でこれを越え、グルンセット（Grunset）の村に到着した。ここでは毎年三月の第一火曜日に大きな市場が開かれる。[22] 私たちは常設になっている商売用の多数の仮小屋を見た。この市場は一週間も続き、時には二、三千人の人々が集まってくる。小商人たちは近くにある大きな家に宿泊して食事をし、一日一ドルを支払う。この仮小屋は二ドルから十ドルで賃貸する。グルンセット村の周辺には耕作地が多く、多数の住宅が散在し、なかには相当な資産家の住宅と思われるものも見える。

ルンビィ (Lunbye) まで1½マイル。全道モミの木の森で、左手の丘の上に若干の耕地をもった旅宿があった。

メルビィ (Melbye) まで二マイル。道は主にモミの木の森を通るが、開けたところもわずかにある。渓谷は広々とし山も高くはない。道の傍で一人の少年が何頭もの牛に囲まれているのを見たが、牛はこの少年の手をなめ、彼をひどく可愛がっているかのようだった。——聞いてみると、彼は牛に塩を与えていたので、ごく普通のことだという。ドーヴレ山地を下る時に馬が同じようにされているのを見た。

オスターダールおよびリエンダール (Riendale) の土地の大部分にはセーターマークがある。リエンダールは正しくはオスターダールの一区域にすぎないけれども、確かに違った渓谷で、リエンダールから出てオスターダールに入る時に私たちは非常に高いフィエルを越えた。メルビィに着く前の左手に良く耕作された美しい豊かな丘があった。メルビイ周辺には豊富な穀物と耕作地——見事なライ麦畑がある。

ウースタッド (Oustad) まで一マイル。この地方は良く耕され、これはメルビィから約一イギリス・マイルのグロンメン河の支流にくるまで続いた。私たちはもみの木の筏でこの流れを越えた——

たいへん便利な渡し船である。この支流はスウェーデンに源を発し、たくさんのスウェーデンの材木がグロンメン河まで流れてくるけれども、スウェーデンの法律はノルウェーへの木材の輸出を認めていない。旅程の残りは真直ぐな砂原の道で、ほとんどが非常に若くかつ低いモミの木の間を通っている。私たちが通ってきた森の多くは良材を全部伐採してしまい、若木および所々にある非常に若い木以外はまったく残っていない。多くのモミの木の切株は直系三インチにも達しておらず、薪用に切られたに違いない。あるいは別のところで述べたように、森林の一部が開墾のために伐採され、またモミの木の森になってしまったのかもしれない。渓谷は広々とし、丘はそう高くない。

ヴォル（Wold）まで1½マイル。小さなモミの木の間を通る真直ぐな砂の道で、遠くに丘がある。

ブランヴォル（Brandvold）まで1¾マイル。比較的豊かで、耕作が進んだ地方である。干し草が多くの場所で集められている――いくつかのライ麦の豊作地。この地方はドロンヘイム辺りの北部地方よりもライ麦がはるかに普及している。ブランヴォルで持参のお茶を少し飲んだ。旅宿の女主人が新鮮なクリームを少し出してくれたが、まったく意外であった。というのは、宿の主人――小農業者で、二頭の馬と十四頭の牛を所有していた――が、自分の牛は三ノルウェー・マイル離れたセータースにいると話していたのである。セータースのいくつかはそれが属する農場から非常に遠いところにある。ブランヴォルと最後の旅程のヴォルで、モミの木の樹皮を編んで作った二、三足の靴を見た。これは八日以上はもたないので、けっして一般的ではない。最後の旅程は私たちがスウェーデンで見た鉢のような渓谷の外観を少し呈していたが、もっと広かった。

コングスヴィンガー（Kongsvinger）まで二マイル。最初モミの木の森、その後は草が青々としている。河岸のすぐ水際は主としてシラカバの木で縁取られていた――このシラカバの木を私たちはノルウェーで大量に見た。丘は木が豊富で、所々耕作されていた――河にはいくつかの砂の浅瀬があり、リッチモンドのテムズ河よりも広く見えた。河を船で渡り、かなり険しい丘を上ってコングスヴィンガーに行った。渡し場にアンケル氏の執事の一人が住んでいて、アンケル氏はこの人に、私たちの旅行カバンが見つかったら――広告を出し謝礼を与えて――、それを送り届けることになっていた。私たちの望みはこの地で絶たれた。執事はアンケル氏からの手紙を所持していなかったのである。[23]

コングスヴィンガーで幸運にも、アンケル氏邸で会ったことのある一人の紳士に出会った。彼はこの夜トールルップ教授のすぐ近くの旅宿に泊まることになっていたが、私たちも明朝教授を訪問して統計学のことを語りあうことに決めていた。もっとも、私たちは教授への紹介状を持っているわけではなかった。この紳士はたいへん親切にも教授に私たちの来意を伝え、紹介の労をとりましょうと言ってくれた。それゆえ、これは非常に幸運なめぐり会いだと思った。[24] とてもいい旅宿を見つけた。

朝八時まで雨。――そのあと快晴。七時の温度五三度。二時半に六二度。夜九時に五七度。九時に河を渡った時の水温五九度。

一般的にいって、オスターダール渓谷は、私たちがドーヴレ山地へ行く時通ったゴブレンスダール(Gobrensdale)の渓谷よりも、美観においてはるかに劣っていると思った。ゴブレンスダールでは、耕作可能なあらゆる場所が、その状況からみて肥沃で良好な土地のように思われた。しかし、オスターダールの土壌は、主に非常に軽く不毛な砂土である。また、オスターダールの丘は、肥沃度、雄大さ、および絵のような美観の点で、ゴブレンスダールの山々よりもはるかに劣っている。それにもかかわらずオスターダールは、クリスチァニアでも、ドロンヘイムでも、大いに見物の価値がある所としてしばしば名を上げられていた。しかし、誰一人として、もう一つの渓谷――これはおそらくヨーロッパで最も美しい渓谷の一つである——のことは口にしない。オスターダールの道路が平坦で良好なこと、そして幾人かの農業者が富裕であることがこの選好の主な理由であるに違いない。

オスターダールでは多くの教会がかなり大きく、たいていの教会の周囲に、そこにやってくる農業者の馬の避難小屋の列が目についた。彼ら農業者の多くは、はるばる遠くからやってくるに違いない。大きな町の教会はそうではないが、地方の教会にはよく人が集まってくるようであった。

ほとんどどの地域でも服装の形が少しづつ違っていた。男性の上着は一般に灰色の布製で、主な相違はボタン穴を縁《ふち》どる色とポケットの形である——女性の間では、帽子、ジャケット、およびスカートとシュミーズの長さなどが違っている。ルンビィで再び短いシュミーズの人を見た。レーロースでは、前のほうが角張った布製の一種の騎手帽（jockey cap）を見た。この種のかぶり物は、多少ともこの渓谷全般に普及しているが、赤い毛の帽子ほどではない。

オスターダールとドロンへイムからの全道中では、大部分の馬がまったく蹄鉄なしで、後ろ足に蹄鉄を打っているのは皆無であった。オスターダールで、私たちは普通よりも大きい種類の馬を見た。これまで私たちが見た馬の一般的な大きさは、十三から十四ハンドの背丈であるが、ここの馬のあるものは、ほとんどあるいはまったく十五ハンドの高さであった。それらはだいたい去勢馬であった。

七月一日［木曜日　八月一日］

昨日会った紳士は、今朝九時に私たちを訪ね、堡塁まで案内してくれると約束していた。(25) 私たちは十一時過ぎまで待って、自分たちだけで歩いて行ってみた。将校の一団が立っている城塞のところまで番兵がついてきたが、フランス語または英語を話す者は一人もいなかった。しかし、堡塁の回りを歩いてみたいということを分ってもらうと、彼らはすぐに承諾し、一人の伍長あるいは軍曹を案内につけてくれた。

堡塁からの眺望は、四方に美しく変化に富んだ丘、谷、そして森林を見渡すことができるが、ノルウェーの雄大な景観美は少しも見られない。グロンメン河はリッチモンドの丘から見えるテムズ河そっくりに見えるが、その一方の側にかなり大きな湖があって、それが水景の美を増している。城塞は強力なようで、とくにスウェーデン側に立派な大砲を据え付けている。

旅宿に帰ると間もなく、昨日会った紳士のリーセン氏（Leeson）がやってきた。そして彼が言うには、トールップ教授が私たちを食事に招待し、そこで会いたいとのことである。これはむしろ幸いであった。教授はリーセン氏を通して、自分は英語もフランス語も少しは分るけれども、うまく話せないと言ってきた。

リーセン氏がコングスヴィンガーで何か用事を足すのを少し待った後、一時頃教授の所に向かった。半マイルの間、左手のすぐ下に狭い谷間と小さい湖が続く、非常に豊かな森と丘の多い地方を通って行った。私たちはリーセン氏よりも先に到着した。そして教授が私たちを迎えに出てきた時、そのぎこちない様子に少し驚いた。彼がフランス語を話せないというのはあまりに真実であったが、それを理解するのも非常に困難だということが分った。(26) 私たちが統計学者としての彼の名声を聞き、デンマーク語もドイツ語も分らないまま彼の著書をコペンハーゲンで買ったこと、そして、彼の研究主題について二、三の質問に答えていただければありがたいことを彼に理解してもらった時、彼は非常に驚いて、たいへん困ったような顔をしたので、私たちも彼に申し訳ないと思ったほどである。私たちは非常にゆっくり重々しく事を運んだが、はじめ考えたように突然訪問しないでよかったと安堵した。そうしていれば、私たちの素性と目的を説明するのが非常に困難だったに違いない。

リーセン氏が間もなく到着した。いちごとクリームのたくさんあるすばらしい食事は私たちを大いに楽にしてくれた。食事中、英語をとても上手に話すリーセン氏が私たちの通訳をしてくれた。しかし、それでも教授から多くの事を引き出すことはできなかった。そして、私たちがノルウェーの人口の増加を妨げたり促進したりしている原因は何かと聞くと、教授はいつも何か他の著作のことに言及し、統計学のその特定分野は自分の研究の主題ではないと言っていた。

私たちが得た唯一の情報――それは主にリーセン氏から聞いたものである――は、牧師の収入に関するものであった。生産物の十分の一が国王、教会、および牧師の三者に分割される。これらの収入を構成する物はずっと昔から決まっていて、現在はその実質価値をはるかに下回っている。牧師は、十分の一のうち彼の第三の部分を現物で取得する権限をもっている。しかし、この権限は最近はまったく行使されていない。というのは、牧師は、その収入の大部分が任意の寄進に依存しているために、その権限の行使によっておそらく得るものよりも失うものが多いのである。森林は十分の一税の対象外であり、ノルウェーにはほぼ全域が森林から成っている教区が多く、こういう所では、牧師の所得の大部分は寄進に依存している。

こういう寄付は全部が自由意志によるものではない――誰もが一定額を醵出しなければならず、また彼は好きなだけいくら出してもいいのである。献金は年六回ある。小作人は四ペンス醵出しなければならない。また結婚式あるいは洗礼式に出席したすべての人は、牧師に献金するのが習慣になっていて、これは非常に普及しているので、やらないのがむしろ不名誉なことと思われている。トールップ夫人——この人は牧師の妹である——は、彼女の兄がしばしば教区民に対し彼に献金するためのお金を貸していたと話した。(27)

教会に割当てられている十分の一税の第三部分は、土地と建て物の所有者に支払われるが、これらは普通私有財産である。所有者は教会を修復保存する義務があるが、そのために受け取ったお金を全部費消する必要はない。

国王に帰属する十分の一税の第三部分は、長年の間取り立てられていないが、同じように、現在の実質価値からすると些細なものである。国王には、この他に土地税がある。

私たちは、情報の形で教授から多くを聞き出すことができなかったけれども、彼は極端にいんぎん丁重であった。彼は私のために、コペンハーゲンから、最近七、八年間の出生、死亡、および結婚の一覧表、ならびにそれと比較できるもっと旧い表を取り寄せてくれると約束した。そして、高く評価され、それから彼も必要なものを抜粋したという新しいロシアの統計表を提供するということであった。一覧表はイギリスの私のところに送ってくれることになった。

教授はフート(28)(Fute)すなわち国王のお金の徴収官に任命され、これが彼をノルウェーに落着かせることになった。彼の以前の住居はコペンハーゲンにあった。フーテの職は実入りがいいと見られている。教授は土地付きの農家を買い、非常に大きくきれいな野菜畑を作っていた。そして旧い事務所の大部分を取りこわして新しい家屋を建てている。彼は二度結婚したが、二度とも相手はノルウェー女性であった。彼を非常に引き立てる話といえば、彼には自分の子供が二人いるけれども、住む家のある農業者の孤児を養子にし、自分の子供と一緒に育てているということであった。教授と別れてからの印象は、彼が大変善良な人であるということであった。しかし、教授として私たちの期待には答えてくれなかった。

私たちはノルウェーを離れる前に、一日狩猟を楽しみたいという強い希望をもっていたので、マグノル（Magnor）に一日滞在することを決めていた。そこは狩猟に好適な場所と聞いていたのである。自ら狩猟家であるリーセン氏に私たちの意図を告げると、彼は非常にいんぎんに、二マイル以上離れた家に犬を連れにやり、その夜マグノルで私たちと夕食をし、翌朝はノルウェーの狩猟と射撃の見本を見せましょうと言った。彼はこの準備のため、私たちより先に教授の家を出た。教授の手厚いもてなしにできるだけお礼を述べた後、五時頃教授と別れマグノルに向かった。それは、一イギリス・マイル以内のスウェーデンとの国境にあった。

私たちは教授の家から¾マイル程のところで馬を替えた。この地方は丘が多く、森林も豊富であった――左手には小さい湖が続き、旅程の最後の方では、河の反対側に岩の絶壁がそびえていた。雨あがりの夕方はとても気持がよく、この地方、とくに私たちが馬を替えた辺りは非常に美しかった。名前を思い出せないその場所で、カバの木の若枝を小束にして棒に組み、たくさん乾燥させているのを見た。(29) これは牛や羊の冬期飼料として非常に普及しているように思う。

［空白］からマグノルまで1¾マイル。最初この地方は今まで通ってきたところと同じで、後にアンケル氏所有の森林の一帯に入ったが、それはほとんどマグノルまで続いていた。道端にはすぐ河に流せるようになった材木がたくさんあった。それはおそらく来年の冬まで河に運搬されないのであり、昨年の冬に伐採された場所から運搬されたものだから、河まで到達するには二年かかるのだろう。このやり方は珍しくないという。

マグノルでは、部屋も寝台も全部スウェーデン人に占領されていた。彼らは債権者を逃れるため、スウェーデンの領土を越えてこの町に滞在していた。[30] この町では両方の国からこの種の出入りが激しく、それぞれの政府は、非常に特殊な場合の他、干渉して逃走者の引渡しを要求することがほとんどないという。

宿の主人は、私たちが着いた時、猟に出ていた。部屋と寝台が完全に占領されていたので、宿泊することに絶望しかけていると、幸いにも主人が帰ってきた。そして使用人から私たちが偉い人だと聞いて、ほとんど挨拶もせずにあわれなスウェーデン人を干し草置場に移して、その部屋を私たちに提供してくれた。そこで私たちは、リーセン氏のために用意してあった夕食を少しいただいた。彼は十時半頃やってきた。

夕方寒暖計を取り出してみると、それが壊れておりまったく残念でならなかった。[31] 私はその寒暖計を入れていた小さなケースをどうしたわけかドロンヘイムで無くしてしまった。そこで、ケンブリッジ製寒暖計のケースと取り換えなければならなかった。そのケースがドロンヘイムでそれを取り出す時の動揺で壊れていたのである。このケースは小さな寒暖計に少しも合わなかった。しかし、それをうまく紙に包んだので、ストックホルムまで安全に持って行けると大いに期待していた。しかし、どういう原因でそうなったのかおよそ分らないが、それにひび割れが入り、今夜はまったく台なしになったのである。

午前中小雨――四時に強いにわか雨、そして夕方小雨。一時の温度六七度。水温五七度。南の風。

イギリスの猟場の老番人に非常によく似た風貌の宿の主人は、彼の猟犬がいなくなったため、いつもより遅くまで山に残っていた。彼は正当にも自分の犬が、私たちがモルク伯のところで見た山猫(ジャルー)の一匹に嚙み殺されてしまったと考えていた。犬が獣の臭いを嗅ぎつけて吠えだし、彼は遠くで犬のうなり声が聞えたように思った。彼はしばらくの間その辺に止まって呼んでみたが、無駄であった。そして彼は帰った時、犬はもう絶対に帰ってこないと言った。この近辺には山猫がいて、牛追いの一番大きい種類の犬でさえも何匹か嚙み殺されていた。しかし、その後すぐに、昨夜熊が子馬を二頭殺したという知らせがあり、犬がいなくなったのは熊のせいだということになった。

八月二日［金曜日］

リーセン氏の猟犬が来なかったので、少し待ってから、午後まで兎とオールファウル狩りを延期し、お昼前に小鴨狩りをすることにした。半イギリス・マイル程歩くと、先のほうが湿地になっている小さな池にやってきた。リーセン氏が連れてきた一匹の犬が非常に優秀で、たちまち五、六羽の鴨を発見した。二人で一丁の銃しかなかったり、銃の遅発がなかったら、おそらく、一、二羽を殺すことはできたと思う。結局、私たちは手ぶらで帰ってきた。この鴨は、夏の間、至るところの湖沼や河で生育し、大雨近くの季節を避け、冬にはノルウェーを去って行く。

私たちはスウェーデン人と一緒の食卓で食事をして、彼らの不幸は国王の不法な規制のためだと聞いた。国王はほとんどすべての外国物資の輸入を禁止し、その結果、外国物資を取り扱う商人を全部破産させてしまったという。

食事がよかったことの一つは、良質のいちごとクリームがたくさん出たことである。いちごはイギリスのものより大きく上等なように思う。

リーセン氏の猟犬が着いたので、午後、兎とオールヘン狩りに森へ行った。オールヘンは黒雷鳥と同じものだと思う。兎狩りの方法は、二、三組の猟犬を森のなかに追いやり兎が見つかると、兎は輪をつくるので、いちばん適当な場所で兎を銃で射つのである。兎よりもオールファウルにずっと興味があります、とリーセン氏に言った。しかし、彼は兎狩りを見せてくれ、同時にオールファウルも見られますよと言った。私たちはむしろ彼が大騒ぎして犬をけしかける様子に興じた。それはイギリスのよりも激しく喧しいものであった。

この狩りを通して一度だけ面白い時があった。それは、少し先に行っていたリーセン氏が私たちを呼んで、音をたてずにこっそり歩いて来るように言った時である。ちょうど今、回りの木の上にいるオールファウルを犬が撹乱しているという。私たちは目を皿のようにして周囲を見回した。リーセン氏と猟番人がオールヘンのひな鳥の鳴き声の真似をはじめ、親鳥が十ヤードか十五ヤードの所にすぐ降りてくるだろうと言った。これが毎年この時期にオールヘンを狩るやり方だという。しかし、すべての努力はむだであった——親鳥は出てこなかったし、ひな鳥も木の上に見えなかった。こうして、唯一の面白い場面は終わった。

夕方もずっと犬はオールファウルを見つけなかったし、私たちは男四人、銃四丁、助手二人および猟犬三匹でひどく難儀して、りす一匹殺しただけであった。その後、子兎が岩間の穴のなかに逃げこんで捕まった。私たちは、森で懸命に声を張りあげて犬を呼んでいたリーセン氏と九時に別れた。宿の主人が昨夜そうであったように、彼も猟犬を一匹失うのではないかと少し心配であった。リーセン氏は犬を連れて十一時頃に帰宅した。私たちが少しも猟を楽しめなかったのではないか、とたいそう気にしている様子で、そこが出先で彼の自宅でないことを残念がっていた。

猟に行った森の一部は非常に木が密集していたが、良質の材木ではなかった。沼と深い苔と腐って倒れているたくさんの材木のため歩くのが困難であった。私たちは森の中の二、三の小作人の家に出たが、家の周囲の土地はきれいに開墾されていた。リーセン氏を待っている間に、そのなかの一軒に入ってみた。この家の形はきわめて美しく、この上もなく小ぎれいでよかった。家の周囲の牧草が刈り取られ、かなり良質であった。私たちが見た場所は全部、ここ三年かそこらの間に開墾されたという。

リーセン氏の話によれば、ノルウェーの農場用土地の元々の区分はゴール（Gores）と呼ばれ[32]、それが細分化されて半ゴール、および最終ゴールまたは四分の一農地と呼ばれている。しかし、一ゴールは特定の土地面積から成っているのではなく、おそらく以前には偶然によって、あるいは家族を扶養するに足りると考えられる面積によって決定されたという。多くの最終ゴールは今日非常に高価な地所になっている。ペーター・アンケル氏の地所もその一つである。私たちが今日その一部を歩いてきた農場も一ゴールであった所で、今は十二に分割され、十二家族を養ない、さらにその各々が一、二頭の馬および六、七頭の牛を所有している十四人の小作人を扶養している。

こういう土地区分を、木材商人は森林保護にとってきわめて有害だと考えている。というのは、木材伐採権が多くの子供や孫たちに分割され、各人はできるだけ多く伐採しようと努めるので、そのため木材は適当な大きさになる前に伐採され、森林が損なわれてしまうからである。これを防ぐため、アンケル氏やローセンクランツ氏のような商人は、農業者の大森林地を買い求めるが、法律によって、農業者はその家畜を飼い、その家の修繕や燃料として必要な木材を伐採する権利を自分自身に留保しておくことになっている。しかし、一般に商人は次のような契約をする。すなわち、農場は今後いっさい細分化されてはならず、またこれ以上小作人を置いてはならない、そして少なくも家族の数がこれ以上になれば、森林については何の権利も保有しないということである。もし小農業者や小作人が住宅用の木材を伐採しなければ、商人はこの点についてあまり厳格ではないという。燃料や囲い垣用の木材は重要視されていないのである。

小作人の住居の周辺に今日見たような一片の土地でも、まず森林の所有者にこの土地は木材には不適であると明記して請願し、次いで地区判事にさらに請願することなしには、森林地から耕作用にすることができない。これら両者から許可がおりると、ある年の秋に木が切られ、翌年はそのまま乾燥させておき、次の年の七月から八月に入るとすぐに焼き畑にして種子が蒔かれる。ライ麦の収穫後、牧草がたまたま生えてきたところで家畜が放牧される。それでも土地が良くなければ、野生の自然がまた猛威をふるって、モミの木の林に返ってしまう。確かに多くの場所でモミの木が青々と茂っているのを見たが、それは全部若木であり、そこはかつて焼き畑にされ何年か前にライ麦の収穫のあった所である。

リーセン氏は賢い物知りのようであるが、彼と他の話しをしているうちに、世の人々が一般にオスターダールを強く推奨する理由は、その地方の農業者が富裕なこと、彼らの家屋が美しく清楚なこと、それに加えて農業者は素朴な人たちで、大森林をもつ地主のように、材木取引ばかりをすることから生じる商売気があまりない人々だと思われているからだということが分った。彼ら農業者は穀物、バター、チーズなどをほとんどまたはまったく売ることがない。――彼らはこういうものは全部家庭で消費している。

私たちはオスターダールで雪スケートを何足か見たが、リーセン氏はその使用方法を説明してくれた。長いほうのスケートは、通常長さが六、七フィート、時には八フィートあって、左足にはくのが普通で、こちらを軸足にする。短いスケートは、他方よりも一、二フィート短いのが通常で、右足にはき、主に左足を前方に進めたり、それを方向づけたりする役をする。このために、短いスケートにはトナカイの皮が張りつけてあって、前方に進む時にはその毛が滑かに伏せるが、後退する時には毛が逆立ち、雪の滑り止めの役をする。長いスケートの裏は表面にくぼんだ溝のついた滑らかな木で、このためにスケートが軽くなり、跳躍しやすいようになっている。しばしば山を急に下る時に、雪の上に出ているかもしれない岩や荒れた地面を大きく飛び越えなければならないのである。人々がしばしば跳躍する距離をリーセン氏は手で示してくれたが、私たちはそれが十二ヤードか十五ヤード位だと思った。雪に沈まないように先端が平たくできているスケート棒が、かじ棒としていつも手に握られている。山を下る時の姿勢は、つねに膝を大きく曲げ体を前方にかがめ、左側に重心をおくようにして両手で棒を握る。そうすると、ある程度スケート棒に引かれるようになり、同時に安定を保つのである。こういう風にして、リーセン氏の表現によれば、どんな鳥が飛ぶよりも速い速度で急坂を降りて行くのである。

狩猟連隊は全員このスケートをはいて、毎年教練を実施している。リーセン氏自身は、ノルウェー軍がスウェーデンに進軍した時、騎兵追撃隊にいた。皇太子は彼の同意もなしに陸軍中尉の位を授け、三日後に彼をスウェーデンに派遣した。彼はその後まもなく大尉に任ぜられたが、戦争の終わった時に現役を退いた。(33)

熊狩りは、熊が冬眠(そう呼ばれている)に入ろうとする二、三日前に、雪の中で熊を追跡して行なわれる。熊はそこで冬眠しようとする場所に近づくと、往きつ戻りつして、後をつけられないようにいろいろ工夫をする――この熊の工夫を見つけると、猟師たちはそこを遠巻きにして、その包囲網の中に熊がいることを確かめ、後で分るように包囲網の中の木に印をつける。熊が二、三日前に眠りについたことが分かると、さらに前進して前の包囲網を狭め、これを繰り返してついに小さな直径の包囲網の中に熊を捕まえたことを確認する。そして、この包囲網に印をつけて、春まで熊に冬眠をさせておく。その上で、熊がいつも冬眠から覚める三、四日前を見計らって、犬と銃を手にして出かける。猟師は一般に雪があっても熊の寝場所を見つけ、しばしば寝たままの熊を射殺する。そうでない時には熊は起きあがって逃げ去るが、強健な状態ではないし、足も弱く雪の中に少しめりこむので、雪スケートをはいた熊の追跡者ほど素速く進めず、だいたい捕まって撃たれてしまう。コングスヴィンガー近くのある猟師は、こんな風にして、毎春四、五頭射殺するのである。リーセン氏も、一、二度居合わせたことがあるという。その猟師がある時、通りすがりの狭い道で突然出くわした熊が彼の雪スケートの後ろをつかまえてしばらく押えていた。しかし、猟師はカバの木につかまって、スケートを熊の手から取り返し、振り向いて銃を打った。――この猟師は危機一髪で逃れたと思っている。

狼は熊よりもはるかに多くいて、被害も甚大であるが、それを捕える名案がない。狼は雪の中に仕掛けたおとし穴でしばしば捕獲されるけれども、そんなに頻繁ではない。リーセン氏の話によれば、マグノル近辺で、狼は一年に六千リクスドルの額になる羊、山羊および牛を殺すと思われるが、数多く行なったノルウェー旅行で彼は一度も狼を見たことがなく、生涯でも二度しか見てないという。一度は七匹が一緒にいて、ペーター・アンケル氏邸のすぐ傍で一行が夕食前に橇に乗っていた時のことであった。もう一度は、ある夕暮れにある農業者の大きな犬を連れて散歩している時で、その犬が突然四匹の狼に襲われたのであった。この犬は鋼製のスパイクのついた首飾りをつけていて、非常に強く、四匹の狼に対して果敢に闘い、次々にこれを打ち負かして自分は無事であった。リーセン氏が助けに行った時、狼は森に逃げ去っていた。狼は冬になるとしばしば相互に争い、お互いの肉を食い合う――そして、その一匹から血が流れると、必ず他の狼がたちまちそれに襲いかかる。前に述べた犬がある夕方、飼い主の農業者の家に血まみれになって帰ってきた。これは幾匹かの狼との闘いのためだとされた。翌朝、幾匹かの狼の尻尾と頭蓋骨が発見されたが、これは犬に傷つけられた後、仲間の狼に食い荒らされた残骸だと思われた。

以前にオスターダール製のスープの中に見たことのある黄色く見える物が、夕食に出された。リーセン氏の通訳で旅宿の主人から聞いたところでは、これは一種の山羊の乳の乳漿をクリームと混ぜて作るという。山羊の脱脂乳からまず白色のチーズを作り、その後で乳漿を濃厚な物質になるまで煮つめる。そしてそれに脱脂クリームを加えると、ミースオスムール(misosmeure)[34]とか呼ばれるこの混合物ができあがる。

昨年の収穫はノルウェーではかなり豊作であったが、スウェーデンでは極端にひどく、ほとんど飢饉であった。そのため、ノルウェーからスウェーデンにたくさんの穀物が輸出されたし、国境の人々はひどく食糧に飢えていた。リーセン氏自身も、昨年のクリスマスの後二、三週間以来、モミの木の皮から作ったパン以外に何も食べていない三〇以上の家族を知っていた。二国間の国境には、私たちが見たフィン人のように放浪生活をしていないフィン人の一種族がいる。彼らは森の中で小作人の地位を与えられているが、食糧不足はこれらの人々の間で最も深刻であった。それにしても、ゴールをもつ人の中にも、木の皮のパン(bark bread)にオート麦の粉をおそらくちょっと振りかけた程度の小さな混合物で、生きて行かなければならない人もいた。私たちは木の皮のパンを幾種か蒐集したが、これは、それを作っている間に、わずかのオート麦の粉を振りかけた程度のものであった。

朝はひどい曇り——その後、夕方雨がぱらついた以外は、快晴——暖かい。南の風。
モミの木には三重の樹皮があり、いちばん外側が茶色または黄色で、次が緑の皮、最後が白色であり、パンに用いられるのは、最上質の赤モミの白色樹皮である。こうして、最良質の木がたくさん傷つけられている。しかし、これは食料難のときだけで、飢餓のためこのような資源に頼らざるをえない人々には刑罰のしようがない。

ポントピダン主教も木の皮のパンについて次のようなパラグラフを書いているが、最初の文章と最後の文章を一致させることが困難である。「一般にそれは厳しい冬の後に起るが、穀物が欠乏すると、農民たちは、旧いしきたり、すなわち、好ましくないけれども、確実に生命を維持する方法に頼らざるをえなくなる。彼らのパンは、食糧難の時には次のようにして作られる、すなわち、彼らはモミの木の樹皮を採集し、それを煮て火で乾かし、その後それを粉に砕き、それに少しオートミールを混ぜる。この混合物から一種のパンを作るのであるが、これは苦いし樹脂の味がするもので、普通のパンのような栄養を与えるものではない。しかしながら、この種のパンをまったく食用にしないのもよくないと考える人々がいて、こういう人々は、豊作の時にもしばしばそれを少し食べている。それによって彼らは食糧難の時に備えられているわけであるが、神の恩寵によって食糧難は一世紀は起らないと思われている。」(*Natural History of Norway*, p. 268.)
木の皮のパンは、事実、一八〇〇—一二年に用いられたことがある。この時には、ノルウェーの多くの地方で作柄が不良であった。またナポレオン戦争の後半、イギリス海軍による封鎖のために木の皮のパンがしばしば用いられた。
主教はまた、'Finlaplanders' について、ノルウェー人は彼らを「さげすみの目」で見ていて、彼らを「奴隷のように」支配し、「他の国の人々がユダヤ人に与えるような軽蔑の念をもって彼らを遇している」と述べている。彼は次のように説明している。「この Finlanders はノルウェー人とはまったく違う民族で、山の北側に住んでいるだけでなく、同じように南側にも住んでいて、とくにスウェーデンとノルウェーとの国境の岩山に多い。……彼らは射撃の名人であり、その一部は狩猟で、別の一部は木材の伐採、土地の開墾、そしてライ麦の耕作で生計を立てていて、そのために Rye-finlanders と呼ばれている。彼らは、こういうことをして自分の国に多大の損害を与えている。というのは、多くの美林が彼らのために破壊されるが、監督者はわずかの賄賂で見ぬふりをしているのである。」(p. 286.)

八月三日［土曜日］

家のすぐ近くに二匹の野兎がいるという知らせがあり、リーセン氏は出発前にそれを仕留めるよう言い張った。間違って馬も思ったほど早く用意できなかったので、私たちはこれに同意してやってみたが、またもうまくいかなかった。リーセン氏は最後の誠意を示そうと、あの鴨のいる池に再度同行してくれた。その池は私たちの道筋に当り、約半イギリス・マイルのところにあった。今度は立派な銃をもっているのだから、ついでに一、二羽の鴨を仕留められると思っていたが、運命はまだ私たちに味方してくれなかった。一、二発見事な発砲をしたけれども、鳥の血も獣の血も流すことなく、ノルウェーを出ることになった。ノルウェー人はほとんど白鳥弾 (Swanshot) のような銃弾、しかもほんの小さい銃弾で撃っている。それでも彼らは、えらく遠い距離から打ち落とすことがしばしばある——八〇ないし一〇〇ヤードの距離はごく普通のようである。

リーセン氏はスウェーデン入りのためにいくつかの紹介状を持たせてくれた。遊猟の方では何の楽しみも与えてくれなかったけれども、私たちは彼の並々ならぬ配慮と親切に心から感謝せずにはいられなかった。四分の一マイルほどで、両国を分ける国境線のところに来たが、それは、私たちの通った場所では、モミの木の森の中に作られた約十ヤード幅の一種の歩道であった。その半分はスウェーデンに、他の半分はノルウェーに属していた。モミの木は、両国の協力で、十年ごとに伐採され、国境線が分るようにいつも低く押さえられている。スウェーデンからノルウェーへの入口は、ここではほとんど平らになっている——それより北側はどこでも山が多く、連続する山並みは、砥石連山(grindstone mountains)または国境連山と呼ばれている。道の近くに火事の跡がたくさん見られたが、これは一つの国から他の国へ国境を通り抜ける人々が森の中で焚いた火によって生じたものだという。このようにして人々が一時的に入れ替ることが絶えず行なわれている。

私たちはノルウェーを名残り惜しく立ち去った。そこでは数々の美しい景観を楽しみ、住民からはこの上なく気持よく、また私たちを喜ばせる心尽しを受けた。

国境から約半マイルのところにあるスウェーデン最初の村マグノル・トル(Magnor Tull)で、私たちは旅券の検査を受けた。旅行カバンも調べられたかもしれないが、そこではまったく面倒がなかったので、十二シリング紙幣を一枚やった。税関の役人がフランス語をかなり話すので、私たちは少し驚いた。

註

（1）この「台」は、今は斜道と言ったほうがよい。それは、今でも多くのノルウェーの農場に見られる。

（2）「グドブランスダールの一日」は七月九日火曜日で、場所はエルスターであった。一四七―五二ページ参照。

（3）マルサスは、ここでまた一ページを空白にしている。

（4）クラークはこの箇所に引用符をつけているが、彼はマルサスの文章を次のように粉飾している。「私たちは後で下の方に降りて行って、あちこちの坑道を歩き回った。そこは、これら洞穴の永遠の夜のような黒い顔をした男たちが持つモミ板の木端で作った松明《たいまつ》で照らされていた。爆薬用の穴掘作業をしている鉱夫の中には、ちょうど［ローマ神話の］ウルカヌスの仲間キュクロプスについての詩的な叙述を思い起こさせる背丈と容貌の競技者のような人々がいた」。

（5）エリック・オットー・クヌープ（Erich Otto Knoph）は、一七八九年からレーロース鉱山の最高責任者であった。

（6）この人はおそらくニコライ・ヘルスレブ・ラム（Nicolai Hersleb Ramm）（一七五六―一八三〇年）である。彼は一七八五年、中尉で軍隊を去り山林監督官となって、一八〇一年にトロンヘイム科学協会（Trondheim Scientific Society）の会員に選ばれた。私はこのことを、マグネ・スコッヴィン教授（Professor Magne Skodvin）の親切な尽力を通じて、オーレウス・D・シュミット氏（Mr. Olaus D. Schmidt）から教えていただいた。

（7）まったくそうである。－45°R＝－69°F. つまり氷点下一〇一度である。

（8）レーロースの人口は今日、二、七九五人である。

（9）「一シップポンド八ペンス」は、明らかにペンがすべったので、八〇ペンスに違いない。

（10）ウーストはオース（Os）である。

(11) トルゲンは、現在トルガ（Tolga）と呼ばれ、レーロースから約二〇マイルのところにある。ここは、一六七〇年から一八七〇年まで銅精錬で有名であった。
(12) マルサスは「老紳士」と書いたが、その後すぐに「老人」に変えた。
(13) 興味深いことに、*O. E. D.* は、「枝角」という用語が、「雄鹿などの分岐した角」として広く使われた最初の例を、一八二九年としている。
(14) トンセットは、今日ティンセット（Tynset）と呼ばれていて、トルガから約十三マイルしか離れていない。マルサスが書いている新しい教会は、一七九三年に建てられ、今日もそこにある。
(15) 次のページは、「七月」という言葉が一つある他は空白である。そしてこの言葉も棒引きされている。
(16) ポントピダン主教は、マルサスとオッターが旅先でもてなされたと思われる肉について、若干の考えを述べている。彼は、冬の貯蔵食として殺されるノルウェー農民の牛、羊、および山羊について次のように書いている。「彼らはその肉を全部塩漬けにし燻製にするのではないが、その一部は薄い肉片に切り、それに塩を振りかけ風にあてて乾燥させ、つるし肉のようにして食べている。これを彼らは『スカルケ』（Skarke）と呼んでいるが、それを消化するには百姓の胃の腑が必要である。」（*Natural History of Norway*, p. 270.）
(17) トロンス・フィエルは、現在はトロン（Tron）と呼ばれ、五、四六〇フィートの高さである。
(18) 一〇〇ページの注(79)を参照。
(19) ソーネ・フィエルは現在セーレン（Sölen）と呼ばれ、五、七四四フィートの高さである。この農業者は郷土愛に動かされたのであろう。というのは、ドーヴレ山地の最高峰であるスネーヘッタ（Snöhetta）は、七、五〇〇フィートだからである。ノルウェーの最高峰はガルドヘピッゲン山（Galdhöpiggen）で、八、〇九〇フィートがあり、ユーテンヘイム（Jotunheim）にある。
(20) *O. E. D.* によれば、オーヌ（aune）は、エル（ell）に相当するフランス古語で、主として毛織物を測る時に用いられる。ただし、エルも国によって違う。一イギリス・エルは四五インチで、一フランダース・

エルは二七インチにすぎない。ノルウェーの「アールン」(alen) は〇・六二七五メートル、つまり二四・七インチである。

(21) 次のページは空白になっている。

(22) グルンセット市場の場所はエルヴェルム (Elverum) の町の近くである。この町はオスターダール地方の住宅、衣装、および農具を収集しているグルムダール博物館 (Glomdal Museum) で有名である。

(23) カバンは、七月三日コングスベリからクリスチァニアへ戻る途中でなくなっていた。一一四―一五、一一八ページを参照。

(24) 王立ノルウェー科学協会のオーレウス・D・シュミット氏によれば、マルサスがリーセン氏 (Mr Leeson) と呼ぶこの紳士は、おそらくニルス・ラッソン (Niels Lasson) (一七六二―一八五三年) である。この人は多年ベルント・アンケルの信頼のおける代理人であった。(二六四―六六ページも参照。)

(25) コングスヴィンガーの要塞は一六八三年に築かれたもので、現在もあり、「保塁からの美しい眺め」が現代の旅行案内書で賞讃されている。

(26) フレデリク・トールップ (Frederik Thaarup) はマルサスと同年令であった。彼はコペンハーゲンで生まれ、一七九〇年に最初の統計学の著書を書いた。一七九三年から一七九七年まで統計学の教授であったが、彼の同僚と争った。コペンハーゲンの一統計学者がマルサスに、「トールップ教授が自分のものを盗作した」と言っていたことが思い起こされるだろう。(四一ページ参照) 一七九七年から一八〇四年まで、彼はソーレール (Solör) とオーダル (Odal) の「行政長官」(Fogd) であり、一八四五年に死んだ。

(27) トールップ夫人はクリスティーヌ・コール・リィニング (Christine Cold Rynning) で、彼女の夫より十歳年下であった。彼女は二度目の妻で、この二人は一七九八年九月十二日に結婚した。最初の妻は八カ月前に死んでいた。トールップ教授は明らかに妻なしでは生きることができなかった人である。というのは、クリスティーヌが一八〇六年五月に亡くなると、彼は同じ年の九月一日に再び妻を迎えたからである。

(28) フートは、「フォグド」(Fogd) のマルサスの書き方である。

(29) マルサスがその名を忘れたという場所はおそらくエズブルーエン（Edsbroen）であろう。クラークはこの地で十月三一日、「マルマーゲンの掘立て小屋のようにみじめな一軒屋」を見つけた。「しかしながら、宿駅帳の中に友人マルサス教授の手書きによる『良きもてなし』という言葉を発見して、食事のため一休みする気になった。……宿の善良な女主人の身なりはきちんとしていて、彼女は上等のバターをもってきてくれた。」（*Travels*, VI. p. 87.）

(30) マグノルはコングスヴィンガーから十九マイルのところにあって、現在七一七人の住民がいる。旅行案内書に、「活発な国境の商業」という解説がある。

(31) 寒暖計が壊れているのを見つけた時のマルサスの落胆は、定めし激しかったであろう。そういうことに対する彼の関心は、友人によく知られていた。クラークはオッターに、「私たちは規則的に寒暖計を調べているとマルサスに伝えて下さい」と書いている。旅行中ずっと、毎日正午に寒暖計を見るのは、クリップスの仕事であった。それらは各巻の付録として公刊され、その横に比較のために、「ロンドンの王立協会の部屋」で毎日午後二時に測定された温度が表記された。

(32) 'Gores' は'gaard' が正しいが、マルサスは一八〇三年版『人口論』のノルウェーに関する章で、'gores' を使っている。

(33) リーセン氏の活動的な軍務は、マルサスが三七ページで書いた「［一七］八八年の小さな事件」の間のことだったに違いない。これはデンマークがロシアとの同盟のため、しぶしぶスウェーデンに宣戦を布告した時のことであった。

(34) 「ミースオスツメール」（Mysostsmör）は、乳漿（whey）から作った柔らかいチーズである。

あとがき

本訳書は、日本を代表するマルサス研究者の一人であった故小林時三郎教授（元弘前大学）の訳稿「マルサス旅行日記」のうち、「スカンジナビア旅行日記」の部分を西沢が改訂し「北欧旅行日記」としたものである。小林教授の訳稿は、Patricia James (1966) の「旅行日記」全体、すなわち *The Travel Diaries of Thomas Robert Malthus*, edited by 「一七九九年）」「一八一〇年の経済学ノート」「大陸旅行日記（一八二五年）」「スコットランド旅行日記（一八二六年）」であり、マルサスの本文に付されたジェームズ女史の脚注、説明文については、「そのままの形で訳出したものではなく、日本人にわかりいいように、よりくわしい注」にされていた。教授は、さらに全体の「はしがき」「あとがき」、および各旅行記の「はしがき」も書かれ、訳稿の全体は二百字詰め原稿用紙一四〇三枚におよぶ長文のものであった。そのうち「スカンジナビア旅行日記」は九七〇枚であった。

未来社に所蔵されていたその訳稿の改訂作業をしてはどうかというお話を、故杉山忠平先生と小林昇先生からいただいたのはすでに十数年前のことであった。私は当時その作業を進めたのではあるが、諸般の事情と何よりも怠慢のために中途のままになっていた。その後、未来社の西谷能英社長、本間トシ氏と杉山先生のご配慮で、マルサスの北欧旅行から二百年を経た記念の年である一九九九年をめどに、「北欧旅行日記」の部分を出版してはどうかということになった。私の非力で作業が遅々として進まない間に、杉山忠平先生がご病気で亡くなられ、一九九九年も過ぎ去った。

マルサス研究の専門家でも北欧研究者でもない私が、「マルサス北欧旅行日記」の翻訳改訂作業をすることには無理があったかもしれない。私が努めたことは、ジェームズ女史の翻刻、編集した「北欧旅行日記」を、彼女の脚注、説明文とともに、原文になるべく忠実に日本語にすることであった。同時に、おそらく三〇年近くも経た小林教授の訳稿をなるべく読みやすくすることであった。しかし、もとの文章が日記であり、北欧の地理、自然、慣習、制度などについての詳細な記述を含むために、不適切、不正確な訳語、訳文があることは否めない。また地名、人名などの発音、表記についても、依然として多くの問題が残されているように思われる。ご批判を仰ぐことができれば幸いである。

本訳書を、恩師でもある杉山忠平先生のご存命中に出版できなかったことは、私の不徳のいたすところであり、返す返すも残念である。小林昇先生と西谷能英社長、本間トシ氏に厚くお礼を申し上げたい。翻訳改訂作業中に、地名、人名の表記、ラテン語などについて、一橋大学の阪西紀子助教授から有益な助言を得た。また、ケンブリッジ大学クレア・ホールでの在外研究中に、オスロ大学のカイ・ウィクベリ（Kay Wikberg）教授、デンマークのオルボー大学ハンス・ジョルゲンソン（Hans Jorgensen）教授から貴重な助言と情報をいただいた。さらに翻訳改訂作業の最終段階で、とくに第一部、第二部の地名、人名の発音、表記について、早稲田大学の村井誠人教授、神奈川大学の佐藤睦郎氏から有益な助言をいただいた。村井教授のご助力はたいへん貴重であった。出版に際しては、未来社の岩崎清氏にたいへんお世話になった。ここに記して厚くお礼を申し上げたい。

二〇〇一年十一月

西沢　保

マルサス北欧旅行日記

2002年3月28日　初版　第1刷発行

定価（本体4800円＋税）

著　者　T・R・マルサス

訳　者　小林時三郎
　　　　西沢保

発行者　西谷能英

発行所　株式会社　未來社
〒112-0002　東京都文京区小石川3-7-2
電話 03-3814-5521(代) 048-450-0681~2(営業部)
http://www.miraisha.co.jp/　E-mail: info@miraisha.co.jp

印刷・製本＝萩原印刷
ISBN 4-624-32167-7　C0033

索　引

ア行

カ行

サ行

タ行

ナ行

ハ行

マ行

ヤ行

ラ行

ワ行